KB161597

임동석중국사상100

천가시

千家詩

謝枋得·劉克莊 輯, 王相 註 / 林東錫 譯註

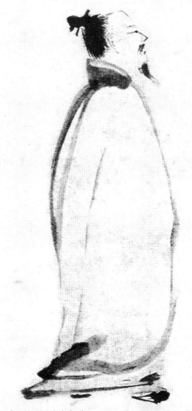

〈李白吟行圖〉(宋) 梁楷 도쿄 국립미술관 소장

象犀珠玉瓅怪之物　有悦於人之耳目而不適於用　金石草木絲麻又嶽六材有適於用用之則弊取之則竭　以悦人之耳目而適於用用之而不弊取之而不竭　賢不肖之所得各因其才不才不仁智者惟書乎　仁智之所見各隨其分　才不才不同而求無不獲者惟書乎

丁亥菊秋　錄東坡李氏山房藏書記　丘堂　呂元九

"상아, 물소 뿔, 진주, 옥, 진괴한 이런 물건들은 사람의 이목은 즐겁게 하지만 쓰임에는 적절하지 않다. 그런가 하면 금석이나 초목, 실, 삼베, 오곡, 육재는 쓰임에는 적절하나 이를 사용하면 닳아지고 취하면 고갈된다. 그렇다면 사람의 이목을 즐겁게 하면서 이를 사용하기에도 적절하며, 써도 닳지 아니하고 취하여도 고갈되지 않고, 똑똑한 자나 불초한 자라도 그를 통해 얻는 바가 각기 그 자신의 재능에 따라주고, 어진 사람이나 지혜로운 사람이나 그를 통해 보는 바가 각기 그 자신의 분수에 따라주되 무엇이든지 구하여 얻지 못할 것이 없는 것은 오직 책뿐이로다!"

《소동파전집》(34) 〈이씨산방장서기〉에서 구당(丘堂) 여원구(呂元九) 선생의 글씨

資政殿學士提舉洞霄宫率諡文穆。有石湖集。

晝出耘田夜績麻，村莊兒女各當家。童孫未解供耕織也，傍桑隂學種瓜。

元編卷十四地理類。田、元作苗。種瓜。童孫各木作兒童今改正。

按此詩爲夏日田園雜與十二首之一。

村景即事 謝完堅

今按所溪叢話改正。坊本作范成大。而石湖集不載。

綠徧山原白滿川，子規聲裏雨如煙。鄉村四月開人少，纔了蠶桑又插田。

立春偶成 張栻

栻字敬夫廣漢人汲子川嶷浦官歷知潭北路安撫使率嘉定中

《重編千家詩讀本》淸 宗廷輔(編注) 光緒 2년(1876) 간본

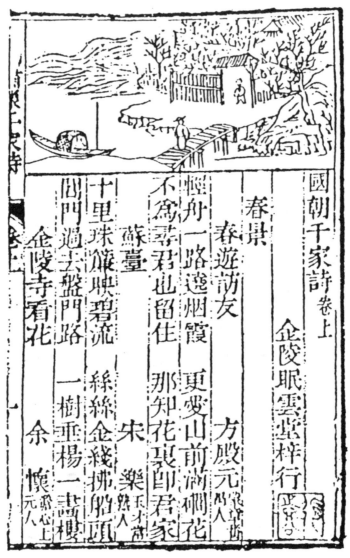

國朝千家詩 卷上

金陵眠雲堂梓行

春景

春遊訪友　　　　　　方殷元人

恠舟一路遶烟霞　更愛山前澗澗花

不爲訪君也留住　那知花裏卽君家　宋樂天

蘇臺　　　　　　　　宋樂然人

十里珠簾映碧流　絲絲金綫拂揚頭

閭門過去盤門路　一樹垂楊一畫樓

金陵寺看花　　　　　余愼元人

《國朝千家詩》 편자 미상, 淸 乾隆 37년(1772) 金陵 眠雲堂 간본

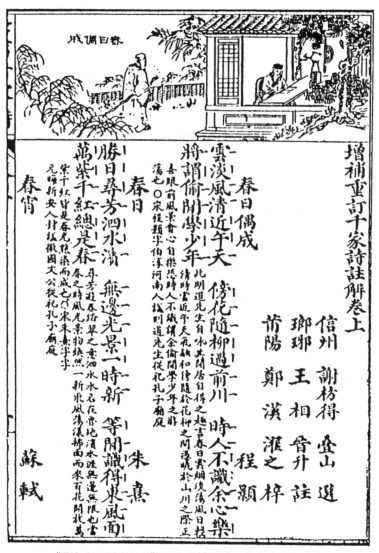

增補重訂千家詩註解卷上

信州　謝枋得　登山　選
瑯琊　王相　晉升　註
荊陽　鄭漢　濋之梓

春日偶成　　程顥

雲淡風清近午天　傍花隨柳過前川
時人不識余心樂　將謂偷閒學少年

春日　　朱熹

勝日尋芳泗水濱　無邊光景一時新
等閒識得東風面　萬紫千紅總是春

春宵　　蘇軾

《增補重訂千家詩註解》民國 9년(1920) 上海大成書局 간행

天子重英豪　文章教爾曹　萬般皆下品　惟有讀書高

新刻千家詩詩選上卷　集新堂藏板

春日偶成　程顥

雲淡風輕近午天　傍花隨柳過前川

時人不識予心樂　將謂偷閒學少年

春日　朱子

勝日尋芳泗水濱　無邊光景一時新

等閒識得東風面　萬紫千紅總是春

春宵　蘇軾

春宵一刻值千金　花有清香月有陰

歌管樓臺聲細細　鞦韆院落夜沉沉

《千家詩眞本》集新堂. 연도 미상

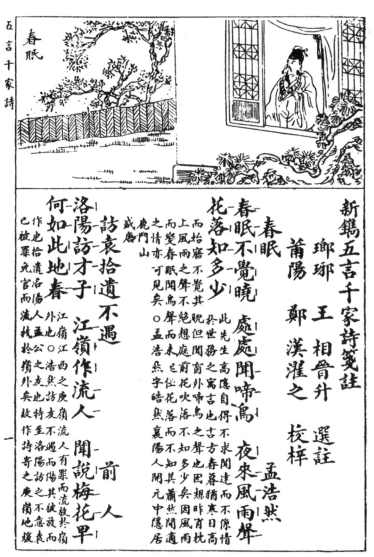

五言千家詩

新鐫五言千家詩箋註
瑯琊　王相晉升　選註
莆陽　鄭漢濯之　校梓

春眠　　　　孟浩然

春眠不覺曉　處處聞啼鳥　夜來風雨聲　花落知多少

此先生高隱自得不求聞達而不係情於高眠也春暮猶寒日高而不厭惜其身方春晝猶想昨宵因風雨中隱然聞通因枕想花吹之聲不知其多少矣蕭然閒通元中隱居

而上風雨之聲而聞鳥不絕眠而未已伫花落而字皓皓不知啼鳥落紅而自見矣○孟浩然襄陽人開鹿門山而上覽春眠聞鳥之情亦可見矣

訪袁拾遺不遇　　前人

洛陽訪才子　江嶺作流人　聞說梅花早　何如此地春

已作此拾遺洛陽而流人枕於嶺外矣故作此詩寄之庾嶺地煖而
何如此地春　　江嶺江西之庾友不遇洛陽訪其不意袁而
洛陽訪才子　　江嶺江西之庾友不過洛陽訪其不意袁而
訪袁拾遺不遇　袁拾遺人有罪而流故其宿

《韻對千家詩》新鐫本과 같으나 그림과 편집이 다름. 文化圖書公司(印本) 1992 臺北

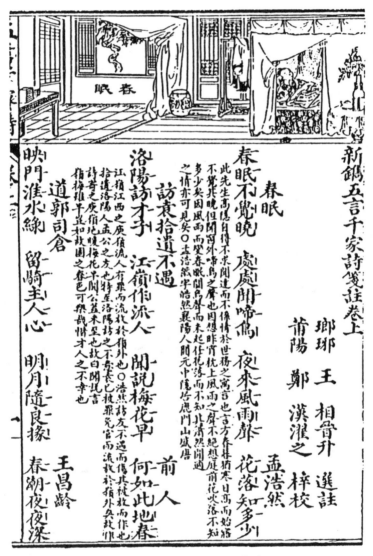

新鐫《五言千家詩》箋注 1920년 간본

瑯琊　王相晉升　選註
莆陽　鄭漢濵之　梓校

春眠　　孟浩然

春眠不覺曉　處處聞啼鳥　夜來風雨聲　花落知多少

此先生高隱自得不來開道而不係情於世揚之寓言也言方春性猶未日萬而始曉不覺其曉但聞窻外啼鳥之聲也因想夜來風雨之聲不絕想庭前花朶落火洛不知多少矣因風雨而變春眠聞鳥聲而未起乃花朶落而不知此清然開過之情亦可見矣〇孟浩然字浩然襄陽人開元中隱居鹿門山感歴

訪袁拾遺不遇　　前人

洛陽訪才子　江嶺作流人　聞說梅花早　何如此地春

江嶺江西之庚俗流人有罪而流枚於化作外也〇浩然訪友不遇而傷其被枚而作也詩訪洛陽人孟公之友也特其已被眾兔官而流枚於嶺外矣故作詩之庚聞此嶺上梅花早開乎言梅雖先開北言猶梅花平花和毈園之春色可樂說情才人之不幸也

送郭司倉　　王昌齡

映門淮水綠　留騎主人心　明月隨良掾　春潮夜夜深

책머리에

　중국 여행을 하면서 태산에 올라서는 "조물주는 온갖 신비하고 빼어난 것은 다 모아놓았구나"(造化鍾神秀 〈望岳〉)하고 두보의 시를 읊어보고, 산서성 분음 행화촌에서는 "봄추위 오장을 파고드는데 술집 어디냐고 묻는 내 말에 목동은 대답 대신 행화촌을 가리킬 뿐"(借問酒家何處有, 牧童遙指杏花村 〈清明〉)이라는 두목의 구절을 떠올린다. 삼협 백제성에 올라서는 "무지개 구름 속 새벽 백제성을 떠나 강 양쪽 원숭이 끝없이 울어대는데 가벼운 이 배는 만 겹겹 산을 뚫고 천리 강릉을 하루 만에 돌아왔네"(早發白帝彩雲間, 千里江陵一日還. 兩岸猿聲啼不盡, 輕舟已過萬疊山. 〈早發白帝城〉)라고 읊어본다. 그리고 소주蘇州 한산사에서는 그 절창 장계張繼의 〈풍교야박〉은 지금도 그 종소리가 귀에 들리는 듯하다. 그런가 하면 항주 서호 '루외루樓外樓'를 지나며 "산 밖에 다시 청산, 누각 밖에 다시 누각, 서호의 가무는 그 언제 끝날꼬?"(山外青山樓外樓, 西湖歌舞幾時休)라고 임승林升의 시를 외워보기도 한다.

　서역 옥문관, 저 투루판의 포도곡葡萄谷, 위성渭城의 새벽비와 양관陽關, 황학루며 악양루, 관작루며 여산 폭포, 그 어디를 간들 시 구절 하나 연관되지 않은 곳이 있으랴? 게다가 백두산 장백폭포를 걸어 올라가는데 "쏟아지는 물줄기 삼천 척, 은하수가 거꾸로 아홉 겹 하늘에서 떨어지는 줄 알았도다"(飛流直下三千尺, 疑是銀河落九天)라고 이백 그 특유의 과장이 바위에 새겨져 있는 것이 아닌가?

　계절이면 계절에 맞고, 지역이면 그 지역 정서에 맞는 이런 아름다운 표현이 정말 시인들의 시상이 아니라면 어찌 세상에 태어나 그 긴 세월

사람의 입을 떠나지 못하고 전해질 수 있겠는가? 그러한 면에서 옛 시인들이 참으로 고맙다. 살맛이 나고 여행 맛이 절로 난다.

중국 문학의 최고 성취 장르인 당시(근체시)야 말로 우리도 받아들여 신라 이후 수 없는 작품을 남겼고, 한학을 하는 이라면 누구나 시 한 수 지어보고 싶어하지 않는 이가 없으리라. 나아가 짓지는 못해도 이미 있는 시를 읽으며 그 아름다운 감회와 표현이 내심 부럽기도 하고 행복감을 주기도 하리라.

나도 어릴 때 《오언당음》이며 《칠언당음》, 《백련초해》, 그리고 《당시선》과 《고문진보》(전집), 심지어 우리나라의 《해동시선》 등을 들여다보며 이해도 못하면서 끙끙거렸던 추억이 있다. 그리고 심지어 고향 죽령천이 내려다 보이는 언덕에 자리잡은 상휘루翔輝樓라는 누각 곁을 지나 통학을 하면서 그 편액에 쓰여 있는 시가 무슨 뜻인지 알고 싶어했던 기억도 새롭다. 아니

《五言唐音》　　　　《七言唐音》　　　　《百聯抄解》

우리나라 어디를 간들 누각이며, 정자에 시 한 구절 걸리지 않은 곳이 있겠는가? 저 파주 율곡의 화석정에서는 율곡이 8살 때 지었다는 〈화석정〉 시가 눈에 보이는 듯 임진강을 그림으로 펼쳐보이고 있다.

그러다가 고등학교 고문 시간에는 《두시언해》의 원시보다 우리 조선 시대 해석(언해) 문장이 더 아름답고 맛깔스러워 지금도 그 언해문을 외우며 복잡한 현대 생활에 안정감을 찾을 때가 있다. 그러다가 인사동에서 다 낡아 흐트러진 《두시언해》(중간본)를 값도 모르면서 사 들고 집에 와서는 흥분 속에 밤을 새워 들여다보기도 하였다. 당시 우전雨田 신호열 선생에게 당시를 배울 때였는데 그 구절마다 해석이 정말 행복감을 안겨다 주었다.

지금은 한시를 짓는 사람을 보기가 그리 쉽지 않다. 더구나 개인 시문집을 내는 사람도 거의 없어진 상태이다. 그럼에도 남겨진 시들은 우리 생활 속에 깊숙이 자리잡아 마음을 달래주고 정서를 안정시키며, 꿈을 키워주고 있다.

경기도 파주 栗谷里 임진강.
栗谷 이이의 〈花石亭〉 詩碑

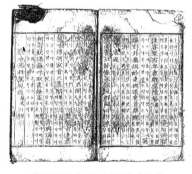

《杜詩諺解》중간본 필자소장

이에 우선 《천가시》 226수를 정리하여 내 나름대로 나의 감상용 교재로 삼고자 한다. 손에 놓기 아까운 작품들은 늘 우리를 즐겁게 한다. 그 내용까지 상세히 알고 감상한다면 더욱 좋지 않겠는가? 그리고 중국 여행은 물론 우리나라 방방곡곡에 남아 있는 시들도 이에 맞추어 함께 읽어보고 느껴본다면 정신적인 삶도 더욱 풍요로워지지 않겠는가? 지금처럼 각박한 시대에 이러한 맛도 없다면 어찌 살아가겠는가? 그보다 알고 있던 시들을 다시 되살리는 교재의 역할만 해도 그 값은 이미 충분하다고 하겠다.

줄포茁浦 임동석이 취벽헌醉碧軒에서 적음.

일러두기

1. 이 책은 《운대천가시韻對千家詩》(印本, 文化圖書公司, 1992 臺北)를 저본으로 하여 기타 여러 주석서를 비교, 전체를 완역한 것이다.

2. 현대 백화어 역주본도 수집하여 참고하였으며 큰 도움을 받았다. 특히 《신역천가시新譯千家詩》(邱燮友·劉正浩 注譯. 三民書局 2006. 臺北)와 그 외 《천가시》(李夢生. 太白文藝出版社 北京) 등은 구체적인 주석과 번역에 많은 참고 내용을 제공해 주었음을 밝힌다.

3. 매 편의 시마다 일련번호를 부여하고 해석은 가능한 한 직역을 위주로 하였으나 일부 의역한 곳도 있다. 그리고 원문의 음을 따로 정리하여 부가하였으며 본음으로 표기하였다.

4. 제목이나 시인의 이름, 시대 등 오류나 오자 등에 대해서는 일일이 밝혀 제시하였다.

5. 시인의 약력을 간단히 실었으며 당대 시인의 경우 《당재자전》 기록을 전재하여 연구와 이해에 도움이 되도록 하였다.

6. 왕상王相의 주를 표점 정리하여 그대로 실어 참고사항으로 삼았다.

7. 두보 시의 경우 우리나라 조선시대 《두시언해杜詩諺解》를 실어 감상과 이해에 도움이 되도록 하였다.

8. 삽화는 명대 《삼재도회三才圖會》 등 자료와 현대 작가까지 관련된 것을 실어 감상에 도움이 되도록 하였다.

9. 부록으로 《운대천자문》(文化圖書公司 印本 1992 臺北)을 그대로 영인하여 실어 연구에 도움이 되도록 하였다.

10. 이 책을 역주함에 참고한 주요 문헌은 아래와 같다.

● 참고문헌

1. 《韻對千家詩》(印本) 文化圖書公司 1992. 臺北, 臺灣

2. 《新譯千家詩》邱燮友·劉正浩(主譯) 三民書局 2006. 臺北, 臺灣

3. 《千家詩》(宋)謝枋得·(明)王相(集) 山西古籍出版社 1999. 太原

4. 《千家詩》江蔭香(編譯) 正言出版社 1976. 臺南 臺灣

5. 《千家詩》(注譯) 李夢生(著) 太白文藝出版社 2005. 北京

6. 《千家詩》蘅塘退士(輯) 大夏出版社 1978. 臺灣 臺南

7. 《千家詩注》李瑞安(編注) 岳麓書社 2006. 湖南 長沙

8. 《中國神童詩歌選》龔浩康 湖南少年兒童出版社 1987. 湖南 長沙

9. 《後村先生大全集》(宋 劉克莊) 四部叢刊 初編 集部「書同文」電子版 北京

10. 《疊山集》(宋 謝枋得) 四部叢刊 續編 集部「書同文」電子版 北京

11. 《全唐詩》清 聖祖(御定) 明倫出版社 활자본 1980 臺北

12. 《唐詩大觀》蕭滌非(外) 商務印書館 1986 홍콩

13. 《宋詩大觀》繆鉞(外) 商務印書館 1988 홍콩

14. 《歷代詩話》清 何文煥(編) 木鐸出版社 1982 臺北

15. 《宋詩話考》郭紹虞 中華書局 1985 北京

16. 《唐詩紀事》宋 計有功(撰) 木鐸出版社 1982 臺北

17. 《唐才子傳》元 辛文房(撰) 三間草堂本 廣文書局(印本) 1969 臺北

18. 《唐才子傳校箋》傅璇琮 中華書局 1987 北京

19. 《唐詩品彙》明 高秉(編選) 上海古籍出版社(印本) 1982 上海

20. 《唐詩選》(箋註) 漢文大系 新文豐出版社(印本) 1978 臺北

21. 《唐人萬首絶句選》王士禎 藝文印書館(印本) 1981 臺北

22. 《三體詩》(增註) 漢文大系 新文豐出版社(印本) 1978 臺北

23. 《詩人玉屑》魏慶之 臺灣商務印書館 1980 臺北

24. 《唐宋詩擧要》高步瀛(選註) 宏業書局 1976 臺北

25. 《古唐詩合璧》清 王翼雲(箋註) 文政出版社(印本) 1972 臺北

26. 《古詩源》沈德潛 臺灣商務印書館 1975 臺北

27. 《十四家詩抄》朱自清 上海古籍出版社 1981 上海

28. 《唐詩一千首》金聖嘆(批註) 天南逸叟(校訂) 五洲出版社 1980 臺北

29. 《唐人絶句五百選》房開江, 潘中心(編) 貴州人民出版社 1983 貴陽

30. 《中國歷代詩選》丁嬰(編) 宏業書局 1983 臺北

31. 《新譯唐詩三百首》邱燮友 三民書局 1976 臺北

32. 《唐詩三百首全譯》沙靈娜(外) 貴州人民出版社 1989 貴陽

33. 《唐詩三百首新譯》(英漢對照) 中國對外飜譯出版公司 1992 홍콩

34. 《唐詩三百首》綜合出版社 1976 臺南

35. 《唐詩三百首》(國學讀本) 力行書局 1955 臺北

36. 《唐詩三百首全解》趙昌平(解) 復旦大學出版社 2007 上海

37. 《唐詩二十講》張愛華(著) 新世界出版社 2004 北京

38. 《杜詩鏡銓》清 楊倫(箋註) 華正書局(印本) 1981 臺北

39. 《杜詩鏡銓》(志古堂校刊本) 漢京文化事業公司 1980 臺北

40. 《杜詩詳註》明 仇兆鰲 止大印刷館(印本) 1974 臺北

41. 《杜詩諺解》大提閣(印本) 1976 서울

42. 《杜詩諺解》제22권 중간본 필자소장

43. 《杜詩諺解風澤堂批解》震友會(印本) 1987 서울

44. 《唐詩正音輯註》(5책) 조선시대 간본 필자소장

45. 《唐詩鈔略》조선시대 필사본 필자소장

46.《百聯抄解》조선시대 간본 大邱大學 國語國文學會(印本) 1960 大邱

47.《五言唐音》世昌書館 1960 서울

48.《七言唐音》世昌書館 1960 서울

49.《李太白文集》學生書局(印本) 1967 臺北

50.《唐人軼事彙編》(4책) 周勛初 上海古籍出版社 1995 上海

51.《唐詩故事》陸家驥(著) 正中書局 1986 臺北

52.《唐代詩人叢考》傅璇琮(著) 中華書局 1980 北京

53.《唐詩百首淺釋》曄芝(注) 萬里書店 1983 홍콩

54.《古詩佳話》少年兒童出版社 1983 上海

55.《歷代詩詞名句析賞探源》(初編, 續編) 呂自揚 河畔出版社 1981 臺北

56.《全國唐詩討論會論文選》霍松林 陝西人民出版社 1984 西安

57.《中國詩說》鍾蓮英 立峯彩色印刷社 1971 臺北

58.《唐代詩人列傳》馮作民 星光出版社 1980 臺北

59.《唐詩之旅》愛書人雜誌社(編) 1981 臺北

60.《唐詩植物圖鑑》潘富俊(著) 上海書店出版社 2003 上海

61.《古典詩歌名篇心解》陳祖美(著) 山東教育出版社 1988 濟南

62.《中國歷代詩歌名篇賞析》弘征 湖南人民出版社 1983 長沙

63.《全唐詩典故辭典》范之麟(主編) 湖北辭書出版社 1989 武漢

64.《中國詩詞發展史》民文出版社 1979 臺北

65.《中國文學發展史》劉大杰 華正書局 1976 臺北

66.《三才圖會》(印本3책) 明 王圻·王思義(編集) 上海古籍出版社 2005 上海
　　기타 개별 시인 시집 등 일부 자료는 기재를 생략함.

해제

Ⅰ.《천가시》의 유래

  1. 유극장劉克莊

  2. 사방득謝枋得

  3. 왕상王相

Ⅱ.《천가시》의 판본

Ⅲ.《천가시》의 내용

Ⅳ.《천가시》의 영향

  1.《천가시》의 성행

  2.《신동시神童詩》

  3.《속천가시續千家詩》

  4.《국조천가시國朝千家詩》

  5.《당시삼백수唐詩三百首》와의 관계

Ⅴ.《천가시》의 오류

Ⅵ. 결언

I. 《천가시》의 유래

《천가시》는 송대 유극장(劉克莊, 後村)에 의해 첫 책이름이 태어났으며, 송대 사방득(謝枋得, 疊山)에 의해 '칠언절율七言絶律'이 모아져 초보적으로 편집되었고, 청대 왕상(王相, 晉升)에 의해 '오언절율五言絶律'과 '주석'이 추가되어 오늘에 이른 것이다. 민간에 의해 끝없이 널리 퍼져 변모를 거듭했으며 초보적 시 학습을 위한 통속적 몽학 교재로써 지금도 아주 널리 읽히는 시 독본이다.

그 때문에 《삼자경》, 《백가성》, 《천자문》을 묶어 흔히 '삼백천'이라 부르던 것이 청대부터 이 《천가시》를 더하여 '삼백천천'이라 하여 4대 몽학서로 자리를 잡게 되었다. 지금도 중국 소학(초등학교) 국어 교과서에는 이 네 책 이름을 정식으로 등재하고, 아동들로 하여금 관심을 갖도록 유도하고 있다. 나아가 중국 그 어떤 서점에서도 우선적으로 아동도서 코너 맨 앞에 자리를 잡고 있는 필독서이며 보편적 인지도도 크게 가지고 있다. 그러나 판본마다 순서가 다르고 시의 작자나 설명이 차이가 있으며 심지어 《천가시》라는 이름 아래 전혀 다른 시들을 모아 출간한 책도 있을 정도이니 그 지명도를 알 수 있다.

책이름은 "천 명의 작가 시를 모은 책"이라는 뜻이지만 실제로는 그렇지 못하다. 첫 편집장 유극장은 그러한 의도를 가지고 시작했으나 그 뒤에는 이름만 그렇게 취하였을 뿐 지금 전하는 판본은 당, 송, 명 226수이며 그것도 칠언과 오언의 절구, 율시일 뿐이다. 그리고 내용도 몽학 교재에 맞추어 계절, 인의, 도덕, 교화, 충의, 조배, 시연 등에 치우쳐 아이들로 하여금 은연중 사회성과 계몽성이 유도되도록 하고 있을 뿐이다. 그 때문에 이 책은 우리가 널리 알고 있는 《당시삼백수》를 태어나게 한 계기를 제공한 특이한 역할로 묘한 가치를 인정받고 있기도 하다.

이에 이 《천가시》가 지금의 모습으로 정착하게 된 과정과 그에 관련된 인물들을 간단히 살펴보기로 한다.

1. 유극장(劉克莊: 1187~1269)

유극장은 남송의 시인이며, 사인, 시 평론가이다. 자는 잠부潛夫, 호는 후촌
後村이며 보전(莆田: 지금의 福建 莆田) 사람이다. 시호는
문정文定이며 진덕수陳德秀에게 배워 사령파四靈派와
교류가 있었고 강호시파江湖詩派와 사귀어 그 때문에
만당시晩唐詩의 영향을 받았다. 문집으로는 《대전집
大全集》(200권)과 〈사부총간四部叢刊〉에 수록된 《후촌
선생대전집後村先生大全集》(196권)이 있으며 사집詞集
으로는 〈송육십명가사宋六十名家詞〉본에 《후촌별조
後村別調》(1권), 그리고 〈강촌총서彊村叢書〉본의 《후촌
장단구後村長短句》(5권) 등과 그 외에 《후촌시화後村詩話》
등을 남기고 있다.

《後村集》 劉克莊

그의 전은 《송사익宋史翼》에 〈유극장전劉克莊傳〉이 있다.

이 유극장이 《천가시》와 관련이 있다. 청 완원(阮元: 1764~1840)의 〈사고
미수서목제요四庫未收書目提要〉(1)에 다음과 같이 기록하고 있다.

"《分門纂類唐宋時賢千家詩選》二十二卷, 宋劉克莊撰. 克莊有《後村集》五十卷,
及《詩話》十四卷, 〈四庫全書〉已著錄. 玆其所選唐宋時賢之詩, 題曰《後村先生
編集者, 著其別號也.」 是書爲向來著錄家所未見, 惟國朝兩淮鹽課御史曹寅,
曾刻入〈棟亭叢書〉中, 前後亦無序跋."

유극장이 편집한 《분문찬류당송시현천가시선》은 저록가의 책에 보이지
않았으나 청대 조인曹寅이 처음으로 〈연정총서〉에 이를 수록하였으며 서문

이나 발문이 없다는 것이다. 그리고 조인 역시 강희 45년(1706)에 간행한 〈연정십이종棟亭十二種〉에서 이를 수록하면서 "후촌선생편後村先生編"이라 하여 정확히 밝히고 역시 22건이며 시령, 절후, 기후, 주야, 백화, 천문, 지리, 궁실, 기용, 음악, 금수, 곤충, 인품 등 14가지로 분류하고 있으며 이를 줄여 《천가시》라 하여 최초의 명칭을 나타내고 있다.

  그러나 완원과 조인이 유극장의 편찬이라 한 이 책은 뒤에 방간坊間에서 전각傳刻을 거듭하면서 증산增刪을 거쳐 원래 모습과 달라지고 말았다. 이에 완원은 다시,

  "《後村大全集》内, 有〈唐五七言絶句選〉及〈本朝五七言絶句選〉·〈中興五七言絶句選〉三序, 或鏤板于泉州, 于建陽, 于臨安. 則克莊在宋時, 固有選詩之目. 此則疑當時輾轉傳刻, 致失其緣起耳. ……所選亦極雅正, 多世所膾炙之什. 惟中多錯謬, 如杜甫·王維·趙嘏諸人傳誦七律, 往往截去半首, 改作絶句, 甚至名姓不符."

라 하여 각 지역에서 전각하는 과정에서 율시를 줄여 절구로 하기도 하고 심지어 작자의 성명에 오류가 있는 경우도 있다고 하였다.

  그러나 청대 종정보宗廷輔는 전혀 다른 견해를 보이고 있다. 즉 이 《천가시》는 유극장이 편찬한 것이 아니며 출판업자가 자신의 이익을 취하기 위해 그의 명성에 의탁하여 이름을 도용한 것이라 여겼다. 그는 《중편천가시독본重編千家詩讀本》 발발跋에서 이렇게 말하고 있다.

  "後村先生在南宋季年雖爲江湖宗主, 然其集實足成家, 所爲詩話, 頗具別裁,何至紕陋如此! 殆陳起《江湖小集》盛行之後, 游士闤闠相望, 臨安·建陽無知書賈假其盛名, 終以射利, 故致是歟? 觀卷首標題, 其不出先生手了然矣."

그런가 하면 청대 전대흔錢大昕은 《십가재양신록十駕齋養新錄》(7) 〈예문지탈루藝文志脫漏〉에서 유극장의 《천가시》를 거론하면서 "천가시는 유극장이 편집한 것인지 아니면, 그 이름을 의탁하여 편찬된 것이지 알 수 없다" 하여 유보적인 입장을 취하고 있다. 결론적으로 이 유극장의 《천가시》는 지금 전하는 《천가시》와는 전혀 다른 것이며 다만 그 이름을 처음으로 취명한 것에 불과하다.

2. 사방득(謝枋得: 1226~1289)

사방득은 남송 말의 문학가이며 충신으로 자는 군직君直, 호는 첩산疊山이며 신주信州 익양弋陽, 지금의 강서江西 사람이다. 시호는 문절文節이다. 그는 구양수와 소식을 숭앙하였으며 《첩산집疊山集》(16권)이 〈사부총간四部叢刊〉에 실려 있고 《송사宋史》(425)에 그의 본전이 있다.

그는 송나라 말기 문천상文天祥과 동방同榜으로 함께 진사에 올랐으며 원元이 중원으로 들어오자 벼슬을 버리고 건녕建寧에 은거하며 남의 점을 쳐주는 일로 생업을 삼고 있었다. 그러다가 원나라 조정에서 옛 인재를 찾는 과정에 대도(大都, 지금의 북경)로 끌려갔으나 절의를 지키며 병이 들자 음식을 끊고 자결해 버렸다.

謝枋得(字 君直)《三才圖會》

    지금 전하는 《천가시》의 절반인 칠언 절구와 율시 부분이 바로 이 사방 득이 편찬한 것이다. 따라서 지금 전하는 《천가시》 칠언 부분 주해에는 "신주 사방득(첩산)이 선집하고, 낭야 왕상(진승)이 주석을 하였으며 보양 사람 정한(탁지)이 인쇄하다"(信州謝枋得疊山選, 瑯琊王相晉升註, 莆陽鄭漢濯之梓)로 되어 있다.

    책은 춘하추동의 계절을 순서로 삼았으며 선택한 시는 대체로 널리 알려져 있으면서 쉬운 것들이다. 특히 송대 이학가들의 설리시說理詩를 많이 실어 특이한 모습을 보이고 있다.

    그러나 지금 전하는 것은 원래 모습과는 달리 칠언절구 94수, 칠언율시 48수 등이 전하고 그 중 칠절七絶은 정호程顥의 〈춘일우성春日偶成〉(085)에서 시작하여 무명씨의 〈제벽題壁〉(178)에서 끝을 맺으며, 칠율七律은 가지賈至의 〈조조대명궁早朝大明宮〉(179)에서 시작하여 명明 세종世宗의 〈송모백온送毛伯溫〉(226)에서 끝을 맺어 명대 사람이 둘이나 첨가되어 있다. 이는 시대가 흐르면서 당연히 더 첨가된 것이다.

〈참고〉《宋史》(425) 〈謝枋得傳〉

謝枋得字君直, 信州弋陽人也. 爲人豪爽. 每觀書, 五行俱下, 一覽終身不忘.
性好直言, 一與人論古今治亂國家事, 必掀髥抵几, 跳躍自奮, 以忠義自任. 徐霖
稱其「如驚鶴摩霄, 不可籠縶.」

寶祐中, 擧進士, 對策極攻丞相董槐與宦官董宋臣, 意擢高第矣, 及奏名,
中乙科. 除撫州司戶參軍, 卽棄去. 明年復出, 試敎官, 中兼經科, 除敎授建寧府.
未上, 吳潛宣撫江東西, 辟差幹辦公事. 團結民兵, 以扞饒信撫, 科降錢米以
給之. 枋得說鄧·傅二社諸大家, 得民兵萬餘人, 守信州, 暨兵退, 朝廷覈諸軍費,
幾至不免.

五年, 彗星出東方, 枋得考試建康, 摘似道政事爲問目, 言:「兵必至, 國必亡.」
漕使陸景思銜之, 上其稿於似道, 坐居鄕不法, 起兵時冒破科降錢, 且訕謗,
追兩官, 謫居興國軍. 咸淳三年, 赦, 放歸. 德祐元年, 呂文煥導大元兵東下鄂·
黃·蘄·安慶·九江, 凡其親友部曲皆誘下之, 遂屯建康. 枋得與呂師夔善, 乃應
詔上書, 以一族保師夔可信, 乞分沿江諸屯兵, 以之爲鎭撫使, 使之行成, 且願
身至江州見文煥與議. 從之, 使以沿江察訪使行, 會文煥北歸, 不及而反.

以江東提刑·江西招諭使知信州. 明年正月, 師夔與武萬戶分定江東地, 枋得
以兵逆之, 使前鋒呼曰:「謝提刑來」呂軍馳至, 射之, 矢及馬前. 枋得走入安仁,
調淮士張孝忠逆戰團湖坪, 矢盡, 孝忠揮雙刀擊殺百餘人. 前軍稍却, 後軍繞出
孝忠後, 衆驚潰, 孝忠中流矢死. 馬奔歸, 枋得坐敵樓見之, 曰:「馬歸, 孝忠敗矣」
遂奔信州. 師夔下安仁, 進攻信州, 不守. 枋得乃變姓名, 入建寧唐石山, 轉茶坂,
寓逆旅中, 日麻衣躡屨, 東向而哭, 人不識之, 以爲被病也. 已而去, 賣卜建陽市中,
有來卜者, 惟取米屨而已, 委以錢, 率謝不取. 其後人稍稍識之, 多延至其家,
使爲孝子論學. 天下旣定, 遂居閩中.

至元二十三年, 集賢學士程文海薦宋臣二十二人, 以枋得爲首, 辭不起. 又明年, 行省丞相忙兀台將旨詔之, 執手相勉勞. 枋得曰:「上有堯舜, 下有巢由, 枋得名姓不祥, 不敢赴詔」丞相義之, 不強也. 二十五年, 福建行省參政管如德將旨如江南求人材, 尙書留夢炎以枋得薦, 枋得遺書夢炎曰:「江南無人材, 求一瑕呂飴甥‧程嬰‧杵臼廝養卒, 不可得也. 紂之亡也, 以八百國之精兵, 而不敢抗二子之正論, 武王‧太公凜凜無所容, 急以興滅繼絕謝天下. 殷之後遂與周並立. 使三監‧淮夷不叛, 武庚必不死, 殷命必不黜. 夫女眞之待二帝亦慘矣. 而我宋今年遣使祈請, 明年遣使問安, 王倫一市井無賴‧狎邪小人, 謂梓宮可還, 太后可歸. 終則二事皆符其言. 今一王倫且無之, 則江南無人材可見也. 今吾年六十餘矣, 所欠一死耳, 豈復有它志哉!」終不行. 郭少師從瀛國公入朝, 旣而南歸, 與枋得道時事, 曰:「大元本無意江南, 屢遣使使頓兵, 令毋深入, 待還歲幣卽議和, 無枉害生靈也. 張宴然上書乞斂兵從和, 上卽可之. 兵交二年, 無一介行李之事, 乃挈數百年宗社而降」因相與痛哭.

福建行省參政魏天祐見時方以求材爲急, 欲薦枋得爲功, 使其友趙孟迎來言, 枋得罵曰:「天祐仕閩, 無毫髮推廣德意, 反起銀冶病民, 顧以我輩飾好邪?」及見天祐, 又傲岸不爲禮, 與之言, 坐而不對. 天祐怒, 強之而北. 枋得卽日食菜果.

二十六年四月, 至京師, 問謝太后欑所及瀛國所在, 再拜慟哭. 而已病, 遷憫忠寺, 見壁間曹娥碑, 泣曰:「小女子猶爾, 吾豈不汝若哉!」留夢炎使醫持藥雜米飲進之, 枋得怒曰:「吾欲死, 汝乃欲生我邪?」棄之於地, 從不食而死. 伯父徽明以特奏恩爲當陽尉, 攝縣事, 時天基節上壽, 大元兵奄至, 徽明出兵戰死, 二子趨進抱父屍, 亦死. 論曰: 謝枋得嶔崎以全臣節, 皆宋末之卓然者也.

3. 왕상王相

왕상은 《천가시》의 오언 부분을 선정하고 이에 주를 달았으며 이미 있던 사방득의 칠언절구·율시에 역시 주해를 붙여 완성한 사람이다. 그 때문에 오언은 전주箋註라 하였으며, 칠언은 주해註解라 하였던 것이다. 특히 그는 《삼자경》에도 훈고訓詁를 더하여 몽학서에 상당한 관심을 가졌던 것으로 보인다. 아깝게도 그의 전은 자세히 전하지 않으나 《삼자경》 훈고의 서문을 통해 호는 인암訒菴이며 강서江西 임천臨川 사람으로 강희康熙 연간에 명말 청초의 서간문을 모아 《척독앵명집尺牘嚶鳴集》을 편찬한 인물임을 알 수 있을 뿐이다. 그리고 〈사고전서목록〉(94)에 관련 기록이 약간 들어 있는 정도이다.

그가 편집한 천가시 오언 부분에는 "낭야 왕상(진승)이 선주하고 보양 정한(탁지)이 교정하여 인쇄함"(瑯琊王相晉升選註, 莆陽鄭漢濯之校梓)이라 표시하였다. 이 왕상의 오언五言 절율絶律 부분의 체재는 대체로 사방득의 계절 순과 비슷하다. 오언절구 39수, 오언율시 45수 등 모두 84수를 싣고 있으며 오언절구는 맹호연의 〈춘면春眠〉(001)으로 시작하여 태상은자太上隱者의 〈답인答人〉(039)에서 끝나며 오언율시는 당唐 현종玄宗의 〈행촉회지검문幸蜀回至劍門〉(040)에서 시작하여 장열張說의 〈유주야가幽州夜歌〉(084)로 끝을 맺고 있다.

한편 현존 통속본은 거의가 왕상 오언을 앞으로 하고 사방득의 칠언을 뒤로 하여 편집되어 있다. 그리고 각기 사체四體에 따라 4권으로 분류하였다. 이는 몽학 시 학습서의 특징에 맞게 심천 정도를 감안하여 단계적으로 익힐 수 있도록 배려한 것임을 알 수 있다.

지금의 주석본은 각기 상당한 차이를 보이고 있다. 이는 시대나 지역을 거듭 거치면서 증보, 증정을 더하였기 때문이다. 그러나 결국 사방득의 칠언과 왕상의 오언을 기본을 하고 있다. 특히 왕상본은 지금 그대로이지만 사방득 칠언 부분은 명대 세종(주이총, 가정, 1522~1566)의 시 등 명대 시가 2수나 들어 있어 송대 사방득과는 시대적으로 상당히 멀다. 게다가 칠언시에는 유극장과 사방득 자신의 시까지 들어 있어 이는 후대 사람들이 첨부한 것으로 보고 있다. 이에 청대 건륭 연간의 적호翟灝가 쓴 《통속편通俗編》(7) 《천가시》 조條에는 이렇게 기록하였던 것이다.

"宋刻後村克莊有《分門纂類唐宋千家詩選》, 所錄惟近體, 而趣尙顯易, 本爲初學設也. 今村塾所謂《千家詩》者, 上集七言絶八十餘首, 下集七言律四十餘首, 大半在後村選中, 蓋據其本增刪之耳. 故詩僅數十家, 而仍以千家爲名. 下集綴明祖送楊文廣征南之作, 可知其增刪之者, 乃是明人."

이상 결론적으로 지금의 《천가시》는 남송 유극장에서 이름이 비롯되었고, 같은 남송 말 사방득에 의해 칠언절율七言絶律이 이루어졌으며 다시 명대에 증산과 가감이 있었고, 청대 왕상에 의해 오언절율五言絶律과 전체의 주석이 더해진 것이며 건륭 이후 완성되어 전해온 것이라 볼 수 있다. 통계로 보면 당대 68명, 송대 54명, 명대 2명, 무명씨 1명, 시대불명 2인 등 모두 125명의 시가 들어 있다.

II. 《천가시》의 판본

　《천가시》는 지금의 판본을 보면 시대와 지역에 따라 수많은 판본이 쏟아져 서로 다른 체제와 형식을 갖추고 있다. 이에 대만 구섭우邱燮友 선생은 대체로 22종의 판본을 거론하고 있는데 그 현황을 보면 다음과 같다.

1. 《分門纂類唐宋時賢千家詩選》南宋 劉克莊(編選), 淸 曹寅《棟亭藏書十二種》本
2. 《草書千家詩》題: 明 李卓吾(書)
3. 《千家詩草法》題: 明 董其昌(書) 淸 咸豊 7년 靑雲樓(重刻本)
4. 《四體千家詩》편자 성명 없음, 李光明莊(刊本)
5. 《千家詩對類合訂》淸 王方城(編)
6. 《國朝千家詩》편자 미상, 乾隆 37년 金陵 眠雲堂(刊本)
7. 《增補重訂千家詩注解》淸 林來吉(選) 王相(註) 淸 光緖 元年 本立堂(重刊本)
8. 《增刻千家詩選》淸 游光鼎(編) 淸 峻德堂(刊印本)
9. 《五言千家詩會義直解》淸 王相(選注) 淸刊本
10. 《五言千家詩》淸 申屠懷(輯) 李光明莊(刊本)
11. 《千家詩注》淸 黎恂(注) 黎氏家集本
12. 《重編千家詩讀本》淸 宗廷輔(重編) 淸 光緖 2년(刊印本)
13. 《韻對五七言千家詩》편자 미상, 淸 光緖 9년 北京 聚珍堂(刊印本)
14. 《童蒙必讀千家詩》편자 미상, 淸 光緖 11년 간인본
15. 《千家詩眞本》諸名家(合選) 集新堂(刊印本)
16. 《千家詩詳註》淸 湯海若(校譯) 集新堂(刊印本)
17. 《新刻千家詩選》편자 미상, 上海書局(石印本)
18. 《增補重訂千家詩注解》편자 미상, 上海 鑄記書局(石印本)

19. 《鍾伯敬先生訂補千家詩圖註》 편자 미상, 上海 錦章書局(石印本)
20. 《會圖千家詩》(五七言合編) 淸 王相(注) 上海 五洲書局(石印本)
21. 《會圖千家詩註釋》 南宋 謝枋得(選) 淸 王相(註) 民國 9년 上海 大成書局(刊印本)
22. 《韻對千家詩》 南宋 謝枋得(選) 淸 王相(注) 民國 44년(1955) 瑞成書局(刊印本)

한편 구씨는 이를 다시 특징에 따라 4가지로 분류하고 있다.

1) 현존 통행본과 판연히 다른 것
   연정장본棟亭藏本의 경우 14류로 나누어 다른 판본이 절구와 율시로 나누고 다시 네 계절로 분류한 것과 전혀 다르다.
2) 서예 위주로 목적이 바뀐 것
   명대 이탁오李卓吾와 동기창董其昌 등은 이 《천가시》를 사체四體(楷行隸草)의 필체로 서예 작품화한 것이 그 예이다.
3) 사방득의 칠언 부분만 판각한 것
   정호程顥의 〈춘일우성〉에서 시작하여 명 세종의 〈송모백온〉으로 끝나는 판본으로 대체로 7언 절구 83수(혹 86수), 7언 율시 38수(혹 39)를 싣고 있어 편수에는 차이가 있으나 내용은 같다. 《천가시진본》, 《천가시상주》, 《증보중정천가시주해》, 《종백경선생정보천가시도주》 등이 이것이다.
4) 오늘날 흔히 볼 수 있는 통행본으로 청대 왕상이 선주한 5언과 그의 주석을 모두 모아 4권(오언절구, 오언율시, 칠언절구, 칠언율시)으로 편집된

것이다. 원래 사방득의 7언 120여 수를 오언을 더하여 226수로 한 것이 거의 같다. 《회도천가시주석》, 《운대천가시》가 그것이다. 참고로 역자는 그 중 《운대천가시》를 기준으로 이 책을 역주한 것임을 밝힌다.

이처럼 시대와 지역에 따라 방간본坊刊本이 성행하게 되면서 시의 원문과 작자, 주석 등의 출입이 심하며, 많은 곳에 오류를 발견할 수 있다. 그리고 제시된 그림 삽화도 조금씩 달라 각기 자신들 편한 대로 간행되었음을 알 수 있다.

III. 《천가시》의 내용

《천가시》에 채록된 시는 당송 근체시이며 유극장이 처음 선집할 때는 시령, 기후, 주야, 백화 등 14가지로 나누었다. 그러나 지금 전하는 판본은 이와 판이하다. 즉 사방득 편찬은 네 계절 시령을 순서로 삼고 아동들 학습 단계에 맞도록 하였으며 난이도를 고려하여 외우기 쉽고 이해하기 쉬운 것으로 하되 7언 절구와 율시만을 대상을 하였다.

지금의 방간 통행본은 이처럼 사방득의 7언 절구 94수, 율시 48수에 청대 이르러 왕상이 다시 5언 절구 39수, 율시 45수를 더하여 모두 4권 226수를 싣고 왕상은 다시 모든 시에 주해까지 더하여 완성한 것이다. 이에 실린 시인들을 시대별로 보면 7언 절구는 당시 33수, 송시 60수, 무명씨 1수이며 율시는 당시 25수, 송시 21수 명시 2수이다. 그리고 왕상이 덧붙인 오언시는 절구 39수, 율시 45수가 모두 당시唐詩이며 송시나 명시는 없다.

다시 이를 시인별로 보면 두보杜甫 시가 26수로 가장 많고, 그 뒤를 이어 이백李白 시가 9수, 소식蘇軾 시가 7수, 왕유王維와 정호程顥 시가 각각 6수, 맹호연孟浩然 5수, 위응물韋應物, 유우석劉禹錫, 잠삼岑參, 한유韓愈, 두목杜牧, 왕안석王安石의 시가 각각 4수 등이다. 따라서 실제로는 4수 이상이 12명, 85수나 차지하여 유명인, 유명 작품에 치우친 경향을 보이고 있다. 특히 두보 시가 26수나 되어 무려 11.5%나 차지하고 있어 편중된 느낌을 자아낸다.

IV.《천가시》의 영향

1.《천가시》의 성행

《천가시》는 일반 민간에는 물론 심지어 궁중에서조차 성행을 이루었다. 이에 따라 '삼백천'이 '삼백천천'으로 불리기까지 하였으니 청대 유악(劉鶚, 鐵雲)의 《노잔유기老殘遊記》에는 그가 동치(同治: 1862~1874) 연간 동창부東昌府를 유람하던 중 어떤 서점 주인이 "2, 3백 리 내 방원의 학당에서 쓰고 있는 교재로 '삼백천천'은 작은 상점에서도 팔리는 것만도 모두 1년에 만 권 이상 이나 된답니다!"(所有方圓二三百里學堂裏用的「三百千千」, 都是小號裏販得去的, 一年要銷上萬本呢!)라고 한 말을 들었다고 적고 있다.

그리고 명·청 때 일반인은 누구나 이《천가시》의 구절을 외우고 살았음이 많은 기록에 보인다. 즉 이어李魚의 유명한 희곡《풍쟁담風箏談》에 연을 날리며 연애 감정을 나누는 대화에 이런 장면이 실려 있다.

> 丑: 我的佳篇一時忘了.
> 生又驚介: 自己作的詩, 只隔得半日, 怎麼就忘了? 還求記一記.
> 丑: 一心想著你, 把詩都忘了, 我想來.
> 相介: 記着了.
> 生: 請敎.
> 丑: "雲淡風輕近午天, 傍花隨柳村前川. 時人不識余心樂, 將謂偸閑學少年."
> 生大驚介: 這詩一首《千家詩》, 怎麼說是小姐作的?

즉 자신이 지었다고 자랑하던 소녀의 시가《천가시》(정호의 〈춘일우성〉 085 참조)에 있는데 어찌 자신이 지었다고 자랑하는가라고 웃음 속에 사랑 대화를 나누는 모습이다.

그런가 하면 《홍루몽》(63회) 〈수이홍군방개야연壽怡紅群芳開夜宴〉의 잔치
자리에서 골패骨牌를 던지며 꽃 이름을 서명하는 놀이에 이런 대화가 나온다.

杏花： 瑤池仙品：“日邊紅杏倚雲栽.”
老梅： 霜曉寒姿：“竹籬茅舍自甘心.”
海棠： 香夢沉酣：“只恐夜深花睡去.”
荼蘼花： 韻華勝極：“開到荼蘼花事了.”
幷蒂花： 聯春繞瑞：“連理枝頭花正開.”
桃花： 武陵別景：“桃紅又是一年春.”

여기서 잔치에 쓰인 6가지 꽃을 두고 각기 한 구절씩 인용하고 있다. 즉
행화는 고섬高蟾의 〈상고시랑上高侍郎〉(107), 매화는 왕기王淇의 〈매매〉(171),
해당은 동파東坡의 〈해당海棠〉(101), 도미화는 왕기의 〈춘모유소원春暮游小園〉
(124), 병제화는 주숙정朱淑貞의 〈낙화落花〉(123), 도화는 사방득의 〈경전암도화
慶全庵桃花〉(113)에서 각각 인용한 것이다.
이에 채의강蔡義江은 《홍루몽시사곡부평주紅樓夢詩詞曲賦評注》에서

“夜宴中行酒令時所玩的象牙花名簽子所鐫的詩句, 極大部分均可在舊時
十分流行的《千家詩》選本中找到. 因爲人們比較熟悉, 所以只要提起一句,
就容易聯想到全詩.”

라 하여 누구나 보편적으로 널리 알고 있는 《천가시》에서 인용함으로써
전체 시를 쉽게 연상하며 즐길 수 있도록 한 것이라 하였다.

그 외에도 명대 환관 유약우劉若愚는 《작중지酌中志》(16)에서 자신이 황궁에 있었을 때를 회상하면서 명明 선덕(宣德: 1426~1435) 황궁 내에 학당學堂을 설치하고 대학사大學士 진사陳士를 교수직에 임명하여, 관원의 자제 중 10세 전후의 아동 3백여 명을 모아 《천자문》, 《백가성》, 《효경》, 《대학》, 《논어》, 《맹자》, 《천가시》, 《신동시》 등을 교재로 가르쳤다고 하였다.(百部叢書集成, 《海山仙館叢書》)

그리고 청대 진홍모陳弘謀는 《양정유규養正遺規》(補編)에서 《천가시》는 아동들이 서당에 들어가 선생에게 배우기 전에 집에서 글자를 익히기 위해 누구나 교재로 널리 쓰였다고 하였다.

이처럼 일반인의 일상생활은 물론 궁중에서조차 널리 애용되던 교재 《천가시》는 〈시대서詩大序〉에 밝힌 대로 "인륜을 두텁게 하고 교화를 아름답게 하며 풍속을 변화시키는데 시보다 더 가까운 것은 없다"(厚人倫, 美教化, 移風俗, 莫近於詩)라는 대원칙을 잘 갖추었기 때문에 그토록 환영을 받았을 것으로 본다.

2. 《신동시神童詩》

《천가시》를 따라 생겨난 시선집으로 《신동시》가 있다. 이는 명대 누가 지은 것인지는 알 수 없으나 명대 주국정朱國楨은 《용당소품涌幢小品》에서 이렇게 설명하고 있다.

"汪洙, 字德溫, 鄞縣人, 九歲善詩賦, 牧鵝黌宮, 見殿宇頹圮, 心竊歎之,
題曰:「顏回夜夜觀星象, 夫子朝朝雨打頭. 萬代公卿從此出, 何人肯把俸
錢修?」上官奇而召見. ……世以其詩銓補成集, 以訓蒙學, 爲《汪神童詩》."

　　즉 왕수라는 어린이가 횡궁(黌宮, 학당)에서 집이 허물어진 것을 보고
지었다는 시 한 수가 너무 신기하여 어린이를 가르치기 위한 동몽서로써
《왕신동시》를 편집한 것이 그 시작이라는 것이다. 그러나 청 적호翟灝는
《통속편通俗編》(7, 文學)에서 "其前二三葉相傳皆汪詩, 其後則雜採他詩銓補"라
하여 왕수의 시만 《신동시》라 한 것이 아니라 하였다.
　　이처럼 《신동시》는 누가 편찬했는지는 알 수 없으나 청대 《천가시》
그림 삽화에 늘 함께 부가하여 이를테면 《천가시진본千家詩眞本》의 윗부분
첫 장에 "天子重英豪, 文章教爾曹. 萬般皆下品, 惟有讀書高"라 하여 신동시의
내용을 전재하고 있다.

3. 《속천가시續千家詩》

　　이 책 역시 편자를 알 수 없다. 그저 "양계梁溪 기운산인寄雲山人"으로만
되어 있으며 장편의 오언시를 싣고 있으나 문체가 천루淺陋하고 주로 인과
응보의 교훈적 내용 위주이다. 뒤에 이 책은 《소학천가시小學千家詩》로 이름이
바뀌면서 내용도 약간의 차이를 보인다. 이 《소학천가시》는 아마 《속신동시
續神童詩》를 편찬한 자가 이 책도 함께 손을 대었을 것으로 보고 있으며
그 제명題名은 "섬계서剡溪西 초씨樵氏"로 되어 있고 발문에는 「기운산인」이

편집한 것이라 밝히고 있다. 이 책에는 편자 자신의 시가 대량으로 들어 있으며 문학적 성취도는 그리 높지 않다.

4.《국조천가시國朝千家詩》

청나라 때 오직 청나라 시인들의 시만 선집한 것으로 그 때문에《국조천가시》라 한 것이다. 이는 통행본《천가시》가 당·송·명에 그쳐 이를 이어 청대 시를 더 추가한 것으로 볼 수 있다. 절구와 율시가 들어 있으며 뛰어난 작품을 많이 싣고 있다. 그 첫머리에 방몽장方蒙章의 〈춘유방우春遊訪友〉를 싣고 있으며 그 원문은 아래와 같다.

"輕舟一路遶煙霞, 更愛山前滿磵花.
  不爲尋君也留住, 那知花裏卽君家?"

이 책 역시 편자는 알 수 없다. 지금 전하는 청 건륭乾隆 37년(1772) 금릉(金陵, 남경) 면운당眠雲堂 판본은 주로 청대 초기부터 건륭 때까지 시인들의 소시小詩가 들어 있다.

5.《당시삼백수唐詩三百首》와의 관계

이《천가시》는 앞서 말한 대로 청 건륭 연간에 형당퇴사蘅塘退士 손수

孫洙로 하여금 《당시삼백수》를 편집하게 한 계기를 만들어 주었다. 그는 《천가시》가 그토록 성행하는 것을 보고 교학용으로 아주 뛰어나고 이상적인 교재를 만들되 당시만을 모으기로 하였다. 이에 그의 아내 서란영徐蘭英과 함께 이에 몰두하여 우리에게도 널리 알려진 《당시삼백수》를 완성하게 된 것이다. 결국 《천가시》는 그야말로 포전인옥拋磚引玉의 역할을 한 셈이다. 그는 《당시삼백수》 서문에 이렇게 밝히고 있다.

"世俗兒童就學, 卽授《千家詩》, 取其易於成誦, 故流傳不廢. 但其詩隨手掇拾, 工拙莫辨. 且止七言律絶二體, 而唐宋人又雜出其間. 殊乖體製. 因專就唐詩中膾炙人口之作擇其尤要者, 每體得數十首, 共三百餘首, 錄成一編, 爲家塾課本. 俾童而習之, 白首亦莫能廢, 較《千家詩》不遠勝耶? 諺云:「熟讀唐詩三百首, 不會吟詩也會吟.」請以是編驗之."

이처럼 "외우기 쉽고(易於成誦), 끊임없이 전래하면서 폐기되지 않은(流傳不廢)《천가시》는 불편한 점이 있다면 절구 율시만 싣고 있고, 당송인이 서로 뒤섞여 있으며 체제도 괴리된 한계가 있으므로 이를 극복하기 위하여 여러 체體별로 수십 수씩 모아 한 권으로 꾸며 서당의 교재로 삼고자 한(爲家塾課本) 것이니 《천가시》보다 낫지 않겠는가"라고 자신감을 보이고 있다.

이에 따라 지금 방본 《천가시》 중에는 《천가시》도 형당퇴사가 편집한 것으로 오인하여 그 이름을 그대로 사용한 경우도 있다(《千家詩》大夏出版社, 1978 臺灣 臺南, 표지에 형당퇴사 輯로 되어 있다).

그 외에도 《천가시주千家詩註》라는 이름으로 출간된 책(李瑞安 編注, 2006, 岳麓書社)은 이름만 취한 것이며 내용은 전혀 다른 것이다.

V. 《천가시》의 오류

지금 전하는 통속본 《천가시》는 오류투성이이다. 방간본坊刊本은 그저 교재로 출간하기에 급급하여 내용의 오류는 바로잡지 않은 채 그대로 답습해온 결과이다. 우선 제목부터 틀린 것은 물론 작자 및 왕상의 주도 이러한 오류를 벗어나지 못하고 있다. 이를테면 임홍林洪의 〈서호西湖〉는 임승林升의 〈제림안저題臨安邸〉(156)이며 소식의 〈서호〉는 양만리楊萬里의 〈효출정자송임자방曉出淨慈送林子方〉(157)이며, 주희朱熹의 〈제류화題榴花〉는 한유韓愈의 〈제장십일려사삼영題張十一旅舍三詠〉 중의 한 수 〈유화榴花〉(143)이다. 그 외에도 상당히 많으며 시 본문의 출입도 심하여 왕상은 가끔 '일작一作'이라는 주로 대신하기도 하였다. 게다가 작자의 성씨도 호와 자를 거꾸로 쓴 것과 글자의 오기는 물론 착오와 오자도 있다. 이에 지금의 백화어 번역본에는 일부 바로잡고 있으며 전체적으로 정밀히 교정한 이는 구섭우 선생이다. 이를 전재하면 다음과 같다.

순서, 제목(괄호 안은 바른 제목), 옛 오류의 작자, 교정을 거친 작자 순서이다. 모두 29곳이다.

014 〈送朱大入秦〉 王維(唐) → 孟浩然(唐)

094 〈打毬圖〉 晁無咎(宋) → 晁說之(宋)

095 〈宮詞〉 林洪(宋) → 王建(唐)

097 〈咏華清宮〉 王建(唐) → 杜常(宋)

099 〈題邸間壁〉 鄭谷(唐) → 鄭會(宋)

108 〈絶句〉 僧 志安(宋) → 僧 志南(宋)

109 〈遊小園不值〉 葉適(宋) → 葉紹翁(宋)

126 〈暮春即事〉葉李(宋) → 葉采(宋)

130 〈傷春〉楊簡(宋) → 楊萬里(宋)

131 〈送春〉王逢原(宋) → 王令(宋)

134 〈有約〉司馬光(宋) → 趙師秀(宋)

135 〈初夏睡起〉楊簡(宋) → 楊萬里(宋)

136 〈三衢道中〉曾紆(宋) → 曾幾(宋)

139 〈晚樓閒坐〉王安石(宋) → 黃庭堅(宋)

142 〈村莊即事〉范成大(宋) → 翁卷(宋)

143 〈題榴花〉(榴花) 朱熹(宋) → 韓愈(唐)

152 〈立秋〉劉武子(宋) → 劉翰(宋)

154 〈中秋〉杜牧(唐) → 蘇軾(宋)

156 〈西湖〉(題臨安邸) 林洪(宋) → 林升(宋)

157 〈西湖〉(曉出淨慈送林子方) → 蘇軾(宋) → 楊萬里(宋)

161 〈禁鎖〉洪遵(宋) → 洪咨夔(宋)

166 〈冷泉亭〉林洪(宋) → 林積(宋)

169 〈寒夜〉杜小山(宋) → 杜耒(宋)

184 〈上元應制〉王淇(宋) → 王珪(宋)

189 〈寒食〉趙元鎮(宋) → 趙鼎(宋)

191 〈清明〉高菊卿(宋) → 高翥(宋)

193 〈鞦韆〉洪覺範(宋) → 僧 惠洪(宋)

200 〈夏日〉張文潛(宋) → 張耒(宋)

213 〈中秋〉季朴(唐) → 李朴(宋)

한편 구섭우 《신역천가시》에는 왕상의 주는 따로 싣지 않고 있다. 이에 본인은 《운대천가시》의 주를 일일이 표점 정리하여 그대로 실었으며 부록으로 그 원본을 영인 수록하였다.

※ 이상 해제는 구섭우邱燮友·류정호劉正浩 《신역천가시新譯千家詩》(三民書局, 2006 臺北)의 「도독導讀」 부분과 이몽생李夢生의 《천가시》(太白文藝出版社, 2005 북경)의 「전언前言」, 그리고 왕인명王仁銘의 《천가시》(山西古籍出版社, 1999 太原)의 「서언」 부분을 참고하였음을 밝힌다.

VI. 결언

 이상으로 보아 《천가시》는 아동 학습서로써 중국 문학 최고 성취도를 가지고 있는 당송시를 쉽게 익히고 외울 수 있도록 편집한 것이며 그 유전과 영향은 실로 지대하였다고 할 수 있다. 지금도 중국인이라면 누구나 이 책에 실린 시 몇 수는 일상생활에서 외우며 생활한다. 다만 방간坊刊을 거듭하면서 제대로 교정이 이루어지지 않은 상태로 이제껏 이어 왔다는 것은 전문 학술서가 아니었기 때문에 학자들이 큰 관심을 두지 않았기 때문이 아닌가 한다. 그리고 우리나라 조선시대에 이 책이 당연히 출간되었을 것으로 여겨지지만 여러 고서 목록에 그 서명이 보이지 않아 출간 여부는 알 수 없다.

 좌우간 이 《천가시》는 《당시삼백수》와 더불어 중국 어디서나 볼 수 있으며 끊임없이 아동용 독본으로 일반인의 교양물로 출간되고 있다. 우리나라에서 이 책을 초보적이나마 역주 출간하게 된 것은 때늦은 감이 있으나 그래도 일반인은 물론 시학 연구, 몽학서 연구에 작은 보탬이라도 되었으면 한다.

차 례

❀ 책머리에
❀ 일러두기
❀ 해제
  Ⅰ.《천가시》의 유래
    1. 유극장劉克莊
    2. 사방득謝枋得
    3. 왕상王相
  Ⅱ.《천가시》의 판본
  Ⅲ.《천가시》의 내용
  Ⅳ.《천가시》의 영향
    1.《천가시》의 성행
    2.《신동시神童詩》
    3.《속천가시續千家詩》
    4.《국조천가시國朝千家詩》
    5.《당시삼백수唐詩三百首》와의 관계
  Ⅴ.《천가시》의 오류
  Ⅵ. 결언

千家詩 上

卷一 五絶(五言絶句)

001 〈春眠〉봄 새벽잠孟浩然 ·· 54
002 〈訪袁拾遺不遇〉원습유를 찾아갔으나 만나지 못함孟浩然 ·········· 56

003 〈道郭司倉〉 곽사창을 보내며 王昌齡 ····· 58

004 〈洛陽道〉 낙양의 거리 儲光羲 ····· 61

005 〈獨坐敬亭山〉 경정산에 홀로 앉아 李白 ····· 63

006 〈登鸛鵲樓〉 관작루에 올라 王之渙 ····· 66

007 〈觀永樂公主入蕃〉
　　영락공주가 변방으로 시집가는 것을 보고 孫逖 ····· 69

008 〈伊州歌〉 이주의 노래 蓋嘉運 ····· 71

009 〈左掖梨花〉 좌액의 배꽃 丘爲 ····· 73

010 〈思君恩〉 임금의 은혜를 그리워하며 令狐楚 ····· 75

011 〈題袁氏別業〉 원씨 별장에 들렀다가 賀知章 ····· 77

012 〈夜送趙縱〉 밤에 조종을 보내며 楊炯 ····· 79

013 〈竹裏館〉 죽리관 王維 ····· 81

014 〈送朱大入秦〉 주대를 장안으로 보내며 孟浩然 ····· 84

015 〈長干行〉 장간의 노래 崔顥 ····· 86

016 〈詠史〉 역사를 노래함 高適 ····· 88

017 〈罷相作〉 재상직에서 물러나며 李適之 ····· 91

018 〈逢俠者〉 협객을 만나 錢起 ····· 93

019 〈江行望匡廬〉 강을 따라 여행하며 광려산을 바라보다 錢起 ····· 95

020 〈答李瀚〉 이한에게 보내는 답장 韋應物 ····· 97

021 〈秋風引〉 가을 바람 劉禹錫 ····· 100

022 〈秋夜寄丘員外〉 가을밤 구원외랑에게 韋應物 ····· 103

023 〈秋日〉 가을에 耿湋 ····· 105

024 〈秋日湖上〉 가을 호숫가에서 薛瑩 ····· 107

025 〈宮中題〉 궁중에서 文宗皇帝 ····· 109

026 〈尋隱者不遇〉은자를 찾아갔으나 만나지 못함賈島 ················ 111

027 〈汾上驚秋〉분수 가에서 가을이 왔음을 보고 놀람蘇頲 ··········· 114

028 〈蜀道後期〉촉도에 늦게 도착함張說 ····························· 116

029 〈靜夜思〉고요한 밤 고향 생각李白 ······························· 118

030 〈秋浦歌〉추포의 노래李白 ····································· 120

031 〈贈喬侍郎〉교시랑에게陳子昂 ································· 122

032 〈答茂陵太守〉무릉 태수에게 답함王昌齡 ······················· 125

033 〈行軍九日思長安故園〉
　　　중양절 행군 중 장안의 옛 별장을 그리워하며岑參 ·············· 127

034 〈婕妤怨〉첩여의 원망皇甫冉 ··································· 130

035 〈題竹林寺〉죽림사에서朱放 ··································· 132

036 〈三閭廟〉굴원의 사당戴叔倫 ································· 134

037 〈易水送別〉역수의 송별駱賓王 ································· 137

038 〈別盧秦卿〉노진경을 이별하며司空曙 ······················· 140

039 〈答人〉남에게 대답함太上隱者 ································· 142

卷二 五律(五言律詩)

040 〈幸蜀回至劍門〉
　　　촉으로 행차하였다가 돌아오는 길에 검문에 이르러玄宗皇帝 ···· 146

041 〈和晉陵陸丞相早春遊望〉
　　　진릉 육승상의 '초봄 나들이' 시에 화답함杜審言 ····················· 150

042 〈蓬萊三殿侍宴奉勅咏終南山〉 봉래 세 궁궐에서

　　잔치를 모시면서 명을 받들어 종남산을 노래함杜審言 ············ 153

043 〈春夜別友人〉 봄밤에 친구를 이별하며陳子昂 ················· 155

044 〈長甯公主東莊侍宴〉

　　장녕공주의 동쪽 별장 잔치를 모시면서李嶠 ····················· 157

045 〈恩賜麗正殿書院賜宴應得林字〉 여정서원을 지어 잔치를

　　열어주시면서 '림林'자를 주어 시를 짓도록 함에 응함張說 ······· 160

046 〈送友人〉 친구를 보내며李白 ······························· 163

047 〈送友人別蜀〉 친구를 촉으로 보내면서 이별함李白 ·················· 165

048 〈次北固山下〉 북고산 아래에 머물며王灣 ························ 167

049 〈蘇氏別業〉 소씨 별장祖詠 ······························· 170

050 〈春宿左省〉 봄에 문하성에 숙직을 하며杜甫 ···················· 173

051 〈題玄武禪師屋壁〉 현무선사의 집 벽에 시를 지음杜甫 ············ 177

052 〈終南山〉 종남산王維 ······························· 180

053 〈寄左省杜拾遺〉 문하성 두보에게 보냄岑參 ·················· 182

054 〈登總持閣〉 총지각에 올라岑參 ··························· 184

055 〈登兗州城樓〉 연주성의 누대에 올라杜甫 ······················ 186

056 〈杜少府之任蜀州〉 두소부가 임지 촉주로 감에王勃 ················ 189

057 〈送崔融〉 최융을 보내면서杜審言 ························· 192

058 〈扈從登封途中作〉 등봉에 호종하면서 도중에 지음宋之問 ········· 195

059 〈題義公禪房〉 의공선방을 노래함孟浩然 ······················· 198

060 〈醉後贈張九旭〉 취한 뒤 장욱에게 高適 ······················· 200

061 〈玉臺觀〉 옥대관杜甫 ······························· 203

062 〈觀李固請司馬弟山水圖〉
　　　이고가 자신 아우 사마의 산수도를 보여주며 글을 청하기에杜甫 … 206
063 〈旅夜書懷〉여행 중 밤에 책을 읽으며 느낀 바杜甫 ⋯⋯⋯⋯⋯⋯⋯ 209
064 〈登岳陽樓〉악양루에 올라杜甫 ⋯⋯⋯⋯⋯⋯⋯⋯⋯⋯⋯⋯ 211
065 〈江南旅情〉강남 여정祖詠 ⋯⋯⋯⋯⋯⋯⋯⋯⋯⋯⋯⋯⋯ 214
066 〈宿龍興寺〉용흥사에 숙박하며綦毋潛 ⋯⋯⋯⋯⋯⋯⋯⋯⋯ 216
067 〈破山寺後禪院〉파산사 뒤의 선원常建 ⋯⋯⋯⋯⋯⋯⋯⋯ 219
068 〈題松汀驛〉송정역을 노래함張祜 ⋯⋯⋯⋯⋯⋯⋯⋯⋯⋯ 222
069 〈聖果寺〉성과사釋 處默 ⋯⋯⋯⋯⋯⋯⋯⋯⋯⋯⋯⋯⋯ 225
070 〈野望〉들을 바라보며王績 ⋯⋯⋯⋯⋯⋯⋯⋯⋯⋯⋯⋯ 227
071 〈送別崔著作東征〉최저작랑의 동정을 송별하며陳子昻 ⋯⋯⋯⋯⋯ 231
072 〈攜妓納涼晩際遇雨〉(一) 기녀를 데리고
　　　더위를 피하러 갔다가 저녁 무렵 비를 만남杜甫 ⋯⋯⋯ 234
073 〈攜妓納涼晩際遇雨〉(二) 기녀를 데리고
　　　더위를 피하러 갔다가 저녁 무렵 비를 만남杜甫 ⋯⋯⋯ 236
074 〈宿雲門寺閣〉운문사 절간에 자면서孫逖 ⋯⋯⋯⋯⋯⋯⋯ 238
075 〈秋登宣城謝眺北樓〉가을에 선성의 사조 북루에 올라李白 ⋯⋯ 240
076 〈臨洞庭〉동정호에서孟浩然 ⋯⋯⋯⋯⋯⋯⋯⋯⋯⋯⋯⋯ 242
077 〈過香積寺〉향적사를 찾아 나서서王維 ⋯⋯⋯⋯⋯⋯⋯⋯ 244
078 〈送鄭侍御謫閩中〉정시어가 민중으로 귀양감을 보내면서高適 ⋯⋯ 246
079 〈秦州雜詩〉진주 잡시杜甫 ⋯⋯⋯⋯⋯⋯⋯⋯⋯⋯⋯⋯⋯ 248
080 〈禹廟〉우임금의 사당杜甫 ⋯⋯⋯⋯⋯⋯⋯⋯⋯⋯⋯⋯ 251
081 〈望秦川〉진천을 바라보며李頎 ⋯⋯⋯⋯⋯⋯⋯⋯⋯⋯⋯ 254

082 〈同王徵君洞庭有感〉 왕징군과 함께 한 동정호에서의 감회張謂 ···· 257

083 〈渡楊子江〉 양자강을 건너며丁仙芝 ··· 260

084 〈幽州夜歌〉 유주의 밤 노래張說 ··· 262

卷三 七絕(七言絕句)

085 〈春日偶成〉 봄에 우연히 지음程顥 ·· 266

086 〈春日〉 봄날朱熹 ·· 268

087 〈春宵〉 봄밤蘇軾 ·· 270

088 〈城東早春〉 성 동쪽의 이른 봄楊巨源 ·· 272

089 〈春夜〉 봄밤王安石 ·· 274

090 〈初春小雨〉 이른 봄 가랑비韓愈 ·· 276

091 〈元日〉 정월 원단王安石 ·· 279

092 〈上元侍宴〉 정월 대보름 잔치를 모시며蘇軾 ··································· 281

093 〈立春偶成〉 입춘 날에 우연히 지음張栻 ··· 283

094 〈打毬圖〉 공치는 놀이의 그림晁說之 ·· 285

095 〈宮詞〉(一) 궁사王建 ··· 288

096 〈宮詞〉(二) 궁사林洪 ··· 291

097 〈咏華清宮〉 화청궁을 노래함杜常 ·· 293

098 〈淸平調詞〉 청평조사李白 ··· 295

099 〈題邸間壁〉 객사의 벽에 쓴 시鄭會 ··· 298

100 〈絕句〉 절구杜甫 ·· 300

101 〈海棠〉해당蘇軾 ···················· 302

102 〈淸明〉청명杜牧 ···················· 304

103 〈淸明〉청명王禹偁 ···················· 307

104 〈社日〉사일張演 ···················· 309

105 〈寒食〉한식韓翃 ···················· 312

106 〈江南春〉강남의 봄杜牧 ···················· 315

107 〈上高侍郞〉고시랑에게 올림高蟾 ···················· 317

108 〈絶句〉절구僧 志南 ···················· 319

109 〈遊小園不値〉
　　작은 정원에 놀러 갔다가 사람을 만나지 못함葉紹翁 ···················· 321

110 〈客中行〉나그네 되어李白 ···················· 323

111 〈題屛〉병풍에 시를 써넣음劉季孫 ···················· 325

112 〈漫興〉만흥杜甫 ···················· 327

113 〈慶全庵桃花〉경전암의 복사꽃謝枋得 ···················· 329

114 〈玄都觀桃花〉현도관의 복사꽃劉禹錫 ···················· 331

115 〈再遊玄都觀〉다시 현도관을 찾았더니劉禹錫 ···················· 333

116 〈滁州西澗〉저주 서쪽의 석간수韋應物 ···················· 335

117 〈花影〉꽃 그림자蘇軾 ···················· 337

118 〈北山〉북산王安石 ···················· 339

119 〈湖上〉호숫가에서徐元杰 ···················· 341

120 〈漫興〉만흥杜甫 ···················· 343

121 〈春晴〉맑은 봄 날씨王駕 ···················· 345

122 〈春暮〉봄 저녁에曹豳 ···················· 347

123 〈落花〉낙화朱淑貞 ···················· 349

千家詩 를

124 〈春暮遊小園〉봄 저녁 작은 정원에서 놀며王淇 ……… 406

125 〈鶯梭〉꾀꼬리 북劉克莊 ……………………………………… 408

126 〈暮春卽事〉늦봄에葉采 …………………………………… 410

127 〈登山〉등산李涉 …………………………………………… 412

128 〈蠶婦吟〉누에치는 부인의 노래謝枋得 …………………… 415

129 〈晩春〉늦은 봄韓愈 ……………………………………… 417

130 〈傷春〉봄의 애처로움楊萬里 …………………………… 419

131 〈送春〉봄을 보내며王令 ………………………………… 421

132 〈三月晦日送春〉삼월 그믐날 봄을 보내며賈島 ………… 423

133 〈客中初夏〉나그네 길의 초여름司馬光 ………………… 425

134 〈有約〉약속이 있었네趙師秀 …………………………… 428

135 〈初夏睡起〉초여름 낮잠에서 깨어나楊萬里 …………… 430

136 〈三衢道中〉삼구를 지나는 길에曾幾 ………………… 432

137 〈卽景〉눈앞에 펼쳐진 경물朱淑貞 …………………… 434

138 〈夏日〉여름날戴復古 …………………………………… 436

139 〈晩樓閑坐〉늦게 누대에 올라 한가히 앉아黃庭堅 …… 438

140 〈山居夏日〉산중의 여름 생활高駢 …………………… 440

141 〈田家〉농가范成大 ……………………………………… 443

142 〈村莊卽事〉농촌 생활翁卷 …………………………… 445

143 〈題榴花〉석류꽃을 노래함韓愈 ……………………… 447

144 〈村晩〉농촌 저녁雷震 ………………………………… 449

145 〈茅簷〉초가집 처마王安石 …………………………… 451

146 〈烏衣巷〉오의향劉禹錫 ……………………………… 453

147 〈送使安西〉안서로 사신가는 친구를 보내며王維 …… 455

148 〈題北榭碑〉북사의 비석을 노래함李白 …………… 457

149 〈題淮南寺〉회남사를 읊음程顥 …………………… 459

150 〈秋月〉가을달程顥 …………………………………… 461

151 〈七夕〉칠석楊朴 ……………………………………… 463

152 〈立秋〉입추劉翰 ………………………………………… 466

153 〈七夕〉칠석杜牧 ………………………………………… 468

154 〈中秋〉중추蘇軾 ………………………………………… 470

155 〈江樓有感〉강가 누대에 올라趙嘏 …………………… 472

156 〈西湖〉서호林升 ………………………………………… 475

157 〈西湖〉서호楊萬里 ……………………………………… 478

158 〈湖上初雨〉호수에서 비를 만남蘇軾 ………………… 480

159 〈入直〉숙직에 들며周必大 ……………………………… 482

160 〈水亭〉물가의 정자蔡確 ………………………………… 484

161 〈禁鎖〉궁궐 자물쇠洪咨夔 ……………………………… 486

162 〈竹樓〉대나무 누각李嘉祐 ……………………………… 488

163 〈直中書省〉중서성에 숙직하며白居易 ………………… 490

164 〈觀書有感〉책을 보며 느낀바 있어朱熹 ……………… 494

165 〈泛舟〉배를 띄움朱熹 …………………………………… 497

166 〈冷泉亭〉냉천정林稹 …………………………………… 500

167 〈冬景〉겨울 풍경蘇軾 …………………………………… 502

168 〈楓橋夜泊〉풍교에 배를 대고 밤을 보내며張繼 …… 504

169 〈寒夜〉찬 밤杜耒 ……………………………………… 506

170 〈霜月〉가을 달李商隱 …………………………………… 508

171 〈梅〉매화王淇 …………………………………………… 511

172 〈早春〉이른 봄白玉蟾 …………………………………… 513

173 〈雪梅〉(其一) 눈 속의 매화(1)盧梅坡 ……………… 515

174 〈雪梅〉(其二) 눈 속의 매화(2)盧梅坡 ……………… 517

175 〈答鍾弱翁〉종약옹에게 답함牧童 …………………… 519

176 〈秦淮夜泊〉밤중에 진회에 배를 대고杜牧 ………… 521

177 〈歸雁〉돌아가는 기러기錢起 ………………………… 523

178 〈題壁〉벽에 쓴 시無名氏 ……………………………… 525

卷四 七律(七言律詩)

179 〈早朝大明宮〉대명궁의 이른 아침 조회賈至 ······· 530

180 〈和賈舍人早朝〉가사인의 조조 시에 화답함杜甫 ······· 533

181 〈和賈舍人早朝〉가사인의 조조 시에 화답함王維 ······· 536

182 〈和賈舍人早朝〉가사인의 조조 시에 화답함岑參 ······· 539

183 〈上元應制〉정월 대보름 임금의 명에 응해 글을 지음蔡襄 ······· 542

184 〈上元應制〉정월 대보름 임금의 명에 응해 글을 지음王珪 ······· 545

185 〈侍宴〉잔치를 모시면서沈佺期 ······· 548

186 〈答丁元珍〉정원진에게 답함歐陽修 ······· 551

187 〈揷花吟〉머리에 꽃을 꽂으며邵雍 ······· 554

188 〈寓意〉뜻에 붙여晏殊 ······· 557

189 〈寒食〉한식趙鼎 ······· 560

190 〈淸明〉청명黃庭堅 ······· 563

191 〈淸明〉청명高翥 ······· 566

192 〈郊行卽事〉교외 나들이程顥 ······· 568

193 〈鞦韆〉그네僧 惠洪 ······· 570

194 〈曲江對酒〉(一) 곡강에서 술을 마주하며(1)杜甫 ······· 573

195 〈曲江對酒〉(二) 곡강에서 술을 마주하며(2)杜甫 ······· 576

196 〈黃鶴樓〉황학루崔顥 ······· 579

197 〈旅懷〉나그네 회포崔塗 ······· 582

198 〈答李儋〉이담에게 답함韋應物 ······· 585

199 〈淸江〉맑은 강杜甫 ······· 587

200 〈夏日〉여름張耒 ······· 589

201 〈輞川積雨〉망천의 오랜 비王維 ······· 591

202 〈新竹〉새로 자란 대나무黃庭堅 ······· 594

203 〈表兄話舊〉이종 사촌과 옛이야기 나누며竇叔向 ······· 596

204 〈偶成〉우연히 지음程顥 ······· 598

205 〈遊月殿〉달밤 전각에 노닐며程顥 ······· 600

206 〈秋興〉(一) 가을 감흥(1)杜甫 ······· 602

207 〈秋興〉(二) 가을 감흥(2)杜甫 ································ 605

208 〈秋興〉(三) 가을 감흥(3)杜甫 ································ 608

209 〈秋興〉(四) 가을 감흥(4)杜甫 ································ 611

210 〈月夜舟中〉 달밤 배 안에서戴復古 ························· 614

211 〈長安秋望〉 장안의 가을趙嘏 ····························· 616

212 〈新秋〉 가을이 시작되어杜甫(?) ························· 618

213 〈中秋〉 중추李朴 ······································· 621

214 〈九日藍田會飮〉 중양절 남전에서 함께 술을 마시며杜甫 ········ 624

215 〈秋思〉 가을의 상념陸游 ································· 627

216 〈與朱山人〉 주산인에게杜甫 ····························· 630

217 〈聞笛〉 젓대 소리 들으며趙嘏 ··························· 633

218 〈冬景〉 겨울 풍경劉克莊 ································· 636

219 〈冬至〉 동지杜甫 ······································· 638

220 〈梅花〉 매화林逋 ······································· 641

221 〈自詠〉 스스로 읊음韓愈 ································· 644

222 〈干戈〉 전쟁王中 ······································· 646

223 〈歸隱〉 은거하리라陳搏 ································· 649

224 〈時事行〉 세태를 노래함杜荀鶴 ························· 652

225 〈送天師〉 장천사를 보내며寧獻王 ······················· 655

226 〈送毛伯溫〉 모백온을 보내며明 世宗 ····················· 658

◉ 부록

《운대천가시韻對千家詩》 원본影印

卷一. 五絶(五言絶句)

《新鐫五言千家詩箋註》

瑯琊 王相(晉升) 選註
莆陽 鄭漢(濯之) 校梓

〈陶鶴〉(東漢) 明器 四川 成都 출토

001

〈春眠〉 ··· 孟浩然

봄 새벽잠

봄 잠 고단하여 새벽 오는 줄 몰랐더니,
곳곳 새 우는 소리로다.
지난밤 귀속을 때리던 비바람 소리,
얼마나 많은 꽃잎 떨어졌을지 알고도 남겠노라.

春眠不覺曉, 處處聞啼鳥.　　춘면불각효, 처처문제조.
夜來風雨聲, 花落知多少?　　야래풍우성, 화락지다소?

【覺曉】 날이 밝아 옴을 알아차림. 잠이 깨어남을 말함.
【夜來】 '밤새도록', '밤이 시작되면서'의 뜻.
【知多少】 다소는 '꽤 많이'의 뜻. '얼마나 많이 떨어졌을까'의 뜻으로 매우
　많이 떨어졌음을 말함.

原註(王相)

　此先生高隱自得不求聞達, 而不係惜於世務之寓言也. 言方春暮猶寒, 日高
而始寐, 不覺其曉, 但聞窗外啼鳥之聲也. 因想昨宵枕上風雨之聲, 不絶想庭
前花吹落不知多少矣. 因風雨而變春眠聞鳥聲而未起, 任花落而不知其蕭然,
閒寂之情亦可見矣.

1. 제목 〈春眠〉은 《全唐詩》(160)와 《孟浩然集》(4)에 모두 〈春曉〉로 되어 있다. 韻脚은 '曉·鳥·少'이다.

2. 맹호연(孟浩然. 689~740)

唐代 시인. 본명은 알 수 없으며 이름 대신 자로써 널리 알려져 있다. 당대 시인이다. 襄州 襄陽(지금의 湖北 襄陽) 출신으로 武后 永昌 원년에 태어나 玄宗 開元 28년에 죽었다. 젊을 때 鹿門山에 은거하다가 40이 넘어 서울 長安으로 와서 진사 시험에 응시하였으나 실패하기도 하였다. 王維가 그의 재능을 깊이 인정하였고 張九齡이 荊州를 다스릴 때 그를 불러 從事로 삼았다. 맹호연은 五言 小詩에 능하였고 전원과 은일을 주제로 한 시들이 뛰어나다. 당시 왕유와 병칭하여 '王孟'이라 불렀 으며 성당 田園詩派의 대표적인 시인으로 알려졌다.《맹호연집》 4권과《全唐詩》(159, 160)에 그의 시 2권이 수록되어 있으며, 《新·舊·唐·書》에 전이 있다.《唐才子傳》(2)에 그에 관한 일화와 시풍에 대하여 실려 있다.

〈孟浩然〉

3. 《唐才子傳》(2) 孟浩然:

浩然, 襄陽人. 少好節義, 詩工五言. 隱鹿門山, 卽漢龐公棲隱處也. 四十遊京師 諸名士間. 嘗集秘省聯句, 浩然曰:「微雲淡河漢, 疏雨滴梧桐.」眾欽服. 張九齡· 王維極稱道之. 維待詔金鑾, 一旦私邀入, 商較風雅, 俄報玄宗臨幸, 浩然錯愕, 伏匿牀下, 維不敢隱, 因奏聞. 帝喜曰:「朕素聞其人, 而未見也.」詔出, 再拜, 帝問曰:「卿將詩來耶?」對曰:「偶不齎.」卽命吟近作, 誦至「不才明主弃, 多病 故人疏」之句, 帝慨然曰:「卿不求仕, 朕何嘗棄卿? 奈何誣我!」因命放還南山. 後張九齡署爲從事. 開元末, 王昌齡遊襄陽, 時新病起, 相見甚歡, 浪情宴謔, 食鮮勤疾而終. 古稱禰衡不遇, 趙壹無祿. 觀浩然磬折謙退, 才名日高, 竟淪明代, 終身白衣, 良可悲夫! 其詩, 文采丰茸, 經緯綿密, 半遵雅調, 全削凡近. 所著 三卷, 今傳. 王維畫浩然像於郢州, 爲『浩然亭』. 咸通中, 鄭誠謂賢者名不可斥, 更名曰『孟亭』, 今存焉.

002

〈訪袁拾遺不遇〉 ······················· 孟浩然
원습유를 찾아갔으나 만나지 못함

낙양으로 훌륭한 친구 그대를 찾아왔더니,
그대 이미 멀리 강령으로 유배간 타향사람 되었다네.
듣기로 그곳은 남쪽이라 매화가 일찍 핀다고 하나,
어찌 이 고향을 봄만큼 마음이 편하겠는가?

洛陽訪才子, 江嶺作流人.　　락양방재자, 강령작류인.
聞說梅花早, 何如此地春?　　문설매화조, 하여차지춘?

【袁拾遺】 성이 袁씨인 拾遺. 맹호연의 친구. 구체적으로 누구인지는 알 수
없음. 拾遺는 벼슬 이름으로 주인의 언행에 대한 잘못을 지적하고 諷諫
하는 임무를 맡음. 주인의 '遺漏한 행동을 주워 보필한다'는 뜻.
【才子】 재덕을 겸비한 사람. 남을 높여 칭하는 호칭. 여기서는 원습유를
가리킴.
【江嶺】 江西와 廣東의 경계를 이루는 大庾嶺, 혹 줄여서 庾嶺이라고도 함.
당나라 때 유배 보내는 이들을 흔히 이 고개 남쪽 지역으로 정하였음.
【流人】 유배를 당하여 먼 곳으로 쫓겨나는 사람.
【此地】 일부 판본에는 '北地'로 되어 있음. 여기서는 낙양 고향을 가리킴.

江嶺: 江西之庾嶺; 流人, 有罪而流放於嶺外也.

○浩然訪友不遇而傷其被放而作也. 拾遺: 洛陽人, 孟公之友也. 特至洛陽
訪之, 不意袁已被罪免官, 而流放於嶺外矣. 故作詩寄之. 庾嶺地煖, 梅花早開.
公蓋未至也. 故曰聞說言嶺梅雖早, 豈如故園春色之可樂哉! 惜才人之不幸也.

1. 제목 〈訪袁拾遺不遇〉는 《全唐詩》(160)와 《孟浩然集》(4)에 모두 〈洛中訪
袁拾遺不遇〉로 되어 있다. 洛中은 洛陽을 가리키며 당시 東都로 경제 문화의
중심지였다. 韻脚은 '人·春'이다.
2. 맹호연(孟浩然) 앞장 001 참조.

003

〈道郭司倉〉 ······························· 王昌齡

곽사창을 보내며

문 앞에 비치는 회수의 파란 물결,
그대를 붙들어 두고 싶은 이 주인의 마음일세.
밝은 달 그대를 따라 자꾸 가고 있구나.
봄 밤 찰랑이는 조수 물은 밤마다 깊어 가는데!

映門淮水綠, 留騎主人心.   영문회수록, 류기주인심.
明月隨良掾, 春潮夜夜深!   명월수량연, 춘조야야심!

【郭司倉】 성이 郭씨인 司倉 벼슬의 왕창령 친구. 사창은 倉廩을 지키고 관리
하는 임무를 맡은 관직.
【淮水】 물 이름. 河南 桐柏山에서 발원하여 安徽, 江蘇를 거쳐 黃海로 흘러
드는 물.
【留騎】 잠시 말을 멈춤.
【掾】 縣令의 屬官으로 아전에 해당함. 여기서는 곽사창을 가리킴.
【春潮夜夜深】 봄이 되어 물이 불어 날로 그 양이 많아짐. 밤을 자고 일어나면
그 사이 물의 양이 불어났음을 뜻함. 한편 사람의 정도 이처럼 깊어짐을
뜻하는 중의법 표현임.

掾, 音雁. 司倉, 令之管糧主簿也. 掾, 屬吏也. 縣佐爲掾少伯, 送掾而惜其去. 言吾門庭方春而淮水映綠, 暫留飮餞以盡地主之心也. 良掾雖難留, 而明月亦隨掾而去矣. 掾雖去, 而幸淮水春潮夜夜竊深, 而相與共居於此水之上也.

○昌齡, 字少伯, 江寗人, 開元中仕至龍標尉, 盛唐.

참고 및 관련 자료

1. 제목 〈道郭司倉〉은 다른 판본에는 모두 〈送郭司倉〉으로 되어 있다. 韻脚은 '心·深'이다.

2. 왕창령(王昌齡. 698~757?)

唐代 시인. 자는 少伯. 唐 太原(지금의 山西 太原) 사람으로 《구당서》에는 京兆人, 《신당서》에는 江寧人이라 하였으나 《唐才子傳》에는 태원인이라 하였다. 武后 聖曆 원년에 태어나 肅宗 至德 2년에 죽었으며 향년 60세. 開元 때 진사에 올라 氾水尉, 江寧丞을 역임하였고 뒤에 절의를 지키다가 龍標尉로 강등되었다. 安史의 난에 관직으로 버리고 낙향하였다가 刺史 閭丘曉의 미움을 받아 살해되었다. 왕창령의 시는 풍격이 웅혼하고 함축미가 있었으며, 변새와 정벌의 일을 잘 묘사하여 高適, 岑參, 王之渙과 이름을 나란히 하였다. 칠언절구에 뛰어났으며 뒤에 李白과 병칭되기도 한다. 원래 시집 5권이 있었으나 실전되었고 《全唐詩》에 겨우 4수가 수록되어 있다. 《新·舊唐書》에 전이 있다.

3. 《唐才子傳》(2) 王昌齡

昌齡, 字少伯, 太原人. 開元十五年李嶷榜進士, 授氾水尉. 又中宏辭, 遷校書郎. 後以不護細行, 貶龍標尉. 以兵火之際, 歸鄕里, 爲刺史閭邱曉所忌而殺. 後張鎬按軍河南, 曉愆期, 將戮之, 辭以親老乞恕, 鎬曰:「王昌齡之親欲與誰養乎?」曉大慚沮. 昌齡工詩, 縝密而思淸, 時稱「詩家夫子王江寧」,

王昌齡 시.
河丁 全相摹(현대)

蓋嘗爲江寧令. 與文士王之渙·辛漸交又至深, 皆出模範, 其名重如此. 有詩集五卷, 又述作詩格律·境思·體例, 共十四篇, 爲《詩格》一卷, 又《詩中密旨》一卷, 及《古樂府解題》一卷, 今並傳.

004

〈洛陽道〉 ································· 儲光義

낙양의 거리

큰 길은 마치 곧기가 머리카락 당긴 듯 반듯하고,
봄날이라 날씨조차 화창한 날 잦기도 하이.
오릉의 귀공자들,
말방울 소리 쌍쌍이 울리며 그 길을 나서네.

大道直如髮, 春日佳氣多.　　대도직여발, 춘일가기다.

五陵貴公子, 雙雙鳴玉珂.　　오릉귀공자, 쌍쌍명옥가.

【髮】 머리카락. 머리카락을 곧게 당긴 것처럼 길이 곧고 반듯함을 뜻함.
【佳氣】 아름다운 절기. 온화하고 따뜻한 봄 날씨를 말함.
【五陵】 長陵(漢 高祖의 陵, 지금의 陝西 咸陽縣 동북), 安陵(惠帝, 함양현 동쪽),
陽陵(景帝, 섬서 高陵縣 서남), 茂陵(武帝, 섬서 興平縣 동북), 平陵(昭帝, 흥평현
동북) 등 다섯 능을 말함. 당시 능을 세울 때마다 외척과 부호를 그 근처로
옮겨 거부하게 하여 뒤에 흔히 오릉은 부호귀족이 모여 사는 곳을 뜻하는
말로 쓰였음.
【玉珂】 말 굴레의 장식물. 백옥이나 패각으로 만들어 움직일 때마다 청량한
소리가 나도록 한 것임.

洛陽, 唐之東都也. 五陵, 帝王陵寢垺近之處, 多貴臣所居. 玉珂, 馬飾也. 此言東都貴游之盛也. 言東都之官衢寬闊而路直如髮, 方春而景物韶華街麗, 游騎之多而五陵年少之貴介公子, 雙雙兩兩, 並馬春遊鳴鑾佩玉之聲, 相續而不絕也.

○光羲, 潤州人, 天寶中, 爲御史.

○盛唐.

참고 및 관련 자료

1. 제목 〈洛陽道〉는 《全唐詩》(139)에 〈洛陽道五首獻呂四郞中〉으로 되어 있으며 이는 그 중 셋째 수이다. 韻脚은 '多·珂'이다.

2. 저광희(儲光羲. 700?~760)

唐代 시인. 자는 알려지지 않았으며 당나라 兗州(지금의 山東) 사람. 일설에는 潤州(江蘇 鎭江縣) 사람이라고도 한다. 향년 60세. 開元 14년에 進士에 올라 監察御史를 역임함. 안록산이 長安을 점령하였을 때 그에게 벼슬을 하였다가 뒤에 폄직되어 嶺南에서 죽었다. 그의 시는 풍격이 고일하고 전원의 한적한 생활을 잘 묘사하였다. 작품으로 田家雜興, 田家卽事, 歸田園, 漁父詞, 牧童詞 등이 있으며, 《전당시》에 시 4권 113수가 수록되어 있다.

3. 《唐才子傳》(1) 儲光羲

光羲, 兗州人. 開元十四年, 嚴迪榜進士. 有詔中書試文章. 嘗爲監察御史. 値安祿山陷長安, 輒受僞署. 賊平後, 自歸, 貶死嶺南. 工詩, 格高調逸, 趣遠情深, 削盡常言, 挾風雅之道, 養浩然之氣, 覽者猶聽〈韶〉·〈濩〉音, 先洗桑濮耳, 庶幾乎賞音也. 有集七十卷, 《政論》十五卷, 《九經分義疏》二十卷, 並傳.

005

〈獨坐敬亭山〉 ··· 李白

경정산에 홀로 앉아

많은 새들 높이 날더니 모두 사라져 보이지 않고,
외로운 구름만이 홀로 한가히 떠가는구나.
서로 마주보고 있어도 싫증이 나지 않는 것은
바로 그대 경정산과 바로 나 한 사람.

衆鳥高飛盡, 孤雲獨去閒.　　중조고비진, 고운독거한.
相看兩不厭, 只有敬亭山.　　상간량불염, 지유경정산.

【敬亭山】 원이름은 昭亭山, 혹 査山이라고도 함. 지금의 安徽 宣城縣 북쪽에
있으며 산 위에 敬亭이라는 정자가 있어 이름이 지어진 것. 九華山의 지맥
으로 예로부터 뛰어난 경승지로 알려져 있음. 南朝 齊나라 시인 謝朓가
宣川太守가 되어 항상 경정에 올라 시를 읊었다고 함.
【衆鳥】 많은 새들. 여기서는 자신을 배척한 사람들을 의미함.
【孤雲】 홀로 떠가는 구름. 여기서는 고고한 은사, 즉 자신을 가리킴.

原註(王相)

　山在宣州城外, 太白登山獨坐而作此詩. 言山有鳥有雲, 獨坐之久, 鳥與雲皆飛散, 惟己與山相對, 是人不厭山, 山不厭人也.

　○李白, 字太白, 號謫仙, 官翰林, 盛唐.

참고 및 관련 자료

1. 이 시는 이태백이 天寶 12년(753) 가을 소인들의 배척을 받아 서울을 떠나 경정산에 올라 감회를 읊은 것이다. 韻脚은 '閒·山'이다.

2. 이백(李白. 701~762)

唐代 시인. 자는 太白, 호는 靑蓮居士. 원래 서역 혹은 중앙아시아 碎葉이라는 곳에 태어났으나 조상의 관적이 隴西 成紀(지금의 甘肅 秦安縣 동쪽)이라 하며 어릴 때 부모를 따라 綿州 昌隆(지금의 四川 江油縣) 靑蓮鄕으로 이주 하였다. 唐 武后 大足 원년에 태어나 肅宗 寶應 원년에 죽었다. 향년 62세.

그의 시풍은 다분히 도가적 신선 사상과 아울러 기상이 쾌활한 표현을 즐겨 사용 하였다. 杜甫(詩聖)와 더불어 李杜라 불리며 盛唐의 최고 시인으로 詩仙으로 불린다. 아울러 생애도 신비에 싸여 많은 일화와 전설을 낳기도 하였다.《이태백집》30권이 있으며《전당시》에 25권이 실려 있다.《신· 구당서》에 전이 있다.

〈이태백〉《三才圖會》

3.《唐才子傳》(2) 李白

白, 字太白, 山東人. 母夢長庚星而誕, 因以命之. 十歲通五經. 自夢筆頭生花, 後天才贍逸. 喜縱橫, 擊劍爲任俠, 輕財好施. 更客任城, 與孔巢父·韓準· 裴政·張叔明·陶沔居祖徠山中, 日沈飮, 號「竹溪六逸」. 天寶初, 自蜀至長安, 道未振, 以所業投賀知章, 讀至〈蜀道難〉, 歎曰:「子, 謫仙人也.」乃解金龜換酒, 終日相樂, 遂薦於玄宗. 召見金鑾殿, 論時事, 因奏頌一篇, 帝喜, 賜食, 親爲調羹, 詔供奉翰林. 嘗大醉上前, 草詔, 使高力士脫靴. 力士恥之, 摘其〈淸平調〉中飛 燕事, 以激怒貴妃, 帝每欲與官, 妃輒沮之. 白益傲放, 與賀知章·李適之·汝陽 王璡·崔宗之·蘇晉·張旭·焦遂爲「飮酒八仙人」. 懇求還山, 賜黃金, 詔放歸. 白浮遊四方, 欲登華山, 乘醉跨驢經縣治, 宰不知, 怒, 引至庭下曰:「汝何人, 敢無禮!」白供狀不書姓名, 曰:「曾令龍巾拭吐, 御手調羹, 貴妃捧硯, 力士脫靴.

天子門前, 尚容走馬; 華陰縣裏, 不得騎驢?」宰驚愧, 拜謝曰:「不知翰林至此」
白長笑而去. 嘗乘舟, 與崔宗之自采石至金陵, 著宮錦袍坐, 傍若無人. 祿山反,
明皇在蜀, 永王璘節度東南, 白時臥廬山, 辟爲僚佐. 璘起兵反, 白逃還彭澤.
璘敗, 累繫潯陽獄. 初, 白遊幷州, 見郭子儀, 奇之, 曾救其死罪. 至是, 郭子儀
請官以贖, 詔長流夜郎. 白晚節好黃·老, 度牛渚磯, 乘酒捉月, 沈水中. 初, 悅謝
家青山, 今墓在焉. 有文集二十卷, 行世. 或云:「白, 涼武昭王暠九世孫也.」

006

〈登鸛鵲樓〉 ·· 王之渙

관작루에 올라

해는 산을 넘더니 저물어 사라지고,
황하는 멀리 흘러 바다로 들겠지.
천리까지 볼 수 있는 시력을 다해보고자,
다시 누대 한 층을 더 올라가 보네.

白日依山盡, 黃河入海流.　　　백일의산진, 황하입해류.

欲窮千里目, 更上一層樓.　　　욕궁천리목, 경상일층루.

【鸛鵲樓】누대 이름. 鸛雀樓가 맞음. 지금의 山西 永濟縣(옛 蒲州府 관할)
서남 황하 언덕에 있으며, 모두 3층의 누대. 앞쪽은 동쪽을 향하고 있으며
중조산이 보이고 아래로는 황하가 내려다보임. 시야가 널리 트여 당대 많은
시인들이 시를 남김. 鸛雀은 물새로 큰기러기(鴻)와 비슷하나 크기가 크며
긴 목에 붉은 부리. 흰 바탕에 검은 꼬리와 날개를 가지고 있다 함. 이 새가
그 물가에 많이 서식하여 이름이 지어졌다 함.
【白日】태양. 해.
【黃河】중국 제 2대 강의 하나로 청해 바옌커라(巴顔喀喇)산 북쪽에서 발원
하여 靑海, 甘肅, 寧夏, 內蒙古, 陝西, 山西, 河南, 河北, 山東을 거쳐 황해로
흘러드는 물.

王之渙 "更上一層樓" 河丁 全相摹(현대)

原註(王相)

樓在蒲州.

此登樓眺遠之作也. 登此樓時已薄暮, 但見百日銜山, 而欲盡黃河之水, 由西滔滔東入於海矣. 然樓中所見, 尙爲山所蔽樹所遮, 而樓之上, 更有一層. 於是登最高之處而望之, 則千里長河及群山萬壑, 儼然在目矣.

○之渙, 盛唐詩人.

참고 및 관련 자료

1. 제목 〈鸛鵲樓〉는 《全唐詩》(253)에 모두 〈登鸛雀樓〉로 되어 있다. 韻脚은 '流·樓'이다.

2. 왕지환(王之渙. 688~742)

唐代 시인. 자는 季陵. 당나라 幷州(지금의 山西 태원시) 사람으로 당 武后 垂拱 4년에 태어나 玄宗 天寶 원년에 죽었다. 향년 55세. 일찍이 文安縣尉를 역임하였으며 성격이 호방하고 웅혼한 글을 남겨 당시 그의 작품은 樂工의 가사로 많이 채택되었다 함. 변새의 풍광을 잘 묘사하였으며 高適, 岑參, 王昌齡과 이름을 함께 하였다. 다만 그의 작품은 현재 겨우 절구 6수만이 전하여 이는 《전당시》에 수록되어 있다. 그 중 〈涼州詞〉와 본 〈登鸛鵲樓〉는 가장 널리 알려진 작품이다.

3. 《唐才子傳》(3) 王之渙

之渙, 薊門人. 少有俠氣, 所從游皆五陵少年, 擊劍悲歌, 從禽縱酒. 中折節工文,十年, 名譽日振. 恥困場屋, 遂交謁名公. 爲詩情致雅暢, 得齊·梁之風. 每有作, 樂工輒取以被聲律. 與王昌齡·高適·暢當忘形爾汝, 嘗其詣旗亭, 有梨園名部繼至, 昌齡等曰:「我輩擅詩名, 未定甲乙. 可觀諸伶謳詩, 以多者爲優.」一伶唱昌齡二絶句, 一唱適一絶句. 之渙曰:「樂人所唱皆下俚之詞.」須臾, 一佳妓唱曰:「黃沙遠上白雲關, 一片孤城萬仞山. 羌笛何須怨楊柳, 春風不度玉門間.」復唱二絶, 皆之渙詞. 三子大笑. 曰:「田舍奴. 吾豈妄哉!」諸伶竟不諭其故, 拜曰:「肉眼不識神仙.」三子從之酣醉終日. 其狂放如此云. 有詩, 傳於今.

007

〈觀永樂公主入蕃〉 ························· 孫逖

영락공주가 변방으로 시집가는 것을 보고

변방 지역은 꾀꼬리도 봄꽃도 적으려니,
신년이 되어도 새롭다는 느낌도 들지 않네.
영락공주 같은 미인, 하늘에서 내려온 듯 그곳에 가면,
용정 지방 변새에 비로소 봄이 어떤 것인지 알게 되겠지.

邊地鶯花少, 年來未覺新.　　변지앵화소, 년래미각신.

美人天上落, 龍塞始應春.　　미인천상락, 룡새시응춘.

【邊地】변방. 여기서는 거란을 가리킴.
【鶯花】꾀꼬리와 봄꽃. 좋은 봄날을 말함.
북쪽 변방에는 봄이 제대로 오지 않을 것
임을 말한 것.
【年】신년.
【美人】영락공주를 가리킴.
【龍塞】龍城의 변새. 용성은 한나라 때 흉노
의 땅으로 龍井이라고도 하며 漠北 타과르
(塔果爾)河 지역을 가리킴.

〈西域回疆圖〉

龍塞: 龍荒邊塞之地.

○唐凡以宗女出嫁外蕃, 例封公主. 逖見之有感而作. 言邊地苦寒, 鶯燕不生, 春花罕發, 雖過新年而未見春光之麗. 今公主字京而來, 如從天降, 應使邊塞 遐荒之地, 始知春色矣. 蓋傷之而反言之也.

○逖傳州人, 中書舍人, 盛唐.

1. 《全唐詩》(118)에는 〈同洛陽李少府觀永樂公主入蕃〉으로 되어 있으며 《新唐書》北狄傳에 의하면 唐 玄宗 開元 4년(716) 東平王의 외손 楊元嗣의 딸을 永樂公主에 봉하여 契丹 率部에서 귀순한 솔부의 수령 李失活에게 시집 보내고 이실활을 松漠府都督에 명하여 松漠君王에 봉하였다. 당시 종실의 딸을 외족에게 시집보내어 화친을 맺을 때는 임금의 딸이 아니어도 반드시 먼저 공주에 봉하였다. 韻脚은 '新·春'이다.

2. 손적(孫逖. 696~761)

唐代 시인. 河南(지금의 河南 洛陽) 사람으로 향년 66세. 매우 총민하고 글 재주가 있어 개원 연간에 賢良方正科에 선발되어 中書舍人, 典制誥, 判刑部 侍郎 등에 발탁되었으며 太子詹事로 생을 마쳤다. 《全唐詩》에 시 1권 63수가 수록되어 있으며 《신·구당서》에 전이 있다.

3. 《唐才子傳》(1) 孫逖

逖, 博州人. 幼而有文, 屬思警敏, 援筆成篇. 開元二年, 舉手筆俊拔·哲人奇士 隱淪屠釣及文藻宏麗等科, 第一人及第. 玄宗引見, 擢左拾遺·集賢殿修撰, 改考 功員外郎, 遷中書舍人. 與顔眞卿·李華·蕭穎士皆同時, 稱海內名士. 仕終刑部 侍郎. 善詩, 古調今格, 悉其所長. 集二十卷, 今傳.

008

〈伊州歌〉 ························· 蓋嘉運

이주의 노래

저 꾀꼬리 쫓아버려라.
나무 위에서 울지 못하도록 하여다오.
꾀꼬리 울면 내 놀라 깨어나
요서에서 님 만나는 꿈 이루지 못한단다!

打起黃鶯兒, 莫教枝上啼.　　타기황앵아, 막교지상제.

啼時驚妾夢, 不得到遼西!　　제시경첩몽, 불득도료서!

【伊州】지명이며 곡조 이름. 商調大曲. 樂府詩는 주로 지명을 사용하는 경우가
많음.
【打起】나무에서 우는 꾀꼬리를 치거나 흔들어 쫓아버림.
【黃鳥】黃鸝, 倉庚이라고도 하며 꾀꼬리를 말함.
【兒】의미가 없는 접미사. 새(鳥兒)를 가리키는 말. 지금은 이를 'ér'로 읽지만
당나라 때는 '五稽切'(ni)로 읽어 '兒', '啼', '西'
자가 압운을 이루었음.
【教】'使'와 같음. 사역형 조동사로 쓰였음.
【遼西】한나라 때 군 이름. 지금의 河北 동북부
와 遼寧 서부지역. 본문 여인의 남편이 원정을
간 곳을 가리킴.

八達嶺(明) 弘治 18년(1505) 완성

原註(王相)

伊州, 在邊外, 古伊吾國也.

蓋嘉運, 晚唐人, 西涼節度使, 或曰盛唐.

○此代邊人之婦思夫之作也. 言夫不可見, 惟憶夢寐之中或見之. 無奈鶯啼時驚夢覺, 故欲打散鶯兒, 不使啼驚吾夢. 庶妾魂可到遼西與夫相見也.

참고 및 관련 자료

1. 제목 〈伊州歌〉는 宋 郭茂倩의 《樂府詩集》(79)에 《樂苑》을 인용하여 "伊州, 商調曲, 西京節度使盍嘉運所進也"라 하였고, 《新唐書》와 《舊唐書》의 突厥傳(下)에는 '盍'자로 되어 있으나 이는 '蓋'자의 오기이다. 한편 《全唐詩》(768)에는 제목이 〈春怨〉으로 되어 있으며 그 注에 "一作伊州歌"라 하였고 작자도 金昌緒로 되어 있다. 이에 대하여 淸 錢大昕의 《十駕齋養新錄》(16)에는 "金昌緒春怨詩, …… 一作蓋嘉運伊州歌者, 非也. 然此詩爲嘉運所進, 編入樂府, 後乃誤爲嘉運作耳"라 하여 김창서가 짓고 개가운이 바쳐 악부에 오른 것으로 보았다. 韻脚은 '兒·啼·西'이다.

2. 개가운(蓋嘉運)

唐代 시인. 開元 연간에 西涼(西京?)節度使를 지냈으며 그 외 생애는 알려진 것이 없다.

3. 김창서(金昌緒)

唐代 시인. 餘杭(지금의 절강) 사람으로 생애는 알려진 것이 없으며 다만 이 시 한 수가 전할뿐이다.

009
〈左掖梨花〉 ·· 丘爲

좌액의 배꽃

차갑도록 농염함은 백설을 압도하고,
남아도는 향기는 한 순간 옷깃을 파고드네.
봄바람아, 잠시도 그치지 말고 불어다오.
그 향기 궁궐 계단을 향해 불어날려 보내렴.

冷豔全欺雪, 餘香乍入衣.　　랭염전기설, 여향사입의.
春風且莫定, 吹向玉階飛.　　춘풍차막정, 취향옥계비.

【左掖】 원래 궁문 좌쪽의 掖門. 여기서는 門下省을 가리킴. 궁궐 문을 들어서 왼쪽에 있어 左省이라고도 하였음.
【冷豔】 '冷艷'으로도 표기하며 차가운 기운을 띠면서도 妖艷함. 배꽃을 표현한 것.
【欺】 '압도하다'의 뜻.
【入衣】 향기가 옷 속으로 파고 들어옴.
【莫定】 '그치지 말라'의 뜻.
【玉階】 궁전의 깨끗한 계단. '吹向玉階飛'는 훌륭한 문하성 재사현신들의 공적과 노력하는 모습이 임금에게 알려지기를 원하는 표현이라 함.

左掖, 宮禁之左. 此初任而以花自比, 求之於主之作也. 言梨花冷艷如雪, 開自宮垣禁掖之中, 生香而襲御衣也. 春風自四方而來, 猶王恩難冀, 而莫定吹向; 玉階飛舞, 猶小臣時得傍君, 以希龍顔之一顧也.

○丘爲, 嘉興人, 官太子庶子, 盛唐.

참고 및 관련 자료

1. 이 시는 門下省의 배꽃 향기가 임금에게 전달되어 자신들의 충정을 알아주기를 원하는 내용으로 보고 있다. 韻脚은 '衣·飛'이다.

2. 구위(丘爲)

唐代 시인. 嘉興(지금의 浙江) 사람으로 天寶 연간에 진사에 올라 太子右庶子를 역임하였으며 매우 효성이 깊어 靈芝가 그 집 뜰에 났다 한다. 劉長卿, 王維와 친교가 있었으며 96세의 장수를 누렸다. 오언시 13수가 《전당시》에 수록되어 있다.

3. 《唐才子傳》(2) 邱爲:

爲, 嘉興人. 初累擧不第, 歸山讀書數年. 天寶初, 劉單榜進士. 王維甚稱許之, 嘗與唱和. 初, 事繼母孝, 有靈芝生堂下. 累官太子右庶子, 時年八十餘, 母猶無恙, 給俸祿之半. 觀察使韓滉以爲致仕官給祿, 所以惠養老臣, 不可在喪爲異, 唯罷春秋羊酒. 初還, 縣令謁之, 爲候門磬折, 令坐, 方拜, 里胥立庭下, 旣出, 乃敢坐. 經縣署, 降馬而過, 擧動有禮. 卒年九十六. 有集行世.

010

〈思君恩〉 ·· 令狐楚

임금의 은혜를 그리워하며

작은 원유에 꾀꼬리 울음은 들렸다 사라졌다 하는데,
장문에는 너울너울 춤추는 나비도 많네.
눈앞의 이 봄도 올해는 이대로 가려나.
황제의 수레는 더 이상 찾아오지도 않은 채.

小苑鶯歌歇, 長門蝶舞多.　　소원앵가헐, 장문접무다.
眼看春又去, 翠輦不曾過!　　안간춘우거, 취연불증과!

【苑】 궁중의 원유. 초목과 조수를 길러 임금의 휴식처로 삼은 곳.
【長門】 漢나라 때 궁궐 이름. 지금의 陝西 長安 동북에 있음. 당시 漢武帝의
　총애를 잃은 陳皇后가 거처하고 있었으며 황후가 司馬相如에게 부탁하여
　〈長門賦〉를 지어 임금의 사랑을 칭하여 결국 다시 사랑을 되찾았다 함.
　《문선》 사마상여 〈長門賦並序〉 및 《樂府詩集》 〈長門怨〉 題解를 참고할 것.
【翠輦】 황제 전용의 수레. 취옥으로 장식하였음.

原註(王相)

　宮詞.

此寫宮妃望主之情也. 言小苑之內, 春暮而鶯聲已歇, 長門之中, 徒觀蝶舞耳. 是一年之春又去, 而君王之翠輦, 曾不一經過焉, 則宮中之人, 傷春而望幸可知矣.

○楚敦煌人, 相憲宗子樹相宣宗.

참고 및 관련 자료

1. 제목〈思君恩〉은 일부 판본에는〈思君怨〉으로 되어 있으며《全唐詩》(334)에는〈思君恩〉으로 되어 있다. '군주의 은택을 그리워하다'의 뜻이다. 韻脚은 '多·過'이다.

2. 영호초(令狐楚. 766~837)
唐代 시인. 자는 殼士. 宣州 華原(지금의 陝西 耀縣)사람으로 당 代宗 大曆 원년에 태어나 文宗 開成 2년에 죽었다. 향년 72세. 貞元 7년(791)에 進士에 올라 太原書記를 거쳐 節度判官을 역임하였다. 德宗이 그를 아껴 특별히 右拾遺로 발탁하였으며 憲宗 때는 中書侍郞, 同平章事에 오르기도 하였다. 그러나 穆宗 때 탐욕을 부렸다는 죄명으로 宣歙觀察使로 강등되었다가 다시 衡州刺史로 폄직되었다. 敬宗 때는 다시 吏部尙書를 거쳐 左僕射에 올랐으며 彭陽郡開國公으로 봉을 받았다. 죽은 뒤 司空을 추증받았으며 시호는 文.《漆匲集》130권과《梁苑文類》3권 등을 남기기도 하였다.《전당시》에 시 1권이 수록되었으며《신·구당서》에 전이 있다.

3.《唐才子傳》(5) 令狐楚
楚, 字殼士, 燉煌人也. 五歲能文章. 貞元七年, 尹樞榜進士及第. 時李說·嚴綬·鄭儋繼領太原, 高其才行, 引在幕府, 由掌書記至判官. 德宗喜文, 每省太原奏疏, 必能辨楚所爲, 數稱美之. 憲宗時, 累擢知制誥. 皇甫鏄薦爲翰林學士, 遷中書舍人, 拜中書侍郞同平章事. 楚工詩, 當時與白居易·元稹·劉禹錫唱和其多. 有《漆匲集》一百三十卷, 行於世. 自稱曰「白雲孺子」

令狐楚〈春遊詞〉
河丁 全相摹(현대)

011

〈題袁氏別業〉 ························· 賀知章

원씨 별장에 들렀다가

주인과는 서로 일면식도 없는데
지나가다 우연히 임천의 경관이 좋아 앉아 보았네.
주인이시여, 술 사올 돈이 없다고 걱정하지 마오.
내 주머니에 그 정도 돈푼쯤은 있다오.

主人不相識, 偶坐爲林泉.　　주인불상식, 우좌위림천.
莫謾愁沽酒, 囊中自有錢.　　막만수고주, 낭중자유전.

【元氏】 성이 원씨인 어떤 인물. 구체적인
이름은 알 수 없음.
【別業】 별장. 別墅. 原註에 "非正居爲別業,
如園林書院之類"라 함.
【林泉】 전원 생활의 雅趣와 幽閑함을 표현
하는 말.
【莫謾】 두 글자 합하여 모두 '莫'과 같은
뜻. '~ 하지 말라'의 뜻.
【沽】 고(賈)의 통가자. '사다'(買)의 뜻.

〈賀知章〉《韻對千家詩》삽화

　非正居爲別業, 如園林書院之類.

　○此春游間玩之作. 言觀林泉之佳趣, 偶來坐此, 初不識主人之面. 主人
不愁無錢沽酒, 我自有錢以沽也.

　○知章, 字季眞, 四明人, 武后時爲學士, 初唐.

参고 및 관련 자료

1. 이 시는 서로 모르는 사이지만 남의 별장의 그윽한 자연에 취하여 주인과
정을 나누고자 하는 내용이다. 韻脚은 '泉·錢'이다.

2. 하지장(賀知章. 659~744)

唐代 시인. 자는 季眞, 호는 四明狂客. 越州 永興(지금의 浙江 蕭山縣) 사람.
그러나 《舊唐書》에는 會稽 永興人이라 하였다. 당 高宗 顯慶 4년에 태어나
玄宗 天寶 3년에 죽었으며 향년 86세였다. 證聖
초 진사에 급제하여 秘書監을 역임하였다. 술을
좋아하였으며 文辭와 談論에 뛰어났고 李白과
친하였다. 그 외 草書와 隷書에도 뛰어나 張旭의
칭찬을 받기도 하였다. 그의 시는 지금 20수가
전하며 《全唐詩》에 수록되어 있다. 《신·구당서》
에 전에 있다.

〈賀知章〉《三才圖會》

3. 《唐才子傳》(3) 賀知章

知章, 字季眞, 會稽人. 少以文詞知名, 性曠夷, 善談論笑謔. 證聖初, 擢進士·
超拔墓類科. 陸象先在中書, 引爲太常博士. 象先與知章最親善, 常曰:「季眞
淸談風韻, 吾一日不見, 則鄙吝生矣.」當時賢達, 皆傾慕之. 爲太子賓客. 開元
十三年, 遷禮部侍郎兼集賢院學士. 晚年尤加縱誕, 無復禮度, 自號「四明狂客」,
又稱「秘書外監」. 遨遊里巷. 又善草隷, 每醉輒屬辭, 筆不停綴, 咸有可觀, 每紙
不過數十字, 好事者其傳寶之. 天寶三年, 因病夢遊帝居, 及寤, 表請爲道士, 求還
鄕里, 卽舍住宅爲千秋觀, 上許之, 詔賜鏡湖剡溪一曲, 以給漁樵. 帝賦詩及太子
百官祖餞. 壽八十六. 集今傳.

012

〈夜送趙縱〉 .... 楊炯

밤에 조종을 보내며

옛날 조나라는 연이을 성과 맞바꿀 값의 화씨벽이 있어,
그 때문에 천하에 일화가 전하고 있지.
그대를 옛 관청으로 보내주노니,
밝은 달이 앞 내에 가득하구나.

趙氏連城璧, 由來天下傳.　　조씨련성벽, 유래천하전.
送君還舊府, 明月滿前川.　　송군환구부, 명월만전천.

【趙縱】 양형의 친구. 구체적인 생애는 알 수 없음.
【趙氏連城璧】 전국 시대 趙나라가 50개 성을 연이을 정도의 가치가 있는
　　和氏璧을 가지고 있었음.《史記》廉頗藺相如列傳 참조. '完璧歸趙'의 고사를
　　남긴 일화. 秦나라가 이 화씨벽을 50개 성과 바꾸자고 제의하자 인상여가
　　이를 가지고 가서 담판 끝에 되가지고 온 사건을 말함. 여기서는 친구의
　　성이 趙氏임을 말한 것임.
【舊府】 옛날 벼슬하던 관직. 관서. 성씨와 임지가 같은 趙임을 두고 한
　　말임.

此送友之詩. 言趙子, 趙人, 其才如趙王連城之璧, 天下聞之久矣. 吾送之於 明月之下, 還歸趙州本國之故府, 而別然明月照滿前川之上, 猶得與故人共也之.
　○楊炯, 華陰人, 擧神童爲盈川令, 與王勃·駱賓王·盧照隣爲初唐四傑.

참고 및 관련 자료

1. 이 시는 양형이 친구 조종을 멀리 모내면서 이별의 정을 노래한 것이다. 韻脚은 '傳·川'이다.

2. 양형(楊炯. 650~693?)

唐代 시인. 華陰(지금의 陝西) 사람으로 唐 高宗 永徽 원년에 태어나 대략 武后 長壽 원년에 죽었으며 향년 44세. 神童으로 알려졌으며 校書 郎을 역임하였고 永隆 2년(681)에 崇文館學士가 되어 詹事事直을 맡았다. 武后 때 盈川令이 되었다가 관직에서 죽었다. 널리 알려진 初唐 四傑(王勃, 楊炯, 盧照鄰, 駱賓王)의 하나이며 오언율시에 뛰어났다. 육조시대 시풍을 이어 받았다. 《全唐詩》에 시 1권이 수록되어 있으며 明나라 사람이 집일한 《盈川集》 30권이 있다. 《신·구당서》에 전이 있다.

《初唐四傑集》 楊炯 〈四部備要〉본

3. 《唐才子傳》(1) 楊炯

炯, 華陰人. 顯慶六年擧神童, 授校書郞. 永隆二年, 皇太子舍奠, 表豪俊, 充崇 文館學士. 後爲婺州盈川令, 卒. 炯恃才憑傲, 每恥朝士矯飾, 呼爲「麒麟楅」. 或問之, 曰:「今假弄麒麟戲者, 必刻畫其形覆驢上, 宛然異物, 及去其皮, 還是 驢耳.」聞者甚不平, 故爲時所忌. 初, 張說以箴贈盈川之行, 戒其苛刻, 至官, 果以酷稱. 炯博學善文, 與王勃·盧照隣·駱賓王以文辭齊名, 海內稱「四才子」, 亦曰「四傑」, 效之者風靡焉. 炯嘗謂:「吾愧在盧前, 恥居王後.」張說曰:「盈川 文如懸河, 酌之不竭. 恥王後信然, 愧盧前謙也.」有《盈川集》三十卷, 行於世.

013

〈竹裏館〉 ⋯⋯⋯⋯⋯⋯⋯⋯⋯⋯⋯⋯⋯⋯⋯⋯⋯⋯ 王維
죽리관

홀로 그윽한 대숲에 앉아,
거문고도 타고 다시 긴 휘파람도 불어보네.
깊은 숲 속이라 아는 사람 없고,
다만 밝은 달만이 나를 비춰보고 있네.

獨坐幽篁裏, 彈琴復長嘯.　　독좌유황리, 탄금부장소.
深林人不知, 明月來相照.　　심림인부지, 명월래상조.

【篁】대숲. 죽림.
【長嘯】긴 휘파람. 한적한 雅趣를 표현하는 말.

> **原註(王相)**

篁, 竹也. 竹本清幽之品, 故曰幽篁.
○此言獨居之樂也. 維在輞川竹裡館中, 獨坐幽竹之下, 揮琴一曲, 長嘯數聲,
深林之中, 人不知之, 但有明月相照而已.
○維, 字摩詰, 開元中爲尙書右丞, 盛唐.

1. 이 시는 왕유《輞川集》에 실려 있으며 그 《망천집》序에 "余別業在輞川山谷. 其遊止有孟城坳‧華子岡‧文杏館‧斤竹嶺‧鹿柴‧木蘭柴‧茱萸沜‧宮槐陌‧臨湖亭‧南垞‧欹湖‧柳浪‧欒家瀨‧金屑泉‧白石灘‧北垞‧竹里館‧辛夷塢‧漆園‧椒園等. 與裴逈開暇各賦絶句云"이라 하였다. 韻脚은 '嘯‧詔'이다.

2. 왕유(王維. 699~759)

唐代 시인. 자는 摩詰, 山西 太原 祁縣 사람으로 뒤에 아버지를 따라 蒲州 (지금의 山西 永濟縣)로 이주하여 河東人이라 알려지게 되었다. 당 武后 聖曆 2년에 태어나 肅宗 建元 2년에 죽었으며 향년 61세. 21세에 進士에 올라 監察御史를 역임하였으며 安祿山이 長安을 점령하였을 때 그를 억지로 給事中 벼슬을 주었다. 마침 안록산이 凝碧池에서 승리의 잔치를 할 때 梨園弟子들이 눈물을 흘리자 당시 菩提寺에 갇혀 있던 왕유는 "萬戶傷心生野煙, 百僚何日更朝天? 秋槐葉落深宮裡, 凝碧池頭奏管絃"이라는 시를 읊었다. 난이 평정되고 이 시로 인해 죄를 용서받기도 하였다. 三絶(詩, 書, 畵)뿐 아니라 音律에도 뛰어났으며, 이에 蘇東坡는 "詩中有畵, 畵中有詩"라 칭하였다. 그의 그림은 南宗畵의 비조를 이루었고 시는 맹호연과 이름을 나란히 하여 '王孟'이라 칭하였다. 초기에는 邊塞詩에 뛰어났으나 만년에는 전원과 산수, 은일, 佛學에 심취하였다. 저서에 《王右丞集》6권이 있으며 《全唐詩》에 시 4권이 수록되어 있다. 《신‧구당서》에 전이 있다.

3. 《唐才子傳》(2) 王維

維, 字摩詰, 太原人. 九歲知屬辭, 工草隸, 閑音律, 岐王重之, 維將應擧, 岐王謂曰:「子詩淸越者, 可錄數篇, 琵琶新聲, 能度一曲, 同詣九公主第.」維如其言. 是日, 諸伶擁維獨奏, 主問何名, 曰:「〈鬱輪袍〉」, 因出詩卷. 主曰:「皆我習諷, 謂是古作, 乃子之佳製乎?」延於上座曰:「京兆得此生爲解頭, 榮哉!」力薦之. 開元十九年狀元及第, 擢左拾遺, 遷給事中. 賊陷兩京, 駕出幸, 維扈從不及, 爲賊所擒, 服藥稱瘖病. 祿山愛其才, 逼至洛陽供舊職, 拘於普施寺. 賊宴凝碧池, 悉召梨園諸工合樂, 維痛悼賦詩曰:「萬戶傷心生野烟, 百官何日再朝天? 秋槐花落空宮裏, 凝碧池頭奏管絃.」詩聞行在所, 賊平後, 授僞官者皆定罪, 獨維得免. 仕至尙書右丞. 維詩入妙品上上, 畵思亦然. 至山水平遠, 雲勢石色, 皆天機所到, 非學而能. 自爲詩云:「當代謬詞客, 前身應畵師」後人評維:「詩中有畵, 畵中有詩」, 信哉! 客有以〈按樂圖〉示維者, 曰:「此〈霓裳〉第三疊最初拍也.」

對曲果然. 篤志奉佛, 蔬食素衣, 喪妻不再娶, 孤居三十年. 別墅在藍田縣南輞川,
亭館相望. 嘗自寫其景物奇勝, 日與文士邱爲·裴迪·崔興宗遊覽賦詩, 琴樽自樂.
後表宅請以爲寺. 臨終, 作書辭親友, 停筆而化. 代宗訪維文章, 弟縉集賦詩等
十卷上之, 今傳於世.

〈蘭竹圖〉(청) 鄭燮(1693~1765)

014

〈送朱大入秦〉 ·· 孟浩然

주대를 장안으로 보내며

떠도는 나그네 오릉이 있는 장안으로 떠나니,
내 천금에 해당하는 보검이 하나 있소.
이를 풀어 그대에게 주노니,
평소 내 가졌던 한 조각 마음이라오!

遊人五陵去, 寶劍值千金.　　유인오릉거, 보검치천금.

分手脫相贈, 平生一片心!　　분수탈상증, 평생일편심!

【朱大】 인명. 본래 이름은 朱去非이며 맹호연의 친구.
【入秦】 고대 秦나라 땅이었던 지금의 陝西 지역으로 감을 말함. 그곳의 長安
으로 가는 것을 말함.
【五陵】 長陵(漢 高祖의 陵, 지금의 陝西 咸陽縣 동북), 安陵(惠帝, 함양현 동쪽),
陽陵(景帝, 섬서 高陵縣 서남), 茂陵(武帝, 섬서 興平縣 동북), 平陵(昭帝, 홍평현
동북) 등 다섯 능을 말함. 당시 능을 세울 때마다 외척과 부호를 그 근처로
옮겨 거부하게 하여 뒤에 흔히 오릉은 부호귀족이 모여 사는 곳을 뜻하는
말로 쓰였음.
【脫】 벗어버림.
【平生】 평소.

以劍贈友之詩也. 言故人向長安而去, 長安有五陵有豪俠所居, 不可無劍也.
故贈則以千金寶劍, 以表吾平生一片, 向友之壯心也.

참고 및 관련 자료

1. 이 시는 친구를 호방한 협객이 많은 五陵으로 보내면서 자신의 귀중한
칼을 선물하여 이별의 정을 대신하는 내용이다. 韻脚은 '金·心'이다.
2. 맹호연(孟浩然): 001 참조.

015

〈長干行〉 ………………………………………………… 崔顥

장간의 노래

그대는 고향이 어디요?
제 고향은 횡당이랍니다.
잠시 배를 멈추고 짐짓 묻노니,
아마 혹 같은 고향이 아닐는지요.

君家在何處? 妾住在橫塘.　　군가재하처? 첩주재횡당.
停船暫借問, 或恐是同鄕.　　정선잠차문, 혹공시동향.

【長干行】 원래 남조 시대 樂府詩 雜曲歌辭의 제목. 《全唐詩》(26) 잡곡가사와
130에 모두 이 시가 수록되어 있으며 제목을 〈長干曲〉, 〈江南曲〉으로 되어
있음. '行'과 '曲'은 모두 악부시 곡조명. 한편 長干은 지명으로 당시 金陵
(지금의 南京)의 마을 이름.
【在何處】 《全唐詩》(130)에는 '何處住'로, 《樂府詩集》(72)에는 '定何處'로 되어
있음.
【橫塘】 지명. 지금의 南京시 서남. 王相의 주에 "橫塘, 在金陵麒麟門外"라 함.
【借問】 당대 시구에서 흔히 쓰는 套語로 '빌어 묻건대'로 해석함.
【恐】 일부 판본에는 '可'로 되어 있음.

長干, 在金陵.

橫塘, 在金陵麒麟門外.

○此疑遊女與游子相問答之辭也. 言游女問郎家住何處? 不待其答而又自言家住鍾山之橫塘, 疑郎聲音與妾相近, 故停舟而借問之, 恐是故鄕之人, 可相詰而致慇懃也.

○崔顥, 卞州人, 開元中司勳員外郞, 盛唐.

참고 및 관련 자료

1. 이 시는 타지에서 고향 사투리를 듣고 여인이 먼저 말을 걸어오는 내용으로 思鄕의 아름다운 내용을 읊은 것이다. 韻脚은 '塘·鄕'이다.

2. 최호(崔顥. 704?~745)

唐代 시인. 汴州(지금의 河南 開封) 사람으로 개원 11년(723)에 진사에 급제하여 尙書司勳員外郞을 역임하였으며 天寶 13년에 죽었다. 초기에는 輕艶한 시를 썼으나 뒤에 변새시에 심취하여 풍골이 凜然하고 기상이 雄渾하였다. 왕창령, 고적, 맹호연 등과 이름을 같이 하였다. 《唐才子傳》(1)에 이백이 黃鶴樓에 올라 시를 지으려다 최호의 〈황학루〉 시를 보고 "眼前有景道不得, 崔顥題詩在頭上"이라 감탄하며 붓을 꺾고 대신 金陵 鳳凰臺에 올라 대신 〈登金陵鳳凰臺〉라는 시를 지었다고 하였다. 명나라 사람이 집일한 《崔顥集》이 있으며 《全唐詩》에 시 1권 42수가 수록되어 있다. 《신·구당서》에 전이 있다.

3. 《唐才子傳》(1) 崔顥

顥, 汴州人. 開元十一年, 源少良下及進士第. 天寶中, 爲尙書司勳員外郞. 少年爲詩, 意浮艶, 多陷輕薄, 晚節忽變常體, 風骨凜然. 一窺塞垣, 狀極戎旅, 奇造往往並驅江·鮑. 後遊武昌, 登黃鶴樓, 感慨賦詩. 及李白來, 曰:「眼前有景道不得, 崔顥題詩在上頭」無作而去. 爲哲匠斂手云. 然行履稍劣, 好蒲博, 嗜酒, 娶妻擇美者, 稍不愜, 卽棄之, 凡易三四. 初, 李邕聞其才名, 虛舍邀之, 顥至獻詩, 首章云:「十五嫁王昌.」邕叱曰:「小兒無禮!」不與接而入. 顥苦吟詠, 嘗病起淸虛, 友人戲之曰:「非子病如此, 乃苦吟詩瘦耳.」遂爲口實, 天寶十三年卒. 有詩一卷, 今行.

016

〈詠史〉 ·· 高適

역사를 노래함

그래도 친구라고 외투를 벗어 주었으니,
응당 범숙을 빈한하다 가련히 여긴 때문이지.
천하의 대단한 선비인 줄 모른 채,
오히려 그를 그저 평범한 서민인 줄 알았었지.

尚有綈袍贈, 應憐范叔寒.　　상유제포증, 응련범숙한.

不知天下士, 猶作布衣看.　　부지천하사, 유작포의간.

【綈袍】모직물로 만든 긴 두루마기, 외투.《史記》范雎傳에 실려 있는 고사를
인용한 것임. 전국시대 魏나라 范雎(范睢로도 표기함)가 中大夫 須賈를 섬겼다.
수가가 齊나라에 사신으로 갔을 때 범저가 따라갔는데 齊 襄王이 몇 달을
이 일행을 만나주지 않으면서 대신 범저가 훌륭하다는 말을 듣고 그에게
사사롭게 금 10근과 잔치를 열어주었다. 이를 안 수가가 돌아와 범저가
위나라 기밀을 제나라에게 팔아먹었다고 재상 魏齊에게 모함하였다. 범저는
이 일로 거의 죽음에 이르는 고문을 받고 몰래 秦나라로 도망하여 이름을
張祿으로 바꾸고 秦 昭王을 섬겨 결국 진나라 재상이 되었다. 진나라가
위나라를 공격하자 수가가 위나라 사신이 되어 진나라에 오자 범저는 고의로
다 떨어진 외투를 입고 그를 만났다. 수가는 범저가 재상인 줄 모른 채
그가 아직도 그토록 빈한함을 보고 자신이 입고 있던 외투를 벗어주었다.

수가가 재상을 만나겠다고 하여 안내를 받은 다음 결국 범저가 재상임을 알고 죄를 빌자 범저는 옛정과 그가 외투까지 벗어준 일을 가상히 여겨 그를 석방하여 풀어주었다.

【范叔】 범저(范雎), 혹 범수(范睢)로도 표기함. 자가 叔이었음.

【天下士】 천하에 이름난 용사. 선비. 여기서는 범저를 가리킴.

【布衣】 평민, 고대 백성들은 베옷을 입어 평민을 대신하는 말로 쓰임.

原註(王相)

綈袍, 絲綿之袍也.

○昔魏以須賈·范雎, 使齊. 齊王重雎之才, 使之金而不及賈. 賈歸而訴於魏相魏齊. 魏齊以雎通於齊也. 而痛杖之死而復甦, 乃逃入秦, 更名張祿, 說秦莊襄王. 王大悅, 拜爲相, 征伐諸侯, 威震天下. 魏使須入貢於秦, 雎聞賈來, 乃敝衣而先謁賈, 賈見其寒而憐之, 曰:「范叔尙在乎? 何一寒至此哉!」乃解綈袍衣之. 雎曰:「吾數見張君, 門者不納, 子爲我通之」雎乃爲賈, 御車至相府, 雎先入, 賈訝曰:「范叔何久不出?」門者曰:「乃丞相張君也.」賈驚, 肉袒匍匐謝罪. 范雎曰:「汝罪當死, 今得不死者, 以子綈袍戀戀, 尙有故人之情也.」乃赦之.

○高言賈雎有死於范叔, 雎其寒而衣之, 不知其鼎貴猶以爲布衣寒士也.

○適, 字達夫, 滄州人, 歷官常侍. 盛唐.

참고 및 관련 자료

1. 이 시는 역사 속의 일화, 즉 범저의 내용을 두고 그 감회를 읊은 것이다. 韻脚은 '寒·看'이다.

2. 고적(高適. 702~765)

唐代 시인. 자는 達夫, 혹 仲武. 渤海 蓨(지금의 河北 景縣) 사람으로 唐 武后 長安 2년에 태어나 代宗 永泰 원년에 죽었다. 향년 64세. 天寶 연간에 河西를 유랑하다가 哥舒翰의 서기가 되었으며 뒤에 蜀州, 彭州刺史와 西川節度使 등을 역임하였고 散騎常侍를 거쳐 渤海縣侯에 봉해졌다. 당대 시인 중에 가장 현달한 인물이다. 玄宗 開元 20년 新安王 李褘를 따라 契丹 원정에 나서기도

하였으며 이로 인해 변방에 관한 시를 구체적으로 쓸 수 있게 되었다. 汴州를 지나다가 李白과 杜甫를 만나 함께 시를 주고받기도 하였으며 당대 변새파 시인으로 岑參과 병칭되어 흔히 '高岑'이라 불린다.《高常侍集》8권이 전하며 《全唐詩》에 시 4권이 수록되어 있다.《신·구당서》에 전이 있다.

3.《唐才子傳》(2) 高適

適, 字達夫, 一字仲武, 滄州人. 少性拓落, 不拘小節, 恥預常科, 隱蹟博徒, 才名 更遠. 後擧有道, 授封邱尉. 未幾, 哥舒翰表掌書記. 後擢諫議大夫. 負氣敢言, 權近側目. 李輔國忌其才. 蜀亂, 出爲蜀·彭二州刺史, 遷西川節度使. 還, 爲左 散騎常侍. 永泰初, 卒. 適尙氣節, 語王霸, 袞袞不厭. 遭時多難, 以功名自許. 年五十始學爲詩, 卽工, 以氣質自高, 多胸臆間語. 每一篇已, 好事者輒傳播吟玩. 嘗過汴州, 與李白·杜甫會, 酒酣登吹臺, 慷慨悲歌, 臨風懷古, 人莫測也. 中間 唱和頗多. 今有詩文等二十卷, 及所選至德迄大曆述作者二十六人詩, 爲《中興 間氣集》二卷, 幷傳.

高適〈塞上聞吹笛〉
靑谷 金春子(현대)

017

〈罷相作〉 ··· 李適之

재상직에서 물러나며

현능한 자에게 물려주려 비로소 재상직을 물러나서
즐겁게 술 마시며 잔을 입에 대도다.
묻건대 옛 내 집 문을 찾아와 인사드리던 손님들이여,
오늘 아침에 몇 사람이나 찾아오려나?

避賢初罷相, 樂聖且銜杯.　　피현초파상, 락성차함배.
爲問門前客, 今朝幾個來?　　위문문전객, 금조기개래?

【罷相】 재상직에서 물러남.
【樂聖】 즐겁게 술을 마심. 성은 술의 은어. 옛사람들은 청주를 성인, 탁주를
　현인이라 불렀음. 《三國志》魏志 徐邈傳 참조.
【銜杯】 음주의 다른 표현. '술잔을 입에 머금다'의 뜻.
【爲問】 爲는 어조사. 뜻은 없음. 일부본에는 시구의 투어인 '借問'으로 되어
　있음.
【門前客】 이전에 문을 들어서며 방문했던 사람.

─────────
原註(王相)
─────────

　樂聖, 古人以淸酒爲聖人 ; 濁酒爲賢人, 蓋隱語也.

○公退位有感而作也. 言己無能不堪居相, 當避位以讓賢者. 安居無事, 惟銜杯縱酒以自樂也. 然昔之爲相賓客滿堂, 今已去位而門庭冷落, 顧我而來者, 曾有幾人哉!

○適之, 唐宗室. 天寶中爲右相, 善飮與李白等爲飮中八仙, 盛唐.

1. 이 시는 권세의 고통을 벗어 안락함과 함께 권력의 무상함을 읊은 것이다. 韻脚은 '杯·來'이다.

2. 이적지(李適之. ?~747)

唐代 시인. 恒山 愍王 李承乾의 손자이며 처음 이름은 昌이었다. 唐 隴西 成紀(지금의 甘肅 秦安) 사람으로 성격이 소탈하고 술을 좋아하여 이백과 더불어 '飮酒八仙'의 하나이다. 開元 연간에 通州刺史를 거쳐 秦州都督이 되었으며 뒤에 陝州刺史, 河南尹, 御史大夫를 거쳐 刑部尙書에 오르기도 하였다. 天寶 연간에 牛仙客을 대신하여 左丞相이 되었다. 당시 형부상서 韋堅 등과 친하여 李林甫의 계략에 말려들었다가 그 일로 宜春太守로 폄직되었다. 뒤에 어사 羅希奭이 왕명을 받들고 韋堅을 유배지에서 참수하고 의춘을 지난다는 소식을 듣고 두려움 끝에 결국 약을 먹고 자살하였다. 《全唐詩》에 시 2수가 수록되어 있으며, 《신·구당서》에 전이 있다.

3. 《唐才子傳》(2) 李白(부분)

白益傲放, 與賀知章·李適之·汝陽王璡·崔宗之·蘇晉·張旭·焦遂爲「飮酒八仙人」.

018

〈逢俠者〉 ··· 錢起
협객을 만나

그대는 저 연나라 조나라 슬픔을 노래하던 용사로구려.
지금 극맹의 고향인 이 낙양에서 그대를 만나게 되니,
가슴 속 마음을 다 터놓을 수 없구려.
갈길 먼 그대 벌써 해가 기우네.

燕趙悲歌士, 相逢劇孟家.　　연조비가사, 상봉극맹가.
寸心言不盡, 前路日將斜.　　촌심언부진, 전로일장사.

【俠者】 협객. 義俠을 존중하며 행동하는 사람.
【燕趙】 燕나라와 趙나라가 있던 지역. 연나라는 지금의 河北과 遼寧 남부로
蓟(지금의 北京)가 중심이었으며, 조나라는 하북, 산서, 하남 북부 일대로
邯鄲이 도읍이었음. 당시 燕나라는 荊軻라는 협객이 유명하였고 조나라는
聶政 등 역시 협객이 많았던 것으로 유명하였음.
【劇孟】 漢나라 때 협객. 洛陽 사람으로 남의 위급함을 구해주기를 즐겨하여
太尉 周亞夫의 존경을 받았음. 극맹의 어머니가 죽었을 때 수천 輛의
조문객이 찾아왔으나 그 자신이 죽었을 때는 남긴 재물이 없었다고 함.
《史記》 遊俠列傳 참조.
【寸心】 흉중의 생각을 표현하는 말.

俠者, 劍客也.

劇音吉, 劇孟, 漢之大俠, 起借以比俠者也.

○燕趙古多慷慨悲歌之士, 如荊軻‧聶政之類. 至唐猶盛也. 起路逢劍俠之士, 因作詩以贈之. 言子固燕趙之俠士也, 與子幸逢於洛陽道上, 又漢俠士劇孟之鄕. 於是兩心相契而縱談悲壯不平之事, 無奈高談未盡而夕陽已斜, 又將分手而別也.

○起, 字仲玄, 吳興人, 天寶中不第. 官考功郞, 中唐.

참고 및 관련 자료

1. 이 시는 협객을 만나 그 의기를 높이 사며 아울러 이별을 아쉬워하는 내용을 읊은 것이다. 韻脚은 '家‧斜'이다.

2. 전기(錢起. ?~?)

唐代 시인. 자는 仲文(王相 주에는 仲玄으로 되어 있음), 吳興(지금의 浙江) 사람으로 天寶 10년에 진사에 올라 秘書省校書郞을 거쳐 尙書考功郞中이 되었다. '大曆十才子' 중의 하나이며 시풍이 기이하고 감정이 贍富하였다. 《錢仲文集》10권이 있으며《전당시》에 시 4권이 수록되어 있다.

3.《唐才子傳》(4) 錢起

起, 字仲文, 吳興人. 天寶十年, 李巨卿榜及第. 少聰敏, 承鄕曲之譽. 初, 從計吏至京口客舍, 月夜閒步, 聞戶外有行吟聲, 哦曰:「曲終人不見, 江上數峰靑.」凡再三往來, 起遽從之, 無所見矣. 嘗怪之. 及就試粉闈, 詩題乃〈湘靈鼓瑟〉起綴就, 卽以鬼謠十字爲落句, 主文李暐深嘉美擊節, 吟味久之, 曰:「是必有神祖之耳.」遂擢置高第. 釋褐授校書郞. 嘗採箭竹, 奉使入蜀. 除考功郞中. 大曆中, 爲太淸宮使‧翰林學士. 起詩體製新奇, 理致淸瞻, 芟宋‧齊之浮游, 削梁‧陳之嫚靡, 迥然獨立也. 王右丞許以高格, 與郞士元齊名. 士林語曰:「前有沈‧宋, 後有錢‧郞」集十卷, 今傳.

019

〈江行望匡廬〉 ·· 錢起

강을 따라 여행하며 광려산을 바라보다

지척의 거리건만 비바람이 가로막아,
광려산을 오를 수가 없구나.
다만 저 운무가 둘러싸인 동굴에는
육조시대 고승들이 지금도 살고 있을지.

咫尺愁風雨, 匡廬不可登.　　지척수풍우, 광려불가등.

祇疑雲霧窟, 猶有六朝僧.　　지의운무굴, 유유륙조승.

【匡廬】산 이름으로 고대 周나라 때 匡裕라는 자가 이 산에 은거하였으며
廬山, 혹은 匡山으로도 불린다. 지금의 江西 九江縣 남쪽에 있으며 남조
宋 釋慧遠의 《廬山記略》에 "有匡裕先生者, 出自殷周之際, 遁世隱時, 潛居
其下. 或云裕受道於仙人, 共遊此山, 遂託室崖岫, 卽巖成館; 故時人謂其所止
爲神仙之廬, 因以名山焉"이라 하였다. 그 산의 북쪽은 長江에 임하였고
동남쪽은 鄱陽湖이며 90여 개의 봉우리가 연접하여 천하 명산으로 알려져,
많은 고승들의 수행처로도 유명하다. 그러나 王相의 주에는 '屈谷先生'의
고사라 하였다.
【咫尺】아주 짧은 거리. 간격.
【愁】내 마음대로 할 수 없도록 함.
【祇】'只', '但'과 같음.

【雲霧窟】운무가 둘러싸인 동굴. '雲'자는《전당시》주에는 "一作香"이라 함.
【六朝】삼국 東吳, 東晉, 宋, 齊, 梁, 陳의 여섯 나라가 계속하여 建康(지금의 南京)에 도읍을 정하여 육조라 함.

原註(王相)

　　廬山, 一名匡廬.

　　周有屈谷先生, 結廬于其後成仙, 故名.

　　○廬山在九江府最高. 江行千里, 內皆見之. 六朝, 吳晉宋齊梁陳也. 多有高僧止息於此. 起欲登山, 致風雨所阻, 而不能上. 舟中高望, 但雲霧迷漫而已. 意此雲霧之中, 必多人宿恐六朝之高僧或有存焉者耳.

참고 및 관련 자료

1. 제목〈江行望匡廬〉는《全唐詩》(239)의 錢起 시에〈江行無題一百首〉라 하였고, 그 주에 "一作錢翊詩"라 하였다. 전후(錢翊)는 전기의 증손이며 乾寧 5년에 진사에 오른 인물이다. 이 시의 韻脚은 '登·僧'이다.

2. 전기(錢起) : 앞장 018 참조.

020

〈答李瀚〉 ·· 韋應物

이한에게 보내는 답장

은거생활에 《주역》 보기를 다 마치고,
다시 냇가로 나와 한가롭게 갈매기와 상대하여 노닌다오.
그대 벼슬하던 초나라 땅엔 시에 뛰어난 자도 많았으니,
그들 중 누구의 시풍을 제일 좋아하셨는지?

林中觀易罷, 溪上對鷗閑.　　림중관역파, 계상대구한.
楚俗饒詞客, 何人最往還?　　초속요사객, 하인최왕환?

【李瀚】위응물의 친구. 구체적인 사적은 알 수 없음.
【林中】숲 속. 여기서는 자연에 은거하고 있음을 말함.
【易】《周易》. 13經을 하나. 儒家의 경서이며 魏晉 玄學에서 三賢(周易, 老子, 莊子)의 하나였음.
【罷】모두 마침. 쉼, 끝냄.
【鷗】갈매기.
【楚】춘추전국 시대 나라 이름. 춘추오패의 초 장왕을 배출하였고 전국 칠웅의 하나였음. 지금의 호남, 호북, 안휘, 강소, 절강 등 남쪽을 차지했던 대국임.
【詞客】시인의 다른 말. 여기서는 남쪽 楚나라는 楚辭에 뛰어났던 屈原, 宋玉, 景差 등이 있어 이를 비유하여 이른 말.

【往還】교왕이 매우 밀접함. 여기서는 옛 시인들 중 누구의 시풍을 좋아하는지에 대하여 물은 표현임.

饒, 多也; 詞客, 才人也.

○瀚, 韋之友也. 仕楚而歸, 以詩贈韋. 韋答之以詩曰:「子問吾近狀乎? 惟林中讀周易, 池上對白鷗而已. 子自楚來, 楚中多才, 如屈原·宋玉者. 今亦不乏, 子與何人往來酬侶, 而最爲得意者乎?」

○韋應物, 京兆人. 仕至蘇州刺史, 中唐.

참고 및 관련 자료

1. 위응물이 친구 이한에게 보낸 답시로 앞 두 구절은 자신의 근황을 설명한 것이며, 뒤 두 구절은 초 땅에서 벼슬하다가 돌아온 친구에게 그곳 옛 시인의 작품에 얼마나 흠뻑 젖었던가를 질문한 것이다. 이 시의 韻脚은 '聞·還'이다.

2. 위응물(韋應物. 737~830)

唐代 시인. 京兆 長安 사람으로 唐 玄宗 開元 25년에 태어나 文宗 太和 4년경에 죽었으며 향년 90세. 어릴 때 三衛郞으로써 현종을 섬겨 뒤에 江州, 蘇州刺史 등을 역임하여 그 때문에 '韋江州', 혹 '韋蘇州'라 불린다. 성격이 고결하고 한정하여 매번 지방에 들를 때면 반드시 향을 피워 주위를 깨끗이 한 다음 자리에 앉을 정도였다 한다. 그의 시 역시 閒淡 간결하며 전원 풍물을 묘사하는데 뛰어났으며 이에 陶淵明과 유사하다고 여겨 흔히 '陶韋'라 불리기도 하였다. 《韋江州集》 10권이 있으며 《全唐詩》에 그 전체가 수록되어 있다.

3. 《唐才子傳》(4) 韋應物

應物, 京兆人也. 尙俠, 初以三衛郞事玄宗, 及崩, 始悔, 折節讀書. 爲性高潔, 鮮食寡欲, 所居必焚香掃地而坐, 冥心象外. 天寶時, 扈從遊幸. 永泰中, 任洛陽丞, 遷京兆府功曹. 大曆十四年, 自鄠縣令制除櫟陽, 令以疾辭歸, 寓善福寺精舍. 建中二年, 由前資除比部員外郞, 出爲滁州刺史. 居頃之, 改江州刺史, 追赴闕, 改左司郞中. 或媢其進, 媒孼之. 貞元初, 又出爲蘇州刺史. 太和中, 以太

僕少卿兼御史中丞, 爲諸道鹽鐵轉運江淮留后. 罷居永定, 齋心屛除人事. 初,
公豪縱不羈, 晚歲逢楊開府, 贈詩言事曰:「少事武皇帝, 無賴恃恩私. 身作里中橫,
家藏亡命兒. 朝持樗蒲局, 暮竊東隣姬. 司隷不敢捕, 立在白玉墀. 驪山風雪夜,
長楊羽獵時. 一字都不識, 飮酒肆頑癡. 武皇升仙去, 憔悴被人欺. 讀書事已晚,
把筆學題詩. 兩府始收蹟, 南宮謬見推. 非才果不容, 出守撫媬嫠. 忽逢楊開府,
論舊涕俱垂. 坐客何由識, 唯有故人知」足見古人眞率之妙也.

021

〈秋風引〉 ·································· 劉禹錫

가을 바람

가을 바람은 어디에서 불어오는 것일까?
쓸쓸한 그 바람 기러기 떼를 보내주네.
이른 새벽에 뜰 앞의 나무에 불어오는 이 바람이야,
이 고독한 나그네 내가 제일 먼저 듣고 있겠지.

何處秋風至? 蕭蕭送雁羣.　　하처추풍지? 소소송안군.
朝來入庭樹, 孤客最先聞.　　조래입정수, 고객최선문.

【蕭蕭】 가을 바람이 소슬함을 표현한 것.
【雁】 기러기.
【孤客】 외로운 나그네.
【最先聞】 시인이 밤새 잠을 이루지 못하고 새벽에 부는 가을 바람소리는
　자신이 제일 먼저 듣고 있을 것이라 여긴 것.

原註(王相)

夢得客邸傷秋之詩也. 言風秋何來乎? 但見逐群雁而南飛, 則知西北凄凉之
風也. 朝來颯颯而吹庭樹, 人皆聞之. 惟孤客不寐, 方其中宵, 透簾幃而響林樹,

則吾已聞之久矣.

○禹錫, 字夢得, 中山人. 貞元進士, 仕至太子賓客. 中唐.

참고 및 관련 자료

1. '引'은 樂府詩에서 문체 한 종류이다. 《文體明辨》(2)에 "述事本末, 先後有序, 以抽其臆者曰引"이라 하였다. 한편 이 '引'은 '操'와 함께 琴曲임을 말하는 것이라고도 한다. 이 시의 韻脚은 '羣·聞'이다.

2. 유우석(劉禹錫. 772~842)

唐代 시인. 자는 夢得, 彭城(지금의 江蘇 銅山). 唐 代宗 大曆 7년에 태어나 武宗 會昌 2년에 죽었으며 향년 71세. 貞元 때 진사에 올라 博學宏辭科에 등제하여 監察御史를 역임하였다. 당시 권력자 王叔文에 의해 궁중으로 불려 들어갔으나 그가 권력에 밀리자 유우석도 朗州(湖南 常德)司馬로 폄직되었다. 그가 朗州에 10여 년 머무르는 동안 그곳의 民歌를 改詞하여 많은 가사를 짓기도 하였다. 元和 10년 죄에서 풀려 서울로 돌아왔으나 다시 죄에 얽혀

〈裴度〉《三才圖會》

連州(廣東 連縣), 夔州, 和州刺史로 돌아다녔다. 뒤에 裴度의 강력한 추천으로 禮部郎中, 集賢直學士에 올랐다. 그러나 배도가 재상 직에서 파면되자 다시 蘇州, 汝州, 同州刺史로 밀려났다가 太子賓客分司로 천거되어 그 때문에 그를 '劉賓客'이라 부른다. 武宗 會昌 연간에 檢校禮部尙書가 되었다.

그의 시는 통속적이면서 청신하며 민간 가요의 특색을 가미하고 있다. 특히 기주에 있을 때 巴渝 일대 민가의 영향을 받아 민초들의 생활상을 묘사하는 데 뛰어나게 되었다. 白居易와 함께 中唐 때 제창되었던 '元和體'의 주요 시인이기도 하다. 그의 〈竹枝詞〉와 〈楊柳枝〉는 이 민가의 시풍을 그대로 보여주는 것이다. 《劉夢得文集》30권이 있으며 《全唐詩》에 시 12권이 수록되어 있다. 《신·구당서》에 전이 있다.

3. 《唐才子傳》(5) 劉禹錫

禹錫, 字夢得, 中山人. 貞元九年進士, 又中博學宏詞科. 工文章. 時王叔文得幸, 禹錫與之交, 嘗稱其有宰相器. 朝廷大議, 多引禹錫及柳宗元與議禁中. 判度支·

鹽鐵案, 憑藉其勢, 多中傷人. 御史竇羣劾云:「狹邪亂政」, 卽日罷. 憲宗立,
叔文敗, 斥朗州司馬. 州接夜郎, 俗信巫鬼, 每祀, 歌〈竹枝〉, 鼓吹俄延, 其聲傖儜.
禹錫謂屈原居沅·湘間作〈九歌〉, 使楚人以迎送神, 乃倚聲作〈竹枝辭〉十篇,
武陵人悉歌之. 始坐叔文貶者, 雖赦不原. 宰相哀其才且困, 將澡濯用之, 乃詔悉
補遠州刺史, 諫官奏罷之. 時久落魄, 鬱鬱不自抑, 其吐辭多諷託遠意, 感權臣,
而憾不釋. 久之, 召還, 欲任南省郎, 而作〈玄都觀看花君子〉詩, 語譏忿, 當路
不喜, 又謫守播州. 中丞裴度言:「播猿狄所宅, 且其母年八十餘, 與子死決, 恐傷
陛下孝治, 請稍内遷.」乃易連州, 又徙夔州. 後由和州刺史, 入爲主客郎中.
至京後, 遊玄都詠詩, 且言:「始謫十年還輦下, 道士種桃, 其盛若霞; 又十四年
而來, 無復一存, 唯兔葵燕麥動搖春風耳.」權近聞者, 益薄其行. 裴度薦爲翰
林學士, 俄分司東都, 遷太子賓客. 會昌時, 加檢校禮部尙書, 卒. 公恃才而放,
心不能平, 行年益晏, 偓蹇寡合, 乃以文章自適. 善詩, 精絶, 與白居易酬唱頗多.
嘗推爲「詩豪」, 曰:「劉君詩, 在處有神物護持」有集四十卷, 今傳.

022

〈秋夜寄丘員外〉 ························· 韋應物
가을밤 구원외랑에게

그대를 그리워하는 이 가을 밤,
산보를 나서 서늘한 날씨를 읊조리네.
산은 적막하고 잣은 떨어지니,
그대 생각에 잠은 이룰 수 없을 것 같네.

懷君屬秋夜, 散步詠涼天.　　회군속추야, 산보영량천.
山空松子落, 幽人應未眠.　　산공송자락, 유인응미면.

【丘員外】 丘丹을 가리킴. 丘爲의 아우이며 蘇州 嘉興 사람. 排行이 22번째
여서 丘二十二로 불림. 諸暨令, 檢校尙書戶部員外郎을 역임하였으며 당시
臨平山에 은거하고 있었음. 王相의 주에 "懷丘爲以作也"라 하여 丘爲로
보았으나 이는 오류임.
【屬】 부사로 '마침'의 뜻.
【詠】 '咏'과 같음. 노래함. 시를 읊음.
【松子】 松實, 잣.
【幽人】 은자. 은사. 여기서는 구단을 가리킴.

幽人, 高曠幽隱之人.

○懷丘爲而作也. 言秋夜懷故人, 卽枕因散步吟詠於涼天夜月之下, 秋山
空寂·松子飄落于滿徑, 想此夜景凄淸而我所懷之幽人, 當此時亦未安眠也.

참고 및 관련 자료

1. 제목〈秋夜寄丘員外〉는《全唐詩》(188)와《韋江州集》(3)에 모두〈秋夜寄丘
二十二員外〉로 되어 있다. 이 시의 韻脚은 '天·眠'이다.
2. 위응물(韋應物) 020 참조.

〈人物交談圖〉(彩畫磚) 漢

023

〈秋日〉 ·· 耿湋
가을에

석양빛이 마을 골목으로 파고드네.
쓸쓸한 이 마음 누구에게 털어놓을 수 있을까?
낯익은 길이건만 오가는 이도 적고,
가을 바람은 벼와 기장만 흔들고 있네.

返照入閭巷, 憂來誰共語?　　반조입려항, 우래수공어?
古道少人行, 秋風動禾黍.　　고도소인행, 추풍동화서.

【返照】 석양이 다른 물체나 산에 비추어 비스듬히 다시 되비침을 말함.
【閭巷】 골목. 마을. 고대 25家를 1閭라 하였음.
【古道】 오래된 길, 낯익은 길.
【禾黍】 벼와 기장. 가을에 초록빛을 잃고 익어 가는 작물을 말함.

> **原註(王相)**

　　山居寂寞之作也. 言夕陽返照於門巷之中, 則此日已暮, 憂從中來, 不可解結,
不可相與共話, 而暫爲消釋哉! 匪惟無人共話而夕陽古道之中, 且無行人焉.
惟有西風蕭颯吹動田間之禾黍而已.
　　○耿湋, 河東人, 大歷中爲左拾遺, 盛唐.

1. 가을의 쓸쓸함을 표현한 시이다. 韻脚은 '語·黍'이다.

2. 경위(耿湋)

唐代 시인. 생졸 연대는 미상. 자는 洪源, 唐 河東(지금의 山西 永濟) 사람으로 寶應 2년(763)에 진사에 올라 左拾遺를 역임하였다. 그는 음률에 뛰어나 개인의 감정을 조탁하는데 뛰어났었다. 당시 錢起, 盧綸 등과 이름을 날렸으며 '大曆十才子' 중의 하나이다. 《全唐詩》에 시 2권이 수록되어 있다.

3. 《唐才子傳》(4) 耿湋

湋, 河東人也. 寶應二年, 洪源榜進士. 與古之奇爲莫逆之交. 初爲大理司法, 充括圖書使來江淮, 窮山水之勝. 仕終左拾遺. 詩才俊爽, 意思不群. 似湋等輩, 不可多得. 詩集二卷, 今傳.

024

〈秋日湖上〉 ·· 薛瑩

가을 호숫가에서

해질 무렵 오호에서 노니노니,
연무 자욱한 수면 가는 곳마다 수심일세!
흥망성쇠의 옛 오나라 월나라 일들이여,
누구와 더불어 저 동쪽으로 무심히 흐르는 강물에 물어볼거나?

落日五湖遊, 煙波處處愁!　　락일오호유, 연파처처수!

浮沉千古事, 誰與問東流?　　부침천고사, 수여문동류?

【落日】 석양. 지는 해.

【五湖】 지금 江蘇 吳縣에 있는 太湖 및 그 부근의 네 개 호수. 滆湖, 洮湖,
射湖, 貴湖 등. 옛날 越나라 대부 范蠡가 吳나라를 멸한 뒤 이 호수에
배를 띄워 멀리 사라졌음. 王相 주에 "蘇州太湖, 一名五湖, 又名震澤, 又名
雷溪"라 함.

【烟波】 煙波로도 표기하며 운무가 자욱한 호수 수면.

【浮沈】 인간사의 흥망성쇠를 비유함.

【千古事】 과거 춘추시대 오월 항쟁의 역사를 말함.

【東流】 중국의 강은 거의 서쪽에서 동쪽으로 흐름. 여기서는 무심한 강물만
아무런 말도 없이 흘러감을 말함.

蘇州太湖, 一名五湖, 又名震澤, 又名雷溪.

○此湖上懷古之作也. 言泛遊于五湖之上, 日落而煙生, 風起而波動, 則遊
人之愁緒興也. 況日落而此日已逝, 秋聲而此歲將盡. 吳王越霸, 五湖千古之事,
已爲陳迹而不可問, 已付于東流之水矣. 又何言哉!

○瑩, 晚唐人.

참고 및 관련 자료

1. 소주 태호 가에서 과거 吳越의 치열했던 역사를 회고하며 읊은 시이다.
韻脚은 '愁·流'이다.

2. 설영(薛瑩)

唐代 시인. 文宗(827~840) 때 인물로 생몰 연대는 미상. 《洞庭詩集》 1권
이 있으며 《全唐詩》에 시 11수가 수록되어 있다.

3. 《唐才子傳》(7) 喩鳧(附, 薛瑩)

鳧, 毗陵人. 開成五年, 李從實榜進士, 仕爲烏程縣令. 有詩名, 晚歲變雅, 鳧亦
風靡, 專工小巧, 高古之氣掃地, 所畏者務陳言之是去耳. 後來才子, 皆稱
「喩先輩」, 向慕之情足見也. 同時薛瑩亦工詩. 鳧詩一卷, 瑩詩《洞庭集》一卷,
今竝傳.

025

〈宮中題〉 ·· 文宗皇帝

궁중에서

임금의 수레 다니던 길 가을풀이 났구나.
상림에는 꽃들 가지마다 가득하네.
높은 곳에 올라보나 어찌 내 생각 끝이 있을까.
나를 따르는 시신들은 이 내 마음 모르리라.

輦路生秋草, 上林花滿枝.　　연로생추초, 상림화만지.

憑高何限意, 無復侍臣知.　　빙고하한의, 무부시신지.

【輦路】제왕이 수레를 타고 다닐 수 있는 어도. 연은 인력으로 움직이는 임금
전용의 수레.
【上林】秦나라 舊苑이었으나 漢 武帝가 확충하여 원유로 삼은 곳. 지금의
陝西 長安 서쪽에 있음.
【滿枝】일부 판본에는 '發時'로 되어 있음.
【憑高】높은 곳에 올라감.
【侍臣】임금의 근신. 총신.

┌─────────┐
│ 原註(王相) │
└─────────┘

輦路, 宮中御道也.

○天子受制於權臣有感而作也. 無心游賞御駕久稀, 則輦路草生矣. 春草未除,
秋草又生; 春花久落, 秋花又開, 而上林之游宴, 亦久不臨賞矣. 此無限之關心,
雖近侍之臣, 亦不得而知之矣.

○帝諱桓, 憲宗之子, 在位十四年.

 참고 및 관련 자료

1. 唐 文宗皇帝(李昻)가 옛 궁궐을 거닐며 역사의 무상함과 자신의 의지대로
되지 않는 政事를 읊은 것이다. 韻脚은 '枝·知'이다.
2. 문종황제(文宗皇帝. 李昻. 809~840)
唐 穆宗의 둘째 아들로 憲宗 元和 4년에 태어나 文宗 開成 5년에 죽었다. 향년
32세. 재위 14년(827~840)이었으며 매우 검소하였고 문장에 관심을 보였다.
늘 "若不甲夜視事, 乙夜觀書, 何以爲人君?"이라 할 정도의 독서광이었다. 甘露
之變을 발동하여 환관과 당벌을 제거하고 중앙집권을 이루겠다고 하였다가
뒤에 도리어 환관 仇士良 등에 의해 연금을 당한 채 죽고 말았다.《舊唐書》
文宗紀가 있으며 오언시에 뛰어나《전당시》에 시 7수가 수록되어 있으며,
이 시의 注에 "太和九年(835), 李訓·鄭注敗後, 仇士良愈事恣. 上登臨遊幸,
未嘗爲樂, 或瞪目獨語, 左右莫敢進問, 因賦此詩"라 하였다.

026

〈尋隱者不遇〉 ··· 賈島

은자를 찾아갔으나 만나지 못함

소나무 아래에서 동자에게 물었더니,
대답이 스승님 약 캐러 가셨습니다.
다만 이 산 속에 있을 것이나,
구름이 깊어 그곳을 알 수 없습니다 하더라.

松下問童子, 言師採藥去.   송하문동자, 언사채약거.
只在此山中, 雲深不知處.   지재차산중, 운심부지처.

【童子】 은사를 모시고 시중드는 어린 아이.
【言】 그 아래는 모두 동자가 대답한 내용임.
【只】 '다만, 틀림없이'의 뜻.

原註(王相)

　　訪友不遇自爲問答之辭也. 言我訪隱者, 値其他出, 因步之松下而問其童子焉.
童子言:「我師出門採藥」問其何處? 言:「只在此山, 白雲深處而不知其所在也」.
則幽人高隱之意, 自在其中矣.
　　○賈島, 字閬仙, 范陽人, 仕終長江尉, 晚唐.

1. 隱者를 찾아갔다가 만나지 못하고 겪은 일을 그림처럼 아름답게 표현한 시로 널리 절창되고 있다. 《全唐詩》에는 이 시의 주에 "一作孫革〈訪羊尊師〉詩"라 하였다. 시의 韻脚은 '去·處'이다.

2. 가도(賈島. 779~843)

唐代 시인. 자는 낭선(閬仙), 혹은 浪仙으로 范陽(지금의 河北 涿縣) 사람으로 代宗 大曆 14년에 태어나 武宗 會昌 3년에 죽었다. 향년 65세. 젊어 여러 번 과거에 실패하여 빈곤을 겪자 머리를 깎고 승려가 되어 법명을 '無本'이라 하였다. 뒤에 韓愈의 권고로 환속하여 시문을 배우게 되었다. 50이 넘어 登第하였으나 비방을 받아 遂州長江主簿를 역임하여 그를 '賈長江'이라 불렀다. 普州司倉參軍을 배수 받았으나 부임하기 전에 죽고 말았으며 그가 죽은 뒤에 집에는 어떤 재물도 없으며 병든 노새 한 마리와 부서진 거문고 하나뿐이었다고 한다. 그의 시는 적막한 경지를 잘 묘사하였으며 오언율시에 뛰어났다. 그와 교류한 孟郊와 함께 中唐 苦吟詩人으로 알려졌으며 한유는 이들을 두고 "孟郊死葬北邙山, 日月風雲頓覺閑. 恐天文章渾斷絶, 再生

〈賈島〉《三才圖會》

賈島在人間"이라 읊기도 하였다. 蘇軾은 그 두 사람의 시풍을 두고 "郊寒島瘦"라 평하였다. 《長江集》10권이 있으며 《전당시》에 시 4권이 수록되어 있다.

3. 《唐才子傳》(5) 賈嶋

嶋, 字閬仙, 范陽人也. 初, 連敗文場, 囊篋空甚, 遂爲浮屠, 名無本. 來東都, 旋往京, 居靑龍寺. 時禁僧午後不得出, 爲詩自傷. 元和中, 元·白變尙輕淺, 嶋獨接格入僻, 以矯浮艶. 當冥搜之際, 前有王公貴人皆不覺, 游心萬仞, 慮入無窮. 自稱「碣石山人」. 嘗歎曰:「知余素心者, 惟終南紫閣·白閣諸峰隱者耳」. 嵩邱有草廬, 欲歸未得, 逗留長安. 雖行坐寢食, 苦吟不輟. 嘗跨蹇驢張蓋, 橫截天衢. 時秋風正厲, 黃葉可掃, 遂吟曰:「落葉滿長安」. 方思屬聯, 杳不可得, 忽以「秋風吹渭水」爲對, 喜不自勝. 因唐突大京兆劉栖楚, 被繫一夕, 旦釋之. 後復乘閒策蹇訪李凝幽居, 得句云:「鳥宿池中樹, 僧推月下門」. 又欲作「僧敲」, 煉之未定, 吟哦, 引手作推敲之勢, 傍觀亦訝. 時韓退之尹京兆, 車騎方出, 不覺衝至第三節, 左右擁到馬前, 嶋具實對, 未定「推」·「敲」, 神遊象外, 不知廻避. 韓駐久之,

曰:「敲字佳.」遂竝轡歸. 其論詩道, 結爲布衣交, 遂授以文法. 去浮屠, 舉進士.
愈贈詩云:「孟郊死葬北邙山, 日月風雲頓覺閒. 天恐文章渾斷絕, 再生賈嶋
在人間.」自此名著. 時新及第, 寓居法乾無可精舍, 姚合·王建·張籍·雍陶,
皆琴樽之好. 一日, 宣宗微行至寺, 聞鐘樓上有吟聲, 遂登, 於嶋案上取卷覽之,
嶋不識, 因作色, 攘臂睨而奪取之曰:「郎君鮮醲自足, 何會此耶?」帝下樓去.
旣而覺之, 大恐, 伏闕待罪, 上訝之. 他日, 有中旨令與一淸官謫去者, 乃授遂
州長江主簿, 後稍遷晉州司倉. 臨死之日, 家無一錢, 惟病驢·古琴而已. 當時
誰不愛其才而惜其命薄! 嶋貌淸意雅, 談玄抱佛, 所交悉塵外之人. 況味蕭條,
生計岨峿. 自題曰:「二句三年得, 一吟雙淚流. 知音如不賞, 歸臥故山秋.」每至
除夕, 必取一歲所作置几上, 焚香再拜, 酹酒祝曰:「此吾終年苦心也.」痛飲長
謠而罷. 今集十卷, 并《詩格》一卷, 傳於世.

027

〈汾上驚秋〉 ·· 蘇頲

분수 가에서 가을이 왔음을 보고 놀람

북풍이 흰 구름을 불고 와서는
만리 먼 하분河汾을 건너가네.
이내 심사 이 가을 요락함을 만나니,
이 쓸쓸한 가을 소리 견뎌낼 수 없구나.

北風吹白雲, 萬里渡河汾.　　　북풍취백운, 만리도하분.

心緒逢搖落, 秋聲不可聞.　　　심서봉요락, 추성불가문.

【驚秋】 가을이 왔음을 알고 놀람.

【河汾】 하수와 분수. 모두 山西 남부에 汾水와 河水가 합치는 곳. 漢나라와
　唐나라 때 이곳을 河東郡이라 불렀음.

【搖落】 나무와 풀이 시들어 조락한 모습을 표현함.〈楚辭〉宋玉 九辯에
　"悲哉, 秋之爲氣也; 蕭瑟兮, 草木搖落而變衰"라 함.

【秋聲】 가을 바람이 나무를 흔들며 내는 소리.

【不可聞】 가을 바람 소리를 견뎌낼 수 없을 정도로 가슴이 저밈.

> **原註(王相)**

　許公奉使渡汾河而驚秋之作也. 汾上去東都未甚遠, 而言萬里者, 將有萬里之行也. 客方有萬里之行, 何堪北風早至, 雲物凄凉, 木葉飄搖, 秋聲悲壯, 則前途遙遠, 愈入寒凉之地, 長途之苦, 何勝惜哉!

○頲, 字梃碩, 相玄宗封許公. 初唐.

참고 및 관련 자료

1. 먼 길을 가다가 汾水 가에서 가을을 맞아 쓸쓸한 심사를 읊은 것이다. 그러나 開元 11년(723) 2월 唐 玄宗이 옛날 漢 武帝의 고사를 답습하여 분음에 이르러 后土에게 제사를 올리고 그곳 지명을 寶鼎縣으로 고쳤으며 이때 소정은 禮部尚書로써 이곳에 참가하여 〈祭汾陰樂章〉 시를 바친 것으로 《全唐詩》(79)에 기록되어 있어 이때의 시가 아닌가 한다. 韻脚은 '汾·聞'이다.

2. 소정(蘇頲. 670~727)

唐代 시인. 자는 廷碩. 京兆 武功(지금의 陝西) 사람을 唐 高宗 咸亨 원년에 태어나 玄宗 開元 15년에 죽었다. 향년 58세. 蘇瓌의 아들이며 어릴 때부터 총명하여 武則天 때 진사에 올랐다. 현종 先天 원년(712)에 許國公에 봉해졌으며 開元 4년(716)에 中書侍郞으로써 재상이 되어 宋璟과 함께 국정에 참여하였다. 당시 국가 문장을 관장하여 燕國公 장열(張說)과 이름을 날려 '燕許大手筆'이라는 칭호를 들었다. 현종이 특별히 그의 詔令의 부본을 만들어 이를 궁중에서 감상하기도 하였다 한다. 개원 8년 禮部尚書가 되었으며 그 뒤 益州大都督府長史로 쫓겨났다가 다시 귀환하였다. 그가 죽는 날 현종이 애도하여 조회를 하지 않았으며 장례일에는 사냥을 철회하기도 하였다. 원래 문집이 있었으나 실전되었고 지금은 후인이 집록한 《蘇廷碩集》 30권이 있다. 《전당시》에 시 2권이 수록되어 있고 《신·구당서》에 전이 있다.

028
〈蜀道後期〉 ·· 張說
촉도에 늦게 도착함

나그네 이 마음 일월과 다투네.
오고 가는 시간 미리 예정하였더니,
추풍은 기다릴 수 없노라고,
나보다 먼저 낙양에 닿겠네.

客心爭日月, 來往預期程.　　객심쟁일월, 래왕예기정.
秋風不相待, 先至洛陽城.　　추풍불상대, 선지락양성.

【蜀道】陝西에서 四川 成都로 들어가는 길. 산이 많고 도로가 험준하여
　李白의 〈蜀道難〉에 "蜀道之難難於上靑天"이라 할 정도임.
【後期】기약한 시간에 늦음. 늦게 도착함.
【爭日月】해와 달의 가는 시간과 다툼. 시간이 촉급함을 말함. 시간을 다툼.
【預期程】미리 예상한 여행 시간과 일정.
【不相待】기다려 주지 않음.

> 原註(王相)

　說音悅.
　燕公與友自蜀而歸, 間道相期同入東都, 公有事失期, 而此人先歸, 故贈以詩也. 言爲客之歸欲早, 雖先歸, 一日亦以爲快. 是以與子訂期携手, 同入於洛. 不意秋風趁子之便, 不待我而已, 先入洛則我之後期可知也.

○張說, 字道濟, 洛陽人, 相玄宗. 與蘇頲俱有文名, 掌朝文名, 掌朝廷制誥. 著作人稱燕許大手筆.

---

1. 이 시는 시인에 蜀郡(成都)에서 洛陽으로 돌아오는 길에 친구와 촉도 입구에서 만나 함께 여름 끝에 낙양에 도착하리라 여겼던 것을 자신만이 늦게 도착하였고 아울러 촉도의 험난함으로 인해 자꾸 일정이 지연되자, 이를 안타깝게 여겨 시로 읊은 것이다. 韻脚은 '程·城'이다.

2. 장열(張說. 667~730)
唐代 시인. 자는 道濟, 일설에는 說之라고도 함. '장설'로도 읽음. 河南 洛陽人으로 당 高宗 乾封 2년에 태어나 玄宗 開元 18년에 죽었다. 향년 64세. 武則天 때 對策에 응하여 일등을 하였으며 武后, 中宗, 睿宗, 玄宗 4조를 섬겼다. 中書令을 거쳐 燕國公에 봉해졌으며 소정과 함께 이름을 날렸다. 응제시가 많다. 개원 초 姚崇의 계략에 빠져 岳陽으로 귀양을 갔으며 그곳에서 지은 시들이 비교적 특색이 있다. 《張燕公集》25권이 있으며 《전당시》에 시 5권이 수록되어 있고, 《신·구당서》에 전이 있다.

3. 《唐才子傳》(1) 張說
說, 字道濟, 洛陽人. 垂拱四年, 擧學綜古今科, 中第三等, 考策日封進, 授太子校書. 令曰: 「張說文思清新, 藝能優洽. 金門對策, 已居高科之首; 銀榜勝劭官, 宜申一命之秩.」 後累遷鳳閣舍人. 睿宗時, 兵部侍郎·同平章事. 開元十八年, 終左丞相·燕國公. 說敦氣節, 重然諾. 爲文精壯, 長於碑誌. 朝廷大述作, 多出其手. 詩法特妙, 晩謫岳陽, 詩益悽婉, 人謂得江山之助. 今有集三十卷, 行於世. 子均, 開元四年進士, 亦以詩鳴.

029

〈靜夜思〉 ··· 李白

고요한 밤 고향 생각

침상 아래 밝은 달빛,
땅에 서리가 내렸나 의심하였네.
고개 들어 밝은 달 쳐다보다가,
고개 숙여 고향 생각 간절히 하네!

牀前明月光, 疑是地上霜.　　상전명월광, 의시지상상.
擧頭望明月, 低頭思故鄕!　　거두망명월, 저두사고향!

【靜夜思】 원래 樂府의 相和歌 楚調曲의 옛 제목. 처음 謝朓가 이 제목으로
시를 지었으며 이태백이 의작한 것임.《唐詩三百首》에는 〈夜思〉로 되어 있음.
【牀】 寢牀. 寢臺. 床자와 같음.

> ### 原註(王相)
>
> 樂府題.
> 　此見月思鄕之作也. 言將寢之時, 明月入窗照我牀頭, 其白如霜, 而牀前安
> 得有霜? 擧頭而觀則明月正當空也. 因月而疑霜, 因霜而思, 寒月冷霜則低頭
> 徘徊, 致動我故鄕之思.

이백〈靜夜思〉如初 金膺顯(현대)

1. 이 시는 《分類補注李太白詩》(6) 樂府와 《樂府詩集》(90) 新樂府辭, 그리고 《全唐詩》(165)에는 모두 "牀前看月光, 疑是地上雪. 擧頭望山月, 低頭思故鄕"으로 되어 글자가 약간씩 차이가 있다. 韻脚은 '霜·鄕'이다.

2. 이백(李白) 005 참조.

030
〈秋浦歌〉 ··· 李白
　추포의 노래

흰머리 삼천 발,
근심을 벗어나려 이렇게 자랐겠지!
모르리라, 이렇게 밝은 거울 속에,
어디에서 이런 가을 서리가 나타났는고?

白髮三千丈, 離愁似箇長!　　백발삼천장, 리수사개장!

不知明鏡裏, 何處得秋霜?　　부지명경리, 하처득추상?

【秋浦歌】 모두 17수이며 이는 그 중 15번째 시임.
【秋浦】 지명. 이백의 유배지. 唐대 은과 구리가 생산되던 곳으로 지금의 安徽
　貴池縣.
【三千丈】 삼천 길이. 이백 시의 대표적인 과장법임.
【離愁】 '離'자는 《分類補注李太白詩》(8)와 《全唐詩》(167)에 모두 '緣'으로 되어 있
　어 뜻이 다름.
【箇】 '個'와 같으며 여기서는 '此'의 뜻.
【明鏡】 밝은 거울. 이백의 〈將進酒辭〉에 "君不見高堂明鏡悲白髮, 朝如靑絲
　暮成雪"이라 함.
【秋霜】 가을 서리, 무정함 등을 표현함.

이백 〈襄陽歌〉 청자. 如初 金膺顯(현대)

原註(王相)

太白池寓池陽有感而作也. 言吾髮因愁而白, 若以莖計之, 應有三千餘丈, 而離人之愁思, 又此白髮猶長也, 而吾初時覽鏡, 髮未白也. 不知日照日生日白日夕, 如秋霜肅而草木黃落也. 然而明鏡之中, 安得有秋霜哉! 亦愁之所使也.

참고 및 관련 자료

1. 이 시는 이백이 天寶 12년(753, 53세)에 추포로 유배되어 세월의 흐름을 안타깝게 여겨 그 감회를 읊은 것이다. '白髮三千丈'은 이백 특유의 과장법으로 널리 인용되고 있다. 韻脚은 '長·霜'이다.

2. 이백(李白) 005 참조.

031

〈贈喬侍郎〉 ······························· 陳子昻

교시랑에게

한나라 조정에서는 교묘한 술수를 쓰는 벼슬아치를 높이 여겨
운각에서 그린 초상도 변방에서 공을 세운 자는 경시하였지.
아깝도다, 총마사 환전이여,
백발이 되도록 누구를 위하여 그토록 웅지를 펴 보였나?

漢廷榮巧宦, 雲閣薄邊功.   한정영교환, 운각박변공.
可憐驄馬使, 白首爲誰雄?   가련총마사, 백수위수웅?

【喬侍郎】 진자앙의 친구 喬知之. 진자앙과 함께 西北 변새에 출정한 적이
  있음.
【漢廷】 한나라 조정. 여기서는 당시 당나라 조정을 빗댄 것임.
【巧宦】 교묘한 재능으로 벼슬하는 자.
【雲閣】 雲臺. 동한 때 洛陽 南宮에 있던 건물 이름. 東漢 明帝 永平연간
  (58~75년 사이)에 동한을 일으킨 중흥 공신 鄧禹, 馬成 등 28명의 장군
  초상을 그려서 붙여 그 덕을 칭송함.
【薄】 경박하다 여김. 경시함. '榮'에 상대하여 표현한 것임.
【邊功】 변방에서 직접 전장에 고통을 겪으며 세운 공.
【驄馬使】 後漢 때 侍御使를 지낸 桓典을 가리킴. 당시 환관이 정권을 농락

하고 있었으나 환전은 전혀 개의치 아니하고 총마(청색과 백색의 털이 섞인 말)를 타고 자신 있게 이들을 저지하여 정치를 바로잡으려 하였음.

原註(王相)

漢桓典爲御史, 有感名人稱爲驄馬御史.

○傷御史以直道而不見用也. 漢朝廷, 猶本朝也. 巧宦不以正得官, 賄賂權要而遷職也. 雲閣, 猶言雲臺. 麟閣, 指邊疆武臣也. 力戰禦邊, 反不蒙賞. 公侯之位, 亦巧宦者居之, 是文武皆不以正也. 子爲御史, 自壯至老, 而不陞遷, 直言不用, 白首立朝, 一片雄心, 爲誰而效乎!

○陳子昻, 字伯玉, 蜀人, 官左拾遺. 初唐.

참고 및 관련 자료

1. 제목 〈贈喬侍郎〉은 《陳伯玉文集》(2)에는 〈題贈祀山烽樹上喬十二侍御〉로 되어 있으며, 《全唐詩》(84)에는 〈題祀山烽樹贈喬十二侍御〉로 되어 있다. 교지지의 관직이 시어였음을 알 수 있다. 韻脚은 '功·雄'이다.

2. 진자앙(陳子昻. 661~702)

唐代 시인. 자는 伯玉, 梓州 射洪(지금의 四川 三臺) 사람으로 당 高宗 龍朔 원년에 태어나 武后 長安 2년에 죽었다. 향년 42세. 어려서 집이 부유하였으며, 사냥과 놀이에 빠지기도 하였다. 그 뒤 鄕校에 입학하여 학업에 열중하였다. 무후 때 진사에 올라 麟臺正字가 되었으며 여러 차례 정사를 바로잡고 시정을 개혁한 공으로 左拾遺에 올랐다. 武攸宜가 거란을 토벌할 때 진자앙을 書記로 삼아 군중의 문서를 관장하도록 하였다. 뒤에 관직에서 물러나 귀향하였으나 현령 段簡의 모함을 받아 옥에 갇혔다가 울분을 품고 죽었다. 그는 당대 개혁의 선구자이며 시 역시 漢魏풍골을 주장하며 六朝의 화려한 문체를 반대하였다. 이로써 시가 호방하며 현실문제를 반영하고 내용이 충실하여 李杜 이하 많은 사람들이 존숭하였다. 《陳伯玉文集》 10권이 있으며 《전당시》에 시 2권이 수록되어 있다. 《신·구당서》에 전이 있다.

3. 《唐才子傳》(1) 陳子昻

子昻, 字伯玉, 梓州人. 開耀二年許旦榜進士. 初, 年十八時, 未知書, 以富家子,任俠尙氣, 弋博, 後入鄕校感悔, 卽於州東南金華山觀讀書, 痛自修飾, 精窮墳典, 耽愛黃·老·《易·象》. 光宅元年, 詣闕上書, 諫靈駕入京. 召見, 武后奇其才, 遂拜麟臺正字, 令云: 「地藉(籍)英華, 文稱暐曄」累遷拾遺. 聖歷初, 解官歸. 會父喪, 廬塚次. 縣令段簡貪殘, 聞其富, 造詐誣子昻, 脅取賂二十萬緡, 猶薄之, 遂送獄. 子昻自筮卦, 驚曰: 「天命不祐, 吾殆窮乎!」果死獄中, 年四十三. 子昻貌柔雅, 而性褊躁, 輕財好施, 篤朋友之義. 與游英俊, 多秉權衡. 唐興, 文章承徐·庾餘風, 天下祖尙, 子昻始變雅正. 初爲〈感遇詩〉三十章, 王適見而驚曰: 「此子必爲海內文宗」由是知名. 凡所著論, 世以爲法. 詩調尤工. 嘗勸后興明堂太學, 以調元氣. 與遊英俊, 多秉鈞衡. 柳公權評曰: 「能極著述, 克備比興, 唐興以來, 子昻而已.」有集十卷, 今傳. 嗚呼! 「古來材大, 或難爲用.」「象以有齒, 卒焚其身.」信哉! 子昻之謂歟?

032

〈答茂陵太守〉 ⋯⋯⋯⋯⋯⋯⋯⋯⋯⋯⋯⋯⋯⋯ 王昌齡

무릉 태수에게 답함

검 하나 짚고 천리를 횡행하는
나 이 미천한 몸이지만 감히 한 마디 하리다.
일찍이 대량의 후영 같은 이가 되고자 하였으니,
절대 신릉군 같은 그대의 은혜를 저버리지 않겠소이다.

仗劍行千里, 微軀敢一言.　　장검행천리, 미구감일언.
曾爲大梁客, 不負信陵恩.　　증위대량객, 불부신릉은.

【武陵】 지명. 지금의 湖南 常德市.
【仗】 지팡이나 칼을 짚음. 다른 판본에는 '按'으로 되어 있음.
【微軀】 자신을 낮추어 부른 말.
【大梁客】 侯嬴을 가리킴. 大梁은 전국시대 魏나라 도읍 대량(지금의 河南 開封).
당시 은사 侯嬴은 나이 70이 넘어 夷門의 문지기였으나 信陵君이 그의
훌륭함을 듣고 직접 찾아가 모심. 뒤에 秦나라가 趙나라를 침공하지 치남
매부사이였던 趙나라 平原君이 도움을 요청, 이때 후영의 계책을 들어 魏王
으로 하여금 장군 晉鄙를 교체하도록 하였으나 진비가 이를 듣지 않자
사람을 시켜 그를 죽이고 깃발을 빼앗아 조나라를 구제함. 《史記》 魏公子傳
참조. 여기서는 왕창령이 자신을 빗댄 것임.

【信陵】魏나라 公子 無忌. 魏나라 昭王의 막내아들. 戰國四公子의 하나로 식객 삼천을 거느렸음. 여기서는 전태수를 빗대어 말한 것임.

原註(王相)

武陵, 今常德府.
梁信陵君, 魏無忌, 食客三千餘人.
○別田太守之作也. 昌齡客武陵將返金陵, 太守餞之, 答以詩也. 言吾仗劒爲千里之行, 感君之意, 臨別而以一言相酬可乎? 念我曾爲游客于大梁矣. 受信陵君知遇之隆, 今雖他往, 敢負其恩哉! 以大梁比武陵, 以信陵比太守也.

참고 및 관련 자료

1. 王相의 주에 "別田太守之作也"라 한 것과 《全唐詩》(143)에 제목이 〈答武陵田太守〉라 하여 당시 그곳 태수가 전씨였음을 알 수 있으며 왕창령이 그에게 후의를 입고 그 보답으로 이 시를 지은 것으로 보고 있다. 韻脚은 '言·恩'이다.
2. 왕창령(王昌齡) 003 참조.

033
〈行軍九日思長安故園〉 ························· 岑參
중양절 행군 중 장안의 옛 별장을 그리워하며

그래도 중양절이라 억지로 산에는 올라보지만,
아무도 술을 보내주는 자는 없구나.
아득히 가련하다, 옛 별장의 국화여,
아무리 전쟁터라도 응당 피기는 하였겠지.

強欲登高去, 無人送酒來.　　강욕등고거, 무인송주래.

遙憐固園菊, 應傍戰場開.　　요련고원국, 응방전장개.

【九日】음력 9월 9일. 重陽節, 登高節이라 함. 높은 산에 올라 수유꽃을
머리에 꽂고 국화주를 마셔 액을 멀리하는 행사를 치름. 梁 吳均의 《續齊
諧記》에 "汝南桓景, 隨費長房遊學累年, 長房謂曰:「九月九日汝家中當有災,
宜急去, 令家人各作縫囊盛茱萸以繫臂, 登高飲菊花酒, 此禍可除.」景如言,
齊家登山, 夕還, 見雞犬牛羊, 一時暴死. 長房聞之曰:「此可代也.」今世人九日
登高飲酒, 婦女帶茱萸囊, 蓋始於此"라 함.
【故園】잠삼의 옛 別墅가 있던 終南山 아래.
【送酒】晉 恭帝 元熙 원년(419) 江州刺史 王弘이 陶淵明을 만나보고자 하였
으나 도연명은 병을 핑계로 만나주지 않음. 얼마 뒤 왕홍은 도연명이
廬山에 나들이 간다는 소식을 듣고 도연명의 친구 龐通之 등에게 술을 주어
도연명이 가는 길에 앞서 그를 맞아 술을 권하기로 함. 도연명이 과연

길에서 친구를 만나 놀라 즐겁게 술을 마실 때 왕홍이 나타나 드디어 만날 수 있었으며 이로써 종일 즐거움을 다하였다 함.(《晉書》隱逸傳) 뒤에 도연명이 9월 9일 중양절에 술이 없어 마당가의 국화만을 들여다보며 쓸쓸히 여길 때 마침 왕홍이 술을 들고 찾아와 함께 마시며 취한 뒤에 돌아갔다 함. (《宋書》隱逸傳)

【戰場】 당시 잠삼의 옛 별서는 안사의 난으로 점령당하여 있었음. 그러한 전쟁터에서도 국화는 피었을 것으로 그리워한 것임.

原註(王相)

陶公居柴桑, 九日太守王弘使白衣送.

○從軍而思故園之作. 言身在軍中邊營, 消息當此佳節, 非無高山可遊, 秋色可玩也. 其奈無人送酒, 而此興逡闌, 軍中稍閒而長安擾亂, 君上播遷. 而吾鄕故園之菊, 恐應踐蹋爲戰場矣, 傷哉!

○參, 肅宗時爲御史. 時至嘉州刺史, 盛唐.

참고 및 관련 자료

1. 이는 시인 잠삼이 安史의 난 종군 중에 9월 9일 중양절을 만나 문득 고향 장안의 옛 별장 국화를 생각하며 감회를 읊은 것이다. 韻脚은 '來·開'이다.

2. 잠삼(岑參. 715~770)

唐代 시인. 南陽(지금의 하남) 사람으로 당 玄宗 開元 3년에 태어나 代宗 大曆 5년에 죽었다. 향년 56세. 天寶 3년에 진사에 올랐으며 장군 高仙芝를 따라 安西, 武威까지 다녔고 뒤에 北庭, 輪臺에 다녀오기도 하였다. 嘉州(지금의 四川 樂山縣)刺史를 역임하여 '岑嘉州'라 부른다. 만년에 蜀으로 들어가 杜鴻漸에 의지하였다가 成都에서 죽었다. 잠삼은 장년 시절 변방을 다녀온 때문에 邊塞詩에 뛰어나 高適과 함께 변새파 시인으로 널리 알려져 '高岑'이라 불렸다. 그의 시는 古體와 樂府의 변새시가 위주며 7언 歌行體에 능하였다. 《岑嘉州詩》 7권이 있으며 《전당시》에 시 4권이 수록되어 있다.

3.《唐才子傳》(3) 岑參

參, 南陽人. 文本之後. 天寶三年, 趙岳榜第二人及第. 累官左補闕, 起居郎, 出爲嘉州刺史. 杜鴻漸表置安西幕府, 拜職方郎中, 兼侍御史, 辭罷. 別業在杜陵山中. 後終於蜀. 參累佐戎幕, 往來鞍馬烽塵間十餘載, 極征行離別之情, 城障塞堡, 無不經行. 博覽史籍, 尤工綴文, 屬詞清尙, 用心良苦. 詩調尤高, 唐興罕見此作. 放情山水, 故常懷逸念, 奇造幽致, 所得往往超拔孤秀, 度越常情. 與高適風骨頗同, 讀之令人慷慨懷感. 每篇絶筆, 人輒傳咏. 至德中, 裴休·杜甫等常薦其識度清遠, 議論雅正, 佳名早立, 時輩所仰, 可以備獻替之官. 未及大用而謝世, 豈不傷哉! 有集十卷, 行於世, 杜確爲之序云.

034

〈婕妤怨〉 ………………………………………………… 皇甫冉

첩여의 원망

꽃가지는 피어 건장궁 밖으로 삐져나왔고,
소양전의 음악소리 밖까지 들리는구나.
빌어 묻건대 사랑을 듬뿍 받는 저자의
양 눈썹은 그 얼마나 길다던가?

花枝出建章, 鳳管發昭陽.　　화지출건장, 봉관발소양.
借問承恩者, 雙蛾幾許長?　　차문승은자, 쌍아기허장?

【婕妤】 원래 漢나라 때 궁녀의 직급 칭호. 倢伃로도 표기함. 흔히 〈紈扇詩〉로
　유명한 班婕妤를 지칭함.《漢書》外戚傳(下) 및《列女傳》참조.
【建章】 한나라 때 궁궐 이름. 지금의 陝西 長安縣 서쪽에 있었음.
【鳳管】 음악을 말함.
【昭陽】 한나라 궁궐 이름. 成帝가 趙飛燕과 함께 사랑을 나누던 궁궐임.
【雙蛾】 양쪽 눈썹을 말함. 미인을 지칭함. 여기서는 조비연을 가리킴.

(原註(王相))

　漢武帝班婕妤, 賢而無寵, 後人多詠之, 譜入樂府.

○此疑古樂府題, 而寫婕妤之怨也. 昔婕妤靜處深宮, 不希恩寵, 見別宮如花之女, 奉詔而入建章宮. 又聞昭陽殿內已品鳳管鸞簫以宴之矣. 試問承恩之美女, 雙蛾之眉黛, 幾許之長, 則亦同吾一樣之蛾眉也, 何有異哉!

○冉, 唐晚唐時人.

참고 및 관련 자료

1. 〈婕妤怨〉은 《樂府詩集》 班婕妤 解題에 "樂府解題: 〈婕妤怨〉者, 爲漢成帝班婕妤作也. 婕妤, 徐令彪之姑, 況之女. 美而能文, 初爲帝所寵愛. 後幸趙飛燕姊弟, 冠於後宮. 婕妤自知見薄, 乃退居東宮, 作賦及〈紈扇詩〉以自傷悼. 後人傷之而爲〈婕妤怨〉也"라 하였다. 한편 《全唐詩》(249)에 이 시의 제목을 〈婕妤春怨〉이라 하였고, 주에 "一本無'春'字"라 함. 《樂府詩集》(43) 〈첩여원〉에는 이 시가 수록되어 있지 않다. 이 시의 韻脚은 '陽·長'이다.

2. 황보염(皇甫冉. 714~767)

唐代 시인. 자는 茂政. 安定(지금의 甘肅 定西縣) 사람으로 뒤에 潤州 丹陽(지금의 江蘇)으로 이주하였다. 당 玄宗 開元 2년에 태어나 代宗 大曆 2년에 죽었다. 향년 54세. 열 살에 능이 문장을 지었으며 張九齡이 그를 '小友'라 부르며 아꼈다. 天寶 15년에 진사에 올라 無錫尉를 역임하였으며 대력 초에 河南節度使가 되었다가 書記로 발탁되었다. 뒤에 拾遺左補闕에 오르기도 하였다. 그의 시는 淸新하고 기지가 있어 六朝시대 江淹이나 徐陵의 풍격을 띠기도 하였다. 《皇甫冉集》 3권이 있으며 《전당시》에 시 2권이 수록되었다. 《신·구당서》에 전이 있다.

3. 《唐才子傳》(3) 皇甫冉

冉, 字茂政, 安定人, 避地來寓丹陽. 耕山釣湖, 放適閒淡. 或云秘書少監彬之姪也. 十歲能屬文, 張九齡一見, 歎以淸才. 天寶十五年, 盧庚榜進士, 調無錫尉. 嘗別墅陽羨山中. 大曆初, 王縉爲河南節度, 辟掌書記, 後入爲左金吾衛兵曹參軍, 仕終拾遺·左補闕. 公自擢桂禮闈, 便稱高格. 往以世道艱虞, 遂心江外, 故多飄薄之歎. 每文章一到沈·謝, 雄視潘·張. 惜乎長轡未騁, 芳蘭早凋, 良可痛哉! 有詩集三卷, 獨孤及爲序, 今傳.

035

〈題竹林寺〉 ··· 朱放

죽림사에서

세월은 인간 세상의 삶을 재촉하지만,
아름다운 연무와 채운이 서린 곳도 많다네.
죽림사에 들렀던 이 일 미련이 남아 있네.
다시 그 몇 번이나 이곳에 찾아올 수 있겠나?

歲月人間促, 烟霞此地多.　　세월인간촉, 연하차지다.
殷勤竹林寺, 更得幾回過?　　은근죽림사, 경득기회과?

【竹林寺】 지금의 江西 九江縣 남쪽 廬山에 있는 절.
【人間】 인간 세상을 말함. 이 세상 속세를 뜻함.
【烟霞】 烟霧와 彩雲.
【殷勤】 '慇懃'으로도 표기하며 疊韻連綿語. 정이 깊고 은근함을 말함. 그러나
　여기서는 有戀, 眷念의 뜻. '미련이 남다'의 뜻.
【過】 '탐방하다, 찾아오게 되다'의 뜻.

〈鎏金銅觀音造像〉(吳越) 1958
浙江 金華 萬佛塔 基壇 출토

原註(王相)

寺在廬山.

言歲月易度, 幽賞難期, 此地煙霞, 名盛之
區, 人跡罕到. 故吾於此, 慇懃眷戀而不忍去.
自此之後, 能有幾回再到也?

○朱放, 襄州人, 爲曹王參軍, 中唐.

참고 및 관련 자료

1. 이 시는 주방이 江西節度使의 참모였을 때
그 절의 벽에 써 붙인 것으로 보인다. 韻脚은
‘多·過’이다.

2. 주방(朱放)

唐代 시인. 자는 長通. 唐 襄州(湖北 襄陽) 사람이며 생몰 연대는 미상. 처음
漢水 가에 살다가 뒤에 剡溪(지금의 浙江 嵊縣)과 鏡湖(浙江 紹興) 근처로
옮겨 살았다. 이때 江蘇와 浙江 문인들이 모두 그를 존경하였으며 大曆 중에
江西節度使參謀로 부름을 받았으나 얼마 뒤 사직하고 말았다. 貞元 2년
(786) 다시 左拾遺로 부름을 받았으나 나가지 않았다. 시집 1권이 있으며
《전당시》에 수록되어 있다.

3. 《唐才子傳》(5) 朱放

放, 字長通, 南陽人也. 初, 居臨漢水, 遭歲饉, 南來卜隱剡溪·鏡湖間, 排靑紫
之念, 結廬雲臥, 釣水樵山. 嘗著白罝纚, 鹿裘筍屨, 盤桓酒家, 時江·浙名士如林,
風流儒雅, 俱從高義. 如皇甫兄弟, 皎·徹上人, 皆山人良友也. 大曆中, 嗣曹王
皐鎭江西, 辟爲節度參謀, 有〈別同志〉曰:「潺湲寒溪上, 自此成離別. 迴首望
歸人, 移舟逢暮雪. 頻行識草樹, 漸老傷年髮. 唯有白雲心, 爲向東山月.」未幾,
不樂鞅掌, 扁舟告還. 貞元二年, 詔擧韜晦奇才, 詔下聘禮, 拜左拾遺, 不就,
表謝之. 忘懷得失, 以此自終. 放工詩, 風度淸越, 神情蕭散, 非尋常之比. 集二卷,
今行於世.

036

<三閭廟> ·· 戴叔倫

굴원의 사당

원강과 상강은 끊임없이 흐르나니
굴원의 원한이 어찌 그리 깊은고!
해는 지고 가을 바람 불어오더니,
그 바람 단풍 나무숲에 쓸쓸히 휘도는구나.

沅湘流不盡, 屈子怨何深!   원상류부진, 굴자원하심!

日暮秋風起, 蕭蕭楓樹林.   일모추풍기, 소소풍수림.

【三閭廟】戰國시대 楚나라 대부이며 시인 屈原을 모신 사당. 굴원은 초나라
　　대성 昭氏, 屈氏, 景氏 등 三姓의 일을 관장하여 三閭大夫라 하였음. 이 사당은
　　지금의 湖南 湘陰縣 멱라강(汨羅江) 가에 있음.
【沅湘】沅江과 湘江. 모두 호남에 있으며 동정호의 두 수계. 굴원이 일찍이
　　이곳에 유배되어 방황한 적이 있음.
【屈子】屈原(기원전 343~전277?). 이름은 平, 자은 原. 혹은 이름이 正則이며
　　자가 靈均이라고도 함. 楚 懷王을 도와 강한 秦나라에 맞섰으나 張儀의
　　꾐에 빠져 나라가 혼란해지자 울분을 품고 간언을 함. 뒤에 회왕의 아들
　　頃襄王 때 湘水로 추방을 당하자 멱라수에 빠져 죽음. 초나라 애국시인이며
　　그로 인해 端午節과 龍船大會, 粽子 등의 풍속이 생겨났음. 문학적으로는
　　남방 초사의 대표적인 작가로 <離騷>, <九歌>, <九章>, <漁父>, <卜居> 등의

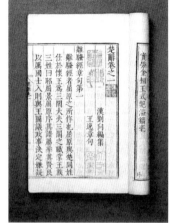

屈原과 《楚辭》

辭賦를 남겼음.《史記》屈原傳 참조.

【楓樹】단풍나무.《楚辭》宋玉의 〈招魂〉에 "湛湛江水兮, 上有楓; 目極千里兮,
傷春心"이라 함. 여기서는 굴원을 애도하는 심정을 '傷春心'에 맞추어 표현
한 것.

原註(王相)

廟在沅州.

楚大夫屈原掌昭屈景三家之族, 故稱三閭大夫.

○弔屈原也. 屈原忠而見疑, 投江而死. 楚人哀之, 故爲立廟, 故詩意曰:
湘沅之江水, 滔滔不盡, 如屈子之怨, 一何深也? 我來弔之, 但見白日已暮, 秋風
乍鳴, 楓葉蕭蕭, 飄紅滿徑, 今勝今昔之感也.

○叔倫, 字幼公. 潤州人, 仕客營經略使, 中唐.

1. 이 시는 굴원의 사당을 지나면서 굴원을 애도하여 읊은 것이다. 韻脚은 '深·林'이다.

2. 대숙륜(戴叔倫. 732~789)

唐代 시인. 자는 幼公, 혹은 次公이라 하며 潤州 金壇(지금의 江蘇 金壇縣) 사람이다. 당 玄宗 開元 20년에 태어나 德宗 貞元 5년에 죽었다. 향년 58세. 일찍이 撫州(지금의 江西 臨川)刺史였을 때 크게 백성들의 존경을 받았으며 譙郡男에 봉해졌다. 뒤에 容管經略使가 되었으며 덕종이 친히 〈中和節〉 시를 지어 그에게 하사하기도 하였다. 만년에 벼슬을 버리고 道士가 되었다. 그의 시는 은일 생활과 한적한 농촌 생활을 묘사하는데 뛰어났으며 민간의 고통을 잘 반영하였다. 명대 집일한 《戴叔倫集》이 있으며 《전당시》에 시 2권이 수록되어 있다. 《신당서》에 전이 있다.

3. 《唐才子傳》(5) 戴叔倫

叔倫, 字幼公, 潤州, 金壇人. 師事蕭穎士爲門生. 賦性溫雅, 善擧止, 能淸談, 無賢不肖, 相接盡心. 工詩. 貞元十六年, 陳權榜進士. 賞在租庸幕下數年. 夕惕匪息. 吏部尙書劉公與祠部員外郞張繼書, 博訪選材, 日揖賓客, 叔倫投刺, 一見稱心. 遂就薦. 累遷撫州刺史. 政擬龔·黃, 民樂其治, 圜扉寂然, 鞠爲茂草. 詔書褒美, 封譙縣男, 加金紫. 後遷容管經畧使, 威名益振, 治亦淸明, 仁恕多方, 所至稱最. 德宗賦〈中和節〉詩, 遣使者寵賜, 世以爲榮. 還, 上表請爲道士. 未幾, 卒. 叔倫初以淮·汴寇亂, 魚肉江上, 攜親族避地來鄱陽, 肄業動苦, 志樂淸虛, 閉門卻掃, 與處士張衆甫·朱放素厚, 范·張之期, 曾不虛月. 詩興悠遠, 每作驚人. 有《述藁》十卷, 今傳於世.

037

〈易水送別〉 ·· 駱賓王

역수의 송별

이곳이 바로 연나라 태자 단이 형가를 송별하던 곳,
장사 형가는 머리카락이 관을 들어 올릴 정도로 의기에 찼었다지.
옛날 그 사람들 이미 다 사라졌으나,
지금 그나마 물은 아직 차갑구나!

此地別燕丹,　차지별연단,

壯士髮衝冠.　장사발충관.

昔時人已沒,　석시인이몰,

今日水猶寒!　금일수유한!

〈太子 丹이 荊軻를 전별하는 장면〉
明末淸初 馬駘(畫)《馬駘畫寶》

【易水】 河北 易縣에서 발원하여 흐르는 물. 전국 말 이곳에서 燕나라 태자
丹 등이 白衣를 입고 자객 荊軻를 전송하였음.

【燕丹】 연나라 태자 단. 연왕 喜의 태자로 일찍이 秦나라에 인질로 갔다가
秦始皇(嬴政)이 천하를 병탄할 뜻을 세우고 있음을 알고 도망하여 진황을
죽일 자객을 찾았음. 이에 鞠武 등의 추천으로 荊軻를 찾아 모의 끝에 진
나라로 보내며 역수에서 장엄하고 슬픈 전별식을 가짐.《史記》刺客列傳
및《戰國策》燕策, 소설《燕丹子》등을 참조할 것.

【髮衝冠】 의기와 울분에 차서 머리카락이 관을 치켜 올려 솟아오름.《史記》
刺客列傳에 "遂發. 太子及賓客知其事者, 皆白衣冠以送之. 至易水之上, 旣祖,
取道, 高漸離擊筑, 荊軻和而歌, 爲變徵之聲, 士皆垂淚涕泣. 又前而爲歌曰:
「風蕭蕭兮易水寒, 壯士一去兮不復還!」復爲羽聲忼慨, 士皆瞋目, 髮盡上指冠.
於是荊軻就車而去, 終已不顧"라 함.

燕丹, 燕太子丹也. 壯士, 刺客荊軻也.

○昔燕之刺客荊軻之入秦也. 燕太子送之於易水之上, 荊軻按劍而歌曰:
「風瀟瀟兮, 易水寒. 壯士一去兮, 不復還!」其慷慨激烈, 怒髮衝冠. 雖事不成,
爲秦所殺, 而悲歌壯氣, 千載猶生. 故賓王於此地, 別友感荊軻之事, 而咏之曰:
「昔年荊軻, 曾於此地, 與燕太子別也. 慷慨悲歌, 其髮上冲, 直指於冠矣. 此人
已沒, 此水至今猶寒, 其千秋英烈之氣, 猶可想見也.」

○賓王, 義烏人, 爲臨海丞作檄文討武后, 兵敗爲僧, 居靈音寺. 中唐.

참고 및 관련 자료

1. 이 시는 널리 알려진 燕나라 太子 丹과 荊軻의 이야기를 읊은 것이다. 한편
《駱賓王文集》(4)에는 제목이 〈易水送人〉으로 되어 있으며,《全唐詩》(79)에는
〈於易水送人〉으로 되어 있다. 韻脚은 '冠·寒'이다.

2. 낙빈왕(駱賓王. 640~684)
唐代 시인. 婺州 義烏(지금의 浙江 義烏縣) 사람으로 당 太宗 貞觀 14년에
태어나 睿宗 文明 원년에 죽었다. 어린 시절 시문에 능하여 高宗 말년에 長
安主簿가 되었으며 수차례 시정을 논하다가 臨海縣丞으로 좌천되었다. 그
때문에 그를 '駱臨海', 혹은 '駱丞'으로 부른다. 예종 문명 원년(684) 徐敬業을
따라 기병하여 武則天을 성토하면서 檄文을 짓기도 하였다. 그러나 그 일이
실패한 뒤 종적이 알려지지 않았으며 혹 피살되었다고도 하고 혹 불가에 귀의
하여 중이 되었다고도 한다. 그의 시는 雄氣가 있고 특히 오언시에 뛰어났으며
王勃, 楊炯, 盧照鄰과 함께 '初唐四傑'로 널리 알려져 있다.《낙빈왕문집》
10권이 있으며,《전당시》에 시 3권이 수록되어 있다.《신·구당서》에 전이 있다.

3. 《唐才子傳》(1) 駱賓王

賓王, 義烏人. 七歲能賦詩. 武后時, 數上疏言事, 得罪貶臨海丞, 鞅鞅不得志, 弃官去. 文明中, 徐敬業起兵欲反正, 往投之, 署爲府屬. 爲敬業作檄傳天下, 暴斥武后罪. 后見讀之, 矍然曰:「誰爲之?」或以賓王對, 后曰:「有如此才不用, 宰相過也.」及敗, 亡命, 不知所之. 後宋之問貶還, 道出錢塘, 遊靈隱寺, 夜月, 行吟長廊下, 曰:「鷲嶺鬱岧嶢, 龍宮隱寂寥」未得下聯. 有老僧燃燈坐禪, 問曰:「少年不寐, 而吟諷甚苦, 何耶?」之問曰:「欲題此寺而思不屬」僧笑曰:「何不道『樓觀滄海日, 門對浙江潮』」之問終篇曰:「桂子月中落, 天香雲外飄. 捫蘿登塔遠, 刳木取泉遙. 雲薄霜初下, 冰輕葉未凋. 待入天台寺, 看余渡石橋」僧一聯, 篇中警策也. 遲明訪之, 已不見. 老僧卽駱賓王也. 傳聞桴海而去矣. 後, 中宗詔求其文, 得百餘篇, 及詩等十卷, 命郊雲卿次序之, 及《百道判集》一卷, 今傳於世.

《初唐四傑集》駱賓王〈四部備要〉본

038

〈別盧秦卿〉 ·························· 司空曙

노진경을 이별하며

앞으로 다시 만날 기약이 있음을 알고는 있다오.
그러나 이 밤에 헤어지는 이 슬픔은 견디기 어렵구려.
오랜 친구의 정이 넘친 술이라 여기지 마시오.
아무리 말려도 석우풍만이야 하겠소.

知有前期在, 難分此夜中.　　지유전기재, 난분차야중.
無將故人酒, 不及石尤風.　　무장고인주, 불급석우풍.

【盧秦卿】 사공서의 친구로 사적은 자세히 알 수 없음.

【知有前期在】 '이미 약속된 날짜에 다시 만나게 될 것임은 알고 있다'의 뜻.

【無將】 '장차 ~라고 여기지 말라'의 뜻.

【石尤風】 앞으로 걸어가지 못하도록 거꾸로 부는 바람. 逆風의 다른 이름.
일명 打頭風. 《낭현기(瑯嬛記)》(中)에 실려 있는 고사로 옛날 石氏의 딸이
尤氏의 청년에게 시집을 갔는데 그 신랑 尤君이 멀리 행상을 나서겠다고
하자 아내가 이를 말리지 못한 채 집에서 기다리고 있었음. 기다리다 지친
석씨녀는 결국 병이 들어 임종에 "내가 그를 말리지 못한 것이 한입니다.
지금 멀리 행상을 나가려는 모든 자들에게 내 바람이 되어 천하 여인들을
위하여 그들이 가지 못하도록 길을 막을 것입니다"라 하였다 함. 뒤에 길가는
사람이나 배를 앞으로 나가지 못하도록 하는 역풍을 흔히 '석우풍'이라 함.

石尤風, 打頭風也. 能阻行人之將發.

○別友人而欲留, 不可得之詩也. 言與子爲別, 明知有後會之期. 無奈此時此夜之情, 何故人有酒思留之, 而不可得反, 不如石尤之風能阻, 行舟使我二人不得遽別, 亦無可奈何之詩也.

○司空曙, 廣平人, 官虞部郎中, 中唐.

참고 및 관련 자료

1. 제목은 판본에 따라 〈留盧秦卿〉로 된 것도 있다. 韻脚은 '中·風'이다.

2. 사공서(司空曙. 720?~790?)

唐代 시인. 자는 文明, 혹은 文初. 廣平(지금의 河北 永年縣) 사람으로 '大曆十才子' 중의 하나이다. 진사에 급제하고 바로 劍南節度使 韋皐의 막부에 들어갔으며 水部郎中을 역임하였다. 그의 시는 풍경의 묘사에 뛰어났으며 섬세하다.《司空文明集》이 있으며《전당시》에 시 2권이 수록되어 있다.

3.《唐才子傳》(4)

司空曙:

曙, 字文明, 廣平人也. 磊落有奇才, 韋皐節度劍南, 辟致幕府. 授洛陽主簿, 未幾, 遷長林縣丞, 累官左拾遺, 終水部郎中. 與李約員外至交. 性耿介, 不干權要. 家無甔石, 晏如也. 嘗病中不給, 遣其愛姬, 亦嘗流寓長沙. 遷謫江右, 多結契雙林, 暗傷流景.〈寄暕上人〉詩云:「欲就東林寄一身, 尙憐兒女未成人. 紫門客去殘陽在, 藥圃蟲喧秋雨頻. 近水方同梅市隱, 曝衣多笑阮家貧. 深山蘭若何時到, 羨與閒雲作四隣」閒園卽事, 高興可知. 屬調幽閒, 終篇調暢, 如新花笑日, 不容熏梁. 鏘鏘美譽, 不亦宜哉! 有詩集二卷, 今傳.

039

〈答人〉 ·· 太上隱者

남에게 대답함

지정 없이 소나무 아래에 와서는,
돌을 높은 베개 삼아 잠들도다.
산 속이라 달력도 없으니
추위가 다하고 해가 바뀌어도 몇 월 며칠인지 알지 못하더라.

偶來松樹下, 高枕石頭眠.　　우래송수하, 고침석두면.
山中無曆日, 寒盡不知年.　　산중무력일, 한진부지년.

【偶來】우연히 옴. 指定 없이 그저 발길 닿는 대로 옴.
【日曆】역서, 달력. 세시와 절령을 적은 책으로 날짜를 알 수 있도록 한
　달력을 말함.
【寒盡】추위가 다하고 새해가 됨.

> ### 原註(王相)

　　隱者居終南, 自稱太上隱者, 不知姓氏壽年, 人見而問焉. 問故答以詩. 言我
偶來至此, 枕石而眠, 眠覺而仍歸山, 山中無有歲曆, 不知年月時節, 但見暑
往寒來, 不憶其何年何月也. 其高致如此.

1. 《全唐詩》(784)의 注에 "古今詩話云: 太上隱者, 人莫知其本末, 好事者從問其姓名, 不答, 留詩一絶云"이라 하였다. 이 시는 어떤 은자가 종남산에 살면서 사람이 묻자 말 대신 시로써 대답하였다는 뜻이다. 韻脚은 '眠·年'이다.

2. 태상은자(太上隱者)

이름이나 관적, 생몰 등에 대하여 알려져 있지 아니하며 오직 이 시만 《전당시》(784)에 전해지고 있다.

卷二. 五律(五言律詩)

《新鐫五言千家詩箋註》

〈靑釉褐彩詩句陶壺〉1983 湖南 望城 출토
"去去關山遠, 行行湖池深. 早知今日苦, 多與畵師今"

040

<幸蜀回至劍門> .... 玄宗皇帝

촉으로 행차하였다가
돌아오는 길에 검문에 이르러

검각은 높은 산, 비낀 구름 사이에 솟아 있고,
내 수레 멀리 나섰다가 서울로 돌아가도다.
비취 빛 절벽 병풍은 천길 높이로 합쳐져 있고,
붉은 빛 봉우리는 다섯 장정이 열어놓은 길.
관목은 우리 행렬의 깃발을 이리저리 돌아가게 하고,
선인이 타던 저 구름은 말 앞으로 다가오도다.
승세를 탔을 때는 오직 덕에 의지해야 하나니,
진나라 장재가 그 말을 이곳에 새겨놓았으니 감탄스럽도다!

劍閣橫雲峻, 鑾輿出狩回.   검각횡운준, 란여출수회.
翠屏千仞合, 丹嶂五丁開.   취병천인합, 단장오정개.
灌木縈旗轉, 仙雲拂馬來.   관목영기전, 선운불마래.
乘時方在德, 嗟爾勒銘才!   승시방재덕, 차이륵명재!

【幸】 황제가 친히 임하는 것을 '幸'이라 함.

【回至】《全唐詩》(3)에는 '西至'로 되어 있어 의미에 맞지 않는다.

【劍門】 산 이름. 지금의 四川省 북부에 있으며 산이 험준하여 長安에서 蜀으로 들어올 때 넘어야 할 산이다. 주봉은 大劍山이며 劍閣縣 북쪽에 있다.

【劍閣】 棧道 이름이며 大劍山과 小劍山 사이의 통로이다. 나무로 바위를 연결하여 길을 내었으며 諸葛亮이 처음 설치하였다 한다.《水經注》漾水에 "白水, ……又東南逕小劍戍北, 西去大劍三十里, 連山絶險, 飛閣通衢, 故謂之劍閣也"라 함.

【鑾輿】 천자의 수레. 천자 수레 재갈의 영 곁에 鑾鈴이라는 방울을 달아 이름이 생겼음.

【狩】 천자의 巡狩.

【翠屛】 청색의 암벽이 병풍처럼 솟은 절벽.

【丹嶂】 붉은 색 암벽.

【五丁】 전국 시대 秦나라 惠王이 蜀을 치려하였으나 길을 알지 못하여 이에 돌로 다섯 마리 소를 만들어 그 끝에 황금을 매어놓고 이 소가 황금 똥을 눈다고 하자 촉왕이 이를 믿고 다섯 장정을 시켜 끌고 오게 하였다. 이에 그 뒤를 따라가 촉을 치게 되었다 한다.《蜀王本紀》와《水經注》沔水에 실려 있으며,《貞觀政要》180에 "昔秦惠王欲伐蜀, 不知其逕, 乃刻五石牛, 置金其後. 蜀人見之, 以爲牛能便金, 蜀王使五丁力士拖牛入蜀. 道成, 秦師隨而伐之, 蜀國遂亡"라 하였다.

【灌木】《천가시》원본에는 '灌水'로 잘못 표기되어 있음.

【縈】 얽어 얽음. 혹 둘러쳐져 얽혀 있음.

【乘時】 형세를 타고 일을 성취시킴.《孟子》公孫丑(上)에 "雖有智慧, 不如乘勢; 雖有鎡基, 不如待時"라 함.

【在德】 나라 다스림을 오직 덕에다 둠. 덕을 최우선으로 함.

【勒銘才】 晉나라 張載가 太康 초 아버지를 뵈러 蜀으로 들어가면서 〈劍閣銘〉을 짓자 益州刺史가 이를 武帝에게 바침. 이에 무제가 검각산 돌에 이를 새겼음. 그 문장의 끝에 "興實在德, 險亦難恃. ……自古迄今, 天命匪易. 憑阻作昏, 鮮不敗績. 公孫旣滅, 劉氏含璧. 覆車之軌, 無或重迹, 勒銘山阿, 敢告梁益"이라 함. 여기서는 훌륭한 사람의 공적이나 이름을 돌이나 鐘鼎에 새겨 기리거나 경계로 삼는 것을 말함.《천가시》원본에는 '勒名'으로 되어 있음.

五丁, 古力士, 開山通蜀.

○帝因祿山之亂, 游兵入蜀, 太子德宗立, 尊號上皇. 明年祿山平, 德宗迎帝, 回鑾車駕, 次劍門, 顧侍臣曰:「劍門天險若此, 自古及今, 敗亡相繼, 豈非在德, 不在險耶?」因駐蹕題詩. 言劍閣之形, 兩峰如劍, 高峻入雲, 峰頂橫而爲閣, 予旣避亂而出狩於蜀, 今日回鑾也. 但見山之色靑翠, 而形如屛列, 千峰萬疊, 合抱而來, 但見一線之道可通. 石赤如丹, 其門如嶂, 非古五丁之巨力而開闢之, 則秦蜀之地, 何由而通也? 而千年叢雜之枯木, 遮蔽旌旗, 殿轉而或隱或見, 嶺上之行雲, 如飛仙冉冉拂焉. 或去或隱或見, (嶺上之行雲, 如飛仙冉冉拂焉.) 或去或來, 劍門之險峻如此. 有國者, 不可恃險而忘治, 而須有德以臨之, 則固矣. 嗟爾諸臣平定禍患, 遠來迎朕, 回鑾以安社稷, 其功勳才德, 足以勒鍾鼎而銘 旂常也.

○玄宗諱隆基, 高宗孫, 睿宗子. 在位四十五年. 禪位後稱太上皇帝, 七年.

1. 安史의 난으로 급히 蜀으로 피하였던 玄宗이 至德 2년(757) 난이 평정되어 長安으로 돌아오게 되면서 張載의 〈劍閣銘〉을 보고 이 시를 지은 것으로 여겨진다. 韻脚은 '回·開·來·才'이다.

2. 당(唐) 현종(玄宗. 685~762)

李隆基. 예종의 셋째 아들로 시호는 '至道大聖大明皇帝'이며 이를 줄여 '唐明皇'이라 한다. 당 武后 垂拱 원년에 태어나 肅宗 寶應 원년에 죽었다. 향년 78세. 어려서 재능이 있어 睿宗 景雲 원년(710) 섭정을 하던 韋后를 죽이고 아버지 예종을 즉위시켰으며 이로써 皇太子가 되었다. 그로부터 얼마 뒤 제위를 이어받아 姚崇, 宋璟 등을 재상으로 삼아 천하태평을 이루어 그 연호에 따라 '開元之治'라 한다. 만년에 楊貴妃를 사랑하여 楊國忠, 李林甫 등을 재상으로 삼아 정치가 혼란에 빠졌으며 결국 安祿山의 난을 불러오게 되었다. 天寶 15년(756) 7월 長安이 함락되자 蜀으로 피난을 하고 아들 肅宗이 즉위하여 연호를 '至德'으로 하고 현종을 '太皇天帝'로 받들어 太上皇이 되었다. 이듬해 郭子儀가 장안과 낙양을 수복하자 숙종이 사람을 보내어 현종을 모셔 오도록 하고 다시 호를 '太上至道聖皇天帝'라 하였다. 그로부터 5년 뒤 세상을 뜨게 되었다.《전당시》에 시 1권이 수록되어 있으며《신·구당서》에 紀가 있다.

〈明皇幸蜀圖〉 부분 (唐) 臺北故宮博物館 소장

041

〈和晉陵陸丞相早春遊望〉 ················ 杜審言

진릉 육승상의 '초봄 나들이' 시에 화답함

홀로 먼 곳 떠돌며 벼슬하는 이 몸,
뜻밖에 만물이 새로운 기운을 기다리는 모습에 놀라게 되었다오.
구름과 놀은 막 밝아오는 바다에서 솟아오르고,
매화와 버들은 저 강 너머 봄을 보내주었네.
맑은 기운은 꾀꼬리 울음을 재촉하고,
밝은 봄빛은 부평초 색깔을 바꾸어 놓았네.
홀연히 그대 옛 노래 들으니
고향 가고 싶은 생각에 수건에 눈물이 가득!

獨有宦遊人, 偏驚物候新.　　독유환유인, 편경물후신.
雲霞出海曙, 梅柳渡江春.　　운하출해서, 매류도강춘.
淑氣催黃鳥, 晴光轉綠蘋.　　숙기최황조, 청광전록빈.
忽聞歌古調, 歸思欲沾巾!　　홀문가고조, 귀사욕첨건!

【和】和暢, 和答. 남의 시나 글에 화답하여 지은 시를 말함.
【陸丞相】武后 때 승상으로 陸元方이 있었으며 자는 希仲. 吳 땅 사람이었다.
　　그리고 여기서의 晉陵은 지금의 江蘇 常州市의 晉陵이다. 따라서 여기서의
　　육승상은 조정의 승상이 아니라 晉陵縣의 縣丞으로 볼 수 있다.

【宦遊】 외지에 떠돌며 벼슬함을 말함.

【偏】 '의외의, 뜻밖에, 특별히'의 뜻.

【物候】 경물과 절후. 절기에 따른 자연 경관의 변화.

【黃鳥】 꾀꼬리. 黃鶯.

【晴光】 봄날의 陽光. 봄빛.

【蘋】 부평초. '萍'과 같음.

【古調】 옛날의 곡조. 여기서는 육승상의 賦 〈早春遊望〉을 말함.

【沾】 霑과 같음. 적심, 젖음.

原註(王相)

晉陵, 今常州.

○陸丞相有早春詩, 審言依意而話之也. 言宦游之人, 勞於民事, 不知光陰之
速忽, 驚物候之新也. 晉陵地近東海, 雲霞映日而先出, 則見天之已曙, 江南
地暖而花先發, 觀早梅之放·柳色之青, 則知春色之同. 芳淑之氣, 催黃鳥之
遷喬; 晴暖之光, 覺水蘋之欲綠暗. 春色之初, 回傷宦遊之未已, 而思歸之泪
迨欲沾巾也.

○杜審言, 字必簡. 官學士, 甫之祖, 初唐.

참고 및 관련 자료

1. 《全唐詩》(62)에는 〈和晉陵陸丞相早春遊望〉이라 되어 있으며 그 주에
"一作韋應物詩"라 하였다. 그러나 四部叢刊 正編 《韋江州集》(10)에 〈和晉陵
陸丞相早春遊望〉시를 싣고 그 주에 "此首見杜審言集, 不錄"이라 하여 이는
유응물의 시가 아니라고 여겼다. 이는 육승상의 〈早春遊望〉의 부에 화답식
으로 지은 것이다. 韻脚은 '新·春·頻·巾'이다.

2. 두심언(杜審言. 646~708)

唐代 시인. 자는 必簡, 襄陽(지금의 湖北) 사람으로 뒤에 鞏縣에 이주하였다.
唐 太宗 貞觀 19년에 태어나 中宗 景龍 2년에 죽었다. 향년 64세. 杜甫의 祖父
이며 高宗 咸亨 원년(670) 진사에 올라 隰城縣尉, 洛陽縣丞을 역임하였다.

중종 때는 張易之 형제와 교유한 죄로 峰州로 귀양을 갔으며 뒤에 修文館直
學士에 다시 올랐다. 어릴 때 李嶠, 崔融, 蘇味道 등과 이름을 날려 세칭 '文章
四友'라는 칭해졌다. 五律에 뛰어났으며 격률이 엄격하였다. 원래 문집이 있었
으나 실전되었고 명대 집일한 《杜審言集》 10권이 있다. 《전당시》에 시 43수가
실려 있으며 《신·구당서》에 전이 있다.

3. 《唐才子傳》(1)

杜審言:

審言, 字必簡, 京兆人, 預之遠裔. 咸亨元年宋守節榜進士, 爲隰城尉. 恃高才
傲世見疾. 蘇味道爲天官侍郎, 審言集判, 出謂人曰:「味道必死」人驚問何故,
曰:「彼見吾判, 當羞死耳.」又曰:「吾文章當得屈·宋作衙官, 吾筆當得王羲之
北面.」其矜誕類此. 坐事貶吉州司戶. 及武后召還, 將用之, 問曰:「卿喜否?」
審言舞蹈謝. 后令賦〈歡喜詩〉, 稱旨, 授著作郎, 爲修文館直學士. 卒. 初審言病,
宋之問·武平一往省候, 曰:「甚爲造化小兒相苦, 尙何言! 然吾在, 久壓公等.
今且死, 但恨不見替人也.」少與李嶠·崔融·蘇味道爲「文章四友」. 有集十卷,
今不存, 但傳詩四十餘篇而已.

042

〈蓬萊三殿侍宴奉勅咏終南山〉 ························· 杜審言

봉래 세 궁궐에서 잔치를 모시면서 명을 받들어 종남산을 노래함

북두성은 성 저 가에 걸려 있고,
종남산은 전각 앞에 버티고 있네.
구름 끝 금빛 궁궐은 아득히 먼데,
나무 끝에 옥당이 걸려 있는 모습이로다.
저 고개 반쯤 높이에 아름다운 기운과 통하고,
봉우리 중간에 상서로운 내가 둘러싸고 있네.
소신이 장수를 축하하는 시 한 편 올립니다.
길이 요임금의 태평성대처럼 추대 받으시기를.

北斗挂城邊, 南山倚殿前.	북두괘성변, 남산의전전.
雲標金闕逈, 樹杪玉堂懸.	운표금궐형, 수초옥당현.
半嶺通佳氣, 中峰繞瑞烟.	반령통가기, 중봉요서연.
小臣持獻壽, 長此戴堯天.	소신지헌수, 장차대요천.

【蓬萊三殿】 王相의 주에 "唐大明宮庭有紫宸·蓬萊·含元三殿"라 하였다. 한편
《舊唐書》 地理志에 "大明宮, 貞觀八年置, 初名永安宮, 九年改名爲大明宮,
高宗龍朔二年增建, 改名爲蓬萊宮"이라 하였다.

【侍宴】임금의 잔치를 모심. 배석함.

【終南山】秦嶺, 그 산맥은 서쪽 甘肅 天水縣에서 시작하여 陝西 남부를 거쳐 동쪽 河南 陝縣에서 끝남. 주봉은 長安縣 남쪽에 있으며 해발 약 3500미터. 당나라 長安의 남쪽에 있음.

【南山】종남산을 말하며 《詩經》 小雅 天保의 "如月之恆, 如日之升. 如南山之壽, 不騫不崩"이라 하여 흔히 '壽比南山'이라 하여 長壽를 상징함.

【雲標】구름의 끝. 雲表와 같음.

【金闕】임금이 거주하는 궁궐.

【迥】'아득히 멀다'의 뜻.

【杪】나무 끝. '梢'와 같음.

【玉堂】궁궐을 다른 이름으로 부른 것.

【佳氣】상서로운 기운. 기상이 특이함.

【瑞煙】상서로운 雲氣.

【獻壽】《천가시》 원본에는 '壽獻'으로 되어 있음.

【戴堯天】堯임금 때의 하늘을 머리에 이고 있음. 요임금 때의 含哺鼓腹과 같은 태평성대에 살고 있음을 아름답게 표현한 것. 혹은 '요임금이 추대를 받은 것처럼 되다'의 뜻. 여기서는 뒤의 뜻을 따라 풀이함.

原註(王相)

杪音眇, 末也.

○唐大明宮庭有紫宸·蓬萊·含元三殿. 終南山在長安城南, 京都之對山也. 審言因聖壽賜宴, 而奉勅咏終南山之詩也. 言北斗掛帝城之北, 南山倚宮殿之前, 山中金闕嵯峨于霄雲之上, 而白玉堂又居山崔之巔, 雲樹之末, 山嶺之半, 接帝京之佳氣, 山峰之內, 繞仙家之瑞煙. 小臣欲頌聖人之德, 敬以南山比天子之壽, 常戴于堯天舜日之下也.

참고 및 관련 자료

1. 이 시는 당 中宗 神龍 연간 修文館直學士였을 때 지은 것으로 임금의 장수를 축하하는 내용이다. 韻脚은 '前·懸·烟·天'이다.

2. 두심언(杜審言) 앞장 041 참조.

043

〈春夜別友人〉 ·· 陳子昂
봄밤에 친구를 이별하며

하얀 촛불 맑은 연기를 토해내고,
금빛 술잔은 비단결 돗자리에 그대를 마주하네.
이별하는 이 당의 음악소리는
그대 헤어지면 그 먼 산천 돌아가야 함을 떠올리게 하네.
밝은 달은 높은 저 나무에 숨어 있고,
길고 긴 강물은 새벽하늘 아래 묻혀있네.
그대 멀고 먼 낙양 가는 길,
다시 이런 만남을 몇 년을 기다려야 할꺼나?

銀燭吐清烟, 金尊對綺筵.　　은촉토청연, 금준대기연.
離堂思琴瑟, 別路繞山川.　　리당사금슬, 별로요산천.
明月隱高樹, 長河沒曉天.　　명월은고수, 장하몰효천.
悠悠洛陽去, 此會在何年?　　유유락양거, 차회재하년?

【銀燭】초의 색깔이 희어 마치 은과 같음을 말함. 촛불을 뜻함.
【金尊】'尊'은 '樽'과 같음.
【綺筵】훌륭한 자리. 잔치를 말함.
【離堂】헤어질 때 의식을 인사를 하는 궁궐.

【思】슬퍼함. '悲'와 같음.

【琴瑟】원래는 악기 이름이나 여기서는 친구사이의 훌륭한 잔치를 말함.
《詩經》小雅 鹿鳴에 "我有嘉賓, 鼓琴鼓瑟"이라 함.

【長河】은하수를 말함.

【洛陽去】다른 판본에는 '洛陽道'라 되어 있음.

【此會】다시 한 번 모임. 다시 만날 이러한 모임.

原註(王相)

　　子昻居蜀有入洛之行, 友人張筵以餞之, 臨別而贈主人以詩也. 言子之餞我
于春夜也. 銀燭之光, 靑烟繚繞, 金尊之擧, 綺席珍羅, 高堂之樂, 奏琴瑟以
動離思, 去路迢遙, 有萬里山川之遠. 是以留戀通宵, 不忍分手, 明月西下隱蔽
于高樹, 天欲曉而銀河漸沒矣. 承子之餞後, 則吾悠悠道途, 向洛陽而去矣.
歸期難定, 不知再會于何年也.

참고 및 관련 자료

1. 진자앙의 〈春夜別友人〉은 모두 2수이며 이는 그 중 하나이다. 韻脚은
'筵·川·天·年'이다.

2. 진자앙(陳子昻) 031 참조.

044

〈長寧公主東莊侍宴〉 ···································· 李嶠

장녕공주의 동쪽 별장 잔치를 모시면서

동쪽 교외에 별장을 마련하시니,
고관의 수레 방울 소리 궁궐로부터 찾아와 주시네.
길게 펼쳐진 잔치 자리에 문무백관이 모여들고,
선계의 음악소리는 그 바로 봉황조로다.
나무숲은 멀리 종남산까지 이어졌고,
자욱한 내는 북쪽 위수까지 덮고 있도다.
은덕을 입든 이들 이미 모두 취하여
아름다움 감상하느라 말고삐 돌릴 생각을 못하고 있네.

別業臨靑甸, 鳴鑾降紫霄.　　별업림청전, 명란강자소.

長筵鵁鷺集, 仙管鳳凰調.　　장연원로집, 선관봉황조.

樹接南山近, 烟含北渚遙.　　수접남산근, 연함북저요.

承恩咸已醉, 戀賞未還鑣.　　승은함이취, 련상미환표.

【長寧公主】長甯公主. 唐 中宗의 사랑하는 딸. 楊愼交에게 시집을 보내고
나서 중종이 장안 동쪽 교외에 공주를 위하여 큰 별장을 지어주었으며 그
비용이 엄청났다 함. 별장이 완성되고 중종이 직접 임행하여 詩賦를 짓고

잔치를 자주 열었음. 開元 16년(728) 양신교가 죽자 공주를 다시 蘇彦伯에게 개가시켰음.

【別業】 별장의 다른 말.

【靑甸】 靑은 동방, 甸은 교외. 동쪽 교외를 말함.

【鳴鑾】 말의 재갈 양쪽 끝에 묶은 방울 소리. 흔히 제왕이나 귀족의 수레를 뜻하는 말로 쓰임.

【紫霄】 푸른 하늘. 여기서는 제왕이 거하는 궁궐을 가리킴.

【鵁鷺】 원추리와 해오라기. 이 새들은 날 때 차례를 지킨다 하여 궁전의 신하를 대신하는 말로 쓰임. 문무백관을 가리킴.

【仙管】 퉁소의 별칭.

【鳳凰調】 퉁소로 부는 음악을 말함.《列仙傳》蕭史에 "蕭史者, 秦穆公時人也. 善吹簫, 能致孔雀·白鶴於庭. 穆公有女字弄玉, 好之, 公遂以女妻焉. 日敎弄玉作鳳鳴, 居數年, 吹似鳳聲, 鳳凰來止其屋. 公爲作鳳臺, 夫婦止其上, 不下數年, 一旦皆隨鳳凰飛去; 故秦人爲作鳳女祠於雍宮中, 時有簫聲而已"라 함.

供養人(五代) 陝西 楡林窟 벽화

【南山】 장안 남쪽의 終南山.

【北渚】 장안 북쪽의 渭水 가의 모래톱.

【戀賞】 연연하여 감상함.

【還鑣】 고삐를 되돌림. 표는 말 입 재갈 끝에 물린 쇠의 양끝을 말함. 그곳에 고삐를 묶음.

原註(王相)

鵁音鴛, 義同; 鑣音標, 彎也. 長寧公主, 中宗女, 有寵於帝, 特賜東莊, 中宗與后皆臨幸之, 故喬以宰相得隨駕賜宴, 應帝之制而作此詩也. 別業, 東莊之別館也. 甸, 皇畿之近, 甸也. 在東郊, 故曰靑甸. 天子之駕曰鑾, 紫霄, 猶天也. 言帝后鑾輿, 猶從天而降也. 鵁鷺之集, 於水班行成列, 以比群臣. 侍宴如鵁鷺之集也. 仙管, 簫也. 簫能引鳳, 言音樂也. 南山, 終南; 北渚, 渭水也. 言雲樹集乎終南, 烟霞映乎渭水也. 百官承天恩賜宴, 皆已霑醉而天子悅, 戀山水之勝, 而戀輿尙未遽還也.

○嶠, 字巨山, 趙人, 相武后中宗, 初唐.

1.《全唐詩》에는 제목을 〈侍宴長寧公主東莊應制〉로 되어 있으며 中宗이
東莊에 행차하자 시인이 이 잔치를 모시면서 지은 것이다. 韻脚은 '霄·調·遙·
鑣'이다.

2. 이교(李嶠. 644~712)

唐代 시인. 자는 巨山, 趙州 贊皇(지금의 河北 臨城縣) 사람이다. 당 太宗
貞觀 18년에 태어나 玄宗 開元 원년에 죽었다. 향년 70세. 어릴 때 才名이
있었으며 고종 麟德 연간에 진사에 올라 고종, 武后, 中宗, 현종 4조를 섬겼다.
蘇味道와 이름을 함께 하여 '蘇李'라 불렸으며 그 외 崔融, 杜審言과 함께
당시 '文章四友'로 불렸다. 명대 집일한 《李嶠集》이 있으며 《전당시》에 시
5권이 수록되어 있다. 《신·구당서》에 전이 있다.

3.《唐才子傳》⑴

李嶠:

嶠, 字巨山, 趙州人. 十五通五經, 二十擢進士, 累遷爲監察御史. 武后時, 同鳳
閣鸞臺平章事. 後因罪貶盧州別駕. 卒. 嶠富才思, 有所屬綴, 人輒傳諷. 明皇
將幸蜀, 登花萼樓, 使樓前善〈水調〉者奏歌, 歌曰:「山川滿目淚霑衣, 富貴
榮華能幾時? 不見只今汾水上, 惟有年年秋鴈飛.」帝慘愴移時, 顧侍者曰:
「誰爲此?」對曰:「故宰相李嶠之詞也.」帝曰:「眞才子!」不待終曲而去. 嶠前
與王勃·楊炯接, 中與崔融·蘇味道齊名, 晚諸人沒, 爲文章宿老, 學者取法焉.
今集五十卷,《雜詠詩》十二卷, 〈單題詩〉一百二十首, 張方爲註, 傳於世.

045

〈恩賜麗正殿書院賜宴應得林字〉 ······················· 張說

여정서원을 지어 잔치를 열어주시면서
'림林'자를 주어 시를 짓도록 함에 응함

동벽은 도서를 소장하는 곳이요,
서원은 한림학사들이 모여 있는 곳.
시를 읽어 정치의 득실을 들려드리고,
《주역》을 풀이하여 하늘 뜻을 보여드리네.
나는 음식에 오미를 맞추듯 중요한 지위에 있으니,
오늘 은혜를 입어 좋은 술에 깊이 취하네.
봄 노래 이 춘흥에 맞추어 임금께 올리노니
임금께서 알아주시는 그 마음에 모든 정을 다하여 보답하리라.

東壁圖書府, 西園翰墨林.　　동벽도서부, 서원한묵림.

誦詩聞國政, 講易見天心.　　송시문국정, 강역견천심.

位竊和羹重, 恩叨醉醴深.　　위절화갱중, 은도취례심.

載歌春興曲, 情竭爲知音!　　재가춘흥곡, 정갈위지음!

【麗正殿書院】麗正書院. 玄宗이 大明宮 光順門 앞에 학자들을 모아 연구
하도록 세워준 서원.

【林字】'林'자를 韻字로 주어 시를 짓도록 함.

【東壁】도서관, 장서를 의미함. 원래는 별자리 이름으로 28수(宿)의 하나이며 營星과 室星 두 별의 동쪽에 있음. 晉書 天文志(上)에 "東壁二星, 主文章, 天下圖書之祕府也"라 함.

【西園】'西垣'으로도 표기하며 中書省의 별칭. 원래 魏나라 曹操가 鄴에 도읍을 건설하면서 세운 園林으로 당시 문인들이 모여 문학을 토론하던 장소.《文選》曹植의〈公讌詩〉에 "公子敬愛客, 終宴不知疲. 淸夜遊西園, 飛蓋相追隨"라 함.

【翰墨林】文壇의 당시 용어. 필묵의 모임이라는 뜻.

【詩】여기서는《詩經》을 말함.《漢書》藝文志에 "古有采詩之官, 王者所以觀風俗·知得失·自考正也"라 함.

【易】《周易》을 말함. 천지인의 심오한 도리를 밝힌 책이라는 의미로 쓰임.

【和羹】음식에서 五味가 조화를 이루어 훌륭한 맛을 내듯이 재상과 관료들이 임금을 잘 보필함을 뜻함.

【叨(도)】忝과 같음. 탐욕을 부려 일을 그르치거나 더럽힘.

【醉酒】임금의 은택을 말함.《詩經》大雅 旣醉에 "旣醉以酒, 旣飽以德"이라 함.

【載】'爲, 作'과 같은 뜻.

【知音】자신을 알아주는 자. 여기서는 당 현종을 가리킴.

原註(王相)

文字以說爲書院, 使掌儒臣講讀事.

書院旣成, 上宴儒臣說以翰林掌院事, 應帝制而賦此詩, 得林字之韻也. 東壁二星, 主天下文人. 魏曹子建置酒因以招文士, 說見書院之建. 上應東壁文章, 乃圖書之府也. 聚天下之才子, 請究詩書如子建, 書院文人雅集, 誠翰墨之林也. 以言詩國風雅頌, 政事在焉; 以言易, 則兩儀四象天地之心見焉; 以言己職, 則居相而竊調羹和鼎之重; 以言君恩, 則旣醉以酒, 又飽以德, 而叨聖主之深恩; 以言應制, 則儒臣才子之多. 老臣之詩, 思頌竭勉强, 而賦此恐知音所誚也.

참고 및 관련 자료

1. 唐 玄宗이 大明宮 光順門 밖에 麗正書院을 지었으며 당시 재상 張說이 이를 관장하고 있었다. 그 속에 잔치를 하면서 임금이 '林'자를 운으로 주어 이에 맞추어 시를 짓게 된 것이다. 《전당시》(83)에는 〈恩制賜食於麗正殿書院宴賦得林字〉로 되어 있으며 《張說之文集》(5)에는 제목이 〈恩制賜食於麗正書院宴賦得林字〉라 하여 '殿'자가 없다. 韻脚은 '林·心·深·音'이다.

2. 장열(張說) 028 참조.

046

〈送友人〉 .... 李白

친구를 보내며

푸른 산은 북쪽 성곽에 비껴있고,
흰 물은 동쪽 성을 감돌아 흐르도다.
여기서 일단 헤어지고 나면
그대는 홀로 만리 먼 길을 가야하리!
뜬구름은 그대처럼 임의로 가면 그만이지만,
지는 해는 나의 이 슬픈 마음이라오.
손을 흔들며 여기서 보내드리니
말머리 돌리는 우리 두 말도 쓸쓸한 울음으로 작별을 하는구려!

青山橫北郭, 白水遶東城.　　청산횡북곽, 백수요동성.
此地一爲別, 孤篷萬里征!　　차지일위별, 고봉만리정!
浮雲游子意, 落日故人情.　　부운유자의, 낙일고인정.
揮手自玆去, 蕭蕭班馬鳴!　　휘수자자거, 소소반마명!

【北郭】 고대 내성외곽으로 구분하였으며 여기서는 성과 상대하여 쓴 말.
【孤篷】 가을에 쑥이 마른 채 흩날리는 것을 말하여 흔히 표박, 표류라는
뜻으로 널리 쓰임.

【征】먼 여행길.

【自玆去】《천가시》원본에는 '自知去'로 되어 있음.

【蕭蕭】말이 우는 소리. 쓸쓸함을 말함.

【班馬】무리에서 분리된 말. '班'은 '分'과 같음. 여기서는 이별하는 두 말을 말함.

太白送友之詩, 意曰送子出北郭, 則靑山橫亘於前; 送子登舟, 則長河一水遶城而東去矣. 從此與子一別, 而孤蓬泛泛萬里長征, 遊子之意, 如浮雲之無定, 而故人之情, 則如落日之西沈, 望之而不能見也. 子之馬從舟而去, 吾之馬入城而回, 二馬蕭蕭長鳴, 若有離羣之感, 非惟人不忍別, 馬亦不忍離也.

참고 및 관련 자료

1. 이백이 어떤 친구와 헤어지면서 읊은 送別詩이다. 韻脚은 '城·征·情·鳴'이다.

2. 이백(李白) 005 참조.

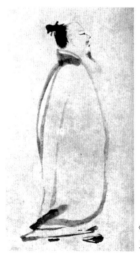

〈李白吟行圖〉(宋) 梁楷
도쿄 국립미술관 소장

047

〈送友人別蜀〉 ·· 李白

친구를 촉으로 보내면서 이별함

들기로 촉 땅 가는 길은,
험하고 높아 가기 힘들다던데.
산은 사람의 눈앞에서 솟아오르고
구름은 말머리에서 피어난다네.
꽃다운 나무는 진잔을 덮고 있고,
봄물은 촉성을 휘돌고 있겠지.
벼슬 신세 부침이야 이미 정해진 것을,
다시 더 엄군평에게 물을 것도 없으리.

見說蠶叢路, 崎嶇不易行.	견설잠총로, 기구불이행.
山從人面起, 雲傍馬頭生.	산종인면기, 운방마두생.
芳樹籠秦棧, 春流遶蜀城.	방수롱진잔, 춘류요촉성.
升沈應已定, 不必問君平.	승침응이정, 불필문군평.

【見說】전해 들음.
【蠶叢路】蜀(四川)으로 들어가는 길. '蠶叢'은 촉을 대신하는 말. 전설에 고대
촉나라 개국군주가 백성들에게 뽕나무를 심어 잠업을 흥하게 하고자 하였다
하여 붙여진 이름. 揚雄의 《蜀王本紀》 참조.

【秦棧】고대 秦 땅에서 蜀으로 들어갈 때의 험난한 棧道.

【春流】봄이 되어 불어난 물을 뜻함. 혹 촉성도 근처의 郫江과 流江을 지칭한다고도 함.

【蜀城】지금의 四川 成都.

【升沈】浮沈과 같음. '沈'은 '沉'과 같음.

【君平】嚴君平. 촉 땅 嚴遵의 자가 군평이었으며 成都에 은거하여 점을 치는 일로 살았었음. 사악하고 부정한 자가 물으면 시구를 이용하여 그에게 이해득실을 일러주어 孝順忠善을 이루도록 유도하였음.《漢書》王貢兩龔鮑傳 참조. 여기서는 '그대는 忠善을 다하는 자이니 어디를 가나 화를 만나지 아니하고 일을 잘 처리할 것이며 벼슬길의 부침에 태연할 것임'을 축복한 것임.

原註(王相)

蠶叢, 帝嚳之後, 始封于蜀者也. 秦棧, 卽漢中府入蜀之棧道也. 君平, 蜀人; 嚴遵, 漢成都賣卜者也. 太白送友入蜀詩. 意曰西蜀, 古蠶叢之國, 崎嶇險阻, 人不易行也. 路窄而徑曲, 山當人面壁陡而立, 山氣嶂而多雲, 如烟如霧, 從人馬首而忽生忽滅, 棧道羊腸九折而樹木參差, 籠映中有深泉, 從高而下南流, 入蜀而遶其城郭. 吾聞成都皆有賢者, 嚴君平賣卜, 今或亦有高人隱此. 然子之遷于蜀也, 升沈是皆有命存焉. 雖有善卜, 亦不必問也.

참고 및 관련 자료

1. 역시 이백의 송별시이다. 韻脚은 '行·生·城·平'이다.

2. 이백(李白) 005 참조.

048

〈次北固山下〉 ································· 王灣

북고산 아래에 머물며

나그네길 청산 밖까지 나가보았네.
배는 푸른 물 앞에 대어 놓았네.
조수는 평온하며 두 언덕은 확 트였고,
바람은 마침 돛대 띄우기에 안성맞춤.
바다에는 남은 밤 빛 위로 해가 떠오르고,
강은 봄이 왔어도 지난 해 다 흐르지 못했노라 계속 흐르네.
고향으로 보낸 편지 어디가면 받게 될까?
북으로 가는 기러기 저 낙양 근처까지 갔을 텐데.

客路靑山外, 行舟綠水前.	객로청산외, 행주록수전.
潮平兩岸濶, 風正一帆懸.	조평량안활, 풍정일범현.
海日生殘夜, 江春入舊年.	해일생잔야, 강춘입구년.
鄕書何處達? 歸雁洛陽邊.	향서하처달? 귀안락양변.

【次】 여행 중 임시 머물러 숙식함. 사흘 이상 묵는 것을 말함. 《左傳》 莊公 3년에 "凡師一宿爲舍, 再宿爲信, 過信爲次"라 함.
【北固山】 지금의 江蘇 鎭江縣에 있는 산. 長江 가운데로 솟아 삼면이 물로 둘러싸임.

【潮平】조수가 솟아올라 강 언덕과 나란함.

【入】진입, 침입.

【鄕書】고향으로 부치는 편지.

【歸雁】고향으로 돌아가는 기러기. 고대 기러기발에 편지를 묶어 보냈던
전설을 말함.

【洛陽】시인의 고향.

原註(王相)

山在鎭江府北.

言舟行江邊, 經于北固下山, 因作詩. 曰江行客路過於靑山之下, 江舟之行,
則於綠水之前, 春水未至, 潮水平流, 兩岸之地多闊, 西風正而舟帆高挂, 以催
順流而東, 天未明而放舟, 夜已殘而日出, 地近海隅, 日生最早也. 時値新正而
立春, 則在去歲之末; 是春色之早也. 則吾離家已遠, 鄕書將何所達乎? 惟俟
歸鴻之便, 傳之於洛陽而已.

○王灣, 洛陽人, 仕至滎(滎)陽簿, 盛唐.

참고 및 관련 자료

1. 唐나라 殷璠이 선집한 《河嶽英靈集》에는 제목이 〈江南憶〉으로 되어
있으며 "南國多新意, 東行伺早天. 潮平兩岸失, 風正數帆懸. 海日生殘夜,
江春入舊年. 從來觀氣象, 惟向此中偏"이라 하여 글자의 차이도 매우 심하다.
韻脚은 ‘前·懸·年·邊’이다.

2. 왕만(王灣)

唐代 시인. 洛陽 사람으로 先天 연간에 진사에 올랐으며 開元 초 滎陽主簿를
거쳐 洛陽尉에 오르기도 하였다. 그의 문장은 일찍이 알려져 吳楚 사이에
널리 퍼졌으며 여기에 실린 "海日生殘夜, 江春入舊年"은 당시 가장 널리 애송
되기도 하였다. 《전당시》에 시 10수가 수록되어 있다.

3. 《唐才子傳》(1)

王灣:

灣, 開元十一年, 常無名榜進士, 與學士綦母潛契切. 詞翰早著, 爲天下所稱.

往來吳·楚間, 多有著述. 如〈江南意〉一聯云:「海日生殘夜, 江春入舊年.」詩人以來, 罕有此作. 張燕公手題於政事堂, 每示能文, 令爲楷式. 曾奉使登終南山, 有賦. 志趣高遠, 識者不能弃焉.

049
〈蘇氏別業〉 ·· 祖詠

소씨 별장

그윽한 곳에 별장을 지었구려.
이곳에 와보니 나도 은거할 마음이 솟구친다오.
종남산을 창문으로 삼고,
풍수는 이 정원 숲에 비치고 있소.
대나무는 아직 뒤집어쓴 겨울눈을 털어 내지 못하여,
그 때문에 아직 석양이 아닌데도 뜰은 어둡구려.
고요하기는 사람 사는 저 밖의 도원과 같아,
조용히 앉아 봄 새 지저귀는 소리 듣는 이 한적함이여.

別業居幽處, 到來生隱心.　　별업거유처, 도래생은심.

南山當戶牖, 灃水映園林.　　남산당호유, 풍수영원림.

竹覆經冬雪, 庭昏未夕陰.　　죽부경동설, 정혼미석음.

寥寥人境外, 閒坐聽春禽.　　료료인경외, 한좌청춘금.

【別業】별장, 別墅. 제목의 소씨는 조영의 친구이며 구체적으로는 알 수 없음.
【隱心】은거하고 싶은 마음.
【南山】종남산.

【澧水】豐水로도 표기하며 陝西 寧陝縣 秦嶺에서 발원하여 西安(長安) 서북을 흘러 滿水를 거쳐 渭水로 흘러 들어감.
【未夕陰】아직 저녁이 되지 않음.
【春禽】봄의 새들. 여기서는 봄 새들의 지저귀는 소리를 말함.

詠于友人蘇氏別館, 而作此詩. 言子之園林, 靜雅可謂幽居矣. 吾來此處, 見山水之佳, 勝高士之淸曠, 令人生棲隱之心焉. 終南之山, 則當於門牖; 澧水之流, 則遠映園林. 經冬至雪, 尙留於竹梢, 和睦掩映蔽日之光, 未深於夕而重陰密覆, 幽寂之境, 人聲不聞, 但聽春鳥之鳴而已. 其瀟灑得意之情, 自見於言外也.

○祖詠, 范陽人, 官至駕部員外郎, 盛唐.

참고 및 관련 자료

1. 이 시는 조영의 친구 蘇氏가 長安 남쪽 교외에 별장을 마련하여 시인이 진사에 올라 처음 관직에 들어섰을 때 지은 것이다. 韻脚은 '心·林·陰·禽'이다.

2. 조영(祖詠)

唐代 시인. 자는 알려져 있지 않으며 낙양 사람으로 뒤에 汝水로 옮겨 살았다. 開元 12년(724) 진사에 올랐으며, 王維와 절친하여 唱和한 시가 있다. 그의 생활은 불우하여 河南 汝水 일대에 은거하여 漁樵 생활로 일생을 마쳤다. 景物詩에 뛰어나 왕유와 비슷한 풍격을 지닌 것으로 평가받고 있다. 명대 집일한 《祖詠集》이 있으며 《전당시》에 시 1권이 수록되어 있다.

祖詠 시. 靑谷 金春子(현대)

3.《唐才子傳》(1)

祖詠:

詠, 洛陽人. 開元十二年, 杜綰榜進士. 有文名, 商(殷)璠評其詩:「剪刻省靜,
用思尤苦, 氣雖不高, 調頗凌俗, 足稱爲才子也.」少與王維爲吟侶, 維在濟州,
寓官舍, 贈祖三詩, 有云:「結交三十載, 不得一日展. 貧病子旣深, 契闊余不淺.」
蓋亦流落不偶, 極可傷也. 後移家歸汝濆間別業, 以漁樵自終. 有詩一卷, 傳於世.

050

<春宿左省> ·· 杜甫

봄에 문하성에 숙직을 하며

꽃은 곁문과 담에 저녁 빛을 받아 은은하고
지저귀는 새는 둥지 찾아가느라 이곳을 지나네.
하늘의 별들은 장안 만호의 반짝이는 불빛에 임해있고,
달빛은 높은 궁궐 곁에서 더 밝게 쏟아지네.
잠을 쫓으며 자물쇠 소리에 귀를 기울였더니
바람에 흔들리는 그 소리, 옥가 소리가 아닌가 떠올리게 하네.
이튿날 아침 조회에 숙직 보고할 문건을 봉하며,
스스로 지난밤 아무 일 없었나 자주 물었지.

花隱掖垣暮, 啾啾棲鳥過.	화은액원모, 추추서조과.
星臨萬戶動, 月傍九霄多.	성림만호동, 월방구소다.
不寢聽金鑰, 因風想玉珂.	불침청금약, 인풍상옥가.
明朝有封事, 數問夜如何?	명조유봉사, 삭문야여하?

【宿】 숙직, 당직을 하며 밤을 지키는 일.
【左省】 門下省을 말함. 궁전의 동쪽에 있어 흔히 좌성이라 부르며 중서성은
　오른쪽, 문하성은 왼쪽에 있었음.
【掖垣】 '掖'은 궁중의 곁문. '垣'은 그 곁의 담을 말함.

【啾啾】새 우는 소리를 音寫한 것.

【九霄】하늘 끝. 여기서는 제왕이 거처하는 곳을 말함.

【金鑰】궁문의 자물쇠. 혹은 그를 여는 소리.

【玉珂】말의 고삐 끝에 다는 구슬 모양의 장식. 말이 움직이면 서로 부딪쳐 낭랑한 소리가 남. 벌써 출근하는 고관의 수레 소리가 아닌가 여김을 말함.

【封事】밀봉한 문서. 임금에게 올리는 문서의 보안을 위하여 밀봉한 것을 말함. 여기서는 숙직 보고 문건을 말함.

【夜如何】지난밤의 상황에 대하여 묻고 안전을 확인하는 일. 《詩經》小雅 庭燎에 "夜如何其? 夜未央"이라 함.

原註(王相)

子美爲左拾遺時, 値宿夜, 故止於門下左首. 掖垣, 宮門左右掖之墻, 即省中而言宮花隱于掖垣, 昏夜而不得見, 但見投枝之鳥, 啾啾而覓宿也. 星斗粲然, 欲動照臨於萬戶, 皓月當天而光明于九霄, 宮門欲啓, 必有鎖鑰, 傳呼之聲, 侍臣于五更而起, 聽之最早也. 朝馬旣動, 則宮外必有鳴珂之響. 故因風動而思朝臣之將至也. 封事, 封章也. 因天明而欲上朝奏事, 故不暇而數問侍者, 夜之明否也.

○杜甫, 京兆杜陵也, 仕至工部員外郞, 盛唐.

참고 및 관련 자료

1. 이 시는 두보가 肅宗 乾元 원년(758) 봄 左拾遺의 벼슬이었을 때 숙직을 하면서 그 정취를 읊은 것이다. 韻脚은 '過·多·珂·何'이다.

2. 《杜詩諺解》

고지 禁掖ㅅ닶 나조히 그윽ᄒ니 기세잘 새 우러 디나가놋다

벼른 萬戶애 臨ᄒ야 뮈오 둜비츤 九霄애 바라 하도다

자디 아니ᄒ야셔 門ㅅ 즈물쇠 여로믈 듣고 ᄇᄅᆷ 부로믈 因ᄒ야 玉珂ㅅ 소리를 스치노라

ᄂᆞ싈 아ᄎᆞ미 封事ㅣ 이실ᄉᆡ ᄌᆞ조 바미 어드록고 묻노라(초간본 6)

3. 두보(杜甫. 712~770)

唐代 대표적인 시인. 자는 子美, 자칭 '少陵野老', 혹 '杜陵野客'이라 하였다. 당대 최고의 시인이며 唐 睿宗 太極 원년에 태어나 代宗 大曆 5년에 죽었다. 향년 59세. 그의 선대는 京兆 杜陵에 살았으며 뒤에 襄陽으로 이주하였다가 다시 鞏縣으로 옮겨 두보는 그곳에서 태어났다. 杜審言이 바로 그의 조부이다. 家學을 이어 淵博한 지식을 쌓았으며 원대한 포부를 가지고 있었으나 시대를 제대로 만나지 못하였다. 당시 李白과 친밀한 관계를 맺었으며 그 시풍에 따라 이백을 詩仙, 두보를 詩聖으로 추앙하였고 '李杜'라 불렸다. 天寶 초 진사에 낙방하자 10여 연간 長安을 떠돌다가 安祿山의 난을 만나자 鳳翔으로 피하였다가 그곳에서 肅宗을 뵙고 처음으로 左拾遺의 벼슬을 얻게 되었다. 장안이 수복되자 숙종을 따라 환도하였다가 직언으로 숙종의 미움을 받아 華州 司空參軍으로 밀려났다. 얼마 뒤 벼슬을 버리고 蜀으로 들어가 劍南節度使 嚴武에게 몸을 맡겨 成都 浣花溪에 初堂을 짓고 살았다. 엄무가 그를 儉校 工部員外郎을 시켜 주어 세칭 '杜工部'라 불렸다. 엄무가 죽은 뒤 다시 촉에서 湘으로 들어가다가 장마를 만나 병으로 죽고 말았다. 그의 시는 무려 1450수에 이르며 당시 사회상은 물론 백성의 고통을 잘 표현하여 '詩史'라 불리기도 한다. 古體와 五律에 뛰어났으며 언어가 정밀하고 풍격이 침울하여 위로는 《詩經》의 風과 《楚辭》의 騷를 이어받고 아래로는 초당 沈佺期, 宋之問의 풍모를 뛰어넘게 되었다. 宋明 이래 그의 시는 천하에 존숭을 받아 많은 평이 쏟아졌으며 지금 《杜工部集》20권과 《補遺》1권이 있고 《전당시》에 그의 시 19권이 수록되어 있다. 《신·구당서》에 전이 있다. 특히 우리 한국에도 지대한 영향을 미쳐 朝鮮 초 이를 모두 언해하여 《杜詩諺解》를 편찬하기도 하였다.

4. 《唐才子傳》(2)

杜甫:

甫, 字子美, 京兆人. 審言生閑, 閑生甫. 貧少不自振, 客吳·越·齊·趙間, 李邕奇其材, 先往見之. 擧進士不中第, 困長安. 天寶三載, 玄宗朝獻太淸宮·饗廟及郊, 甫奏賦三篇. 帝奇之, 使待詔集賢院, 命宰相試文章. 擢河西尉, 不拜, 改右衛率府冑曹參軍. 數上賦頌, 高自稱道, 且言:「先臣恕·預以來, 承儒守官十一世, 迨審言, 以文章顯. 臣賴緒業, 自七歲屬辭, 且四十年, 然衣不蓋體, 常寄食於人. 竊恐轉死溝壑, 伏惟天子哀憐之. 若令執先臣故事, 拔泥塗久辱, 則臣之述作, 雖不足鼓吹六經, 先鳴數子, 至沈鬱頓挫, 隨時敏給, 揚雄·枚皋, 可企及也.

有臣如此, 陛下其忽棄之!」會祿山亂, 天子入蜀, 甫避走三川. 肅宗立, 自鄜州
羸服欲奔行在, 爲賊所得. 至德二年, 亡走鳳翔, 上謁, 拜左拾遺. 與房琯爲
布衣交, 琯時敗兵, 又以琴客董廷蘭之故罷相, 甫上疏言:「罪細不宜免大臣.」
帝怒, 詔三司雜問. 宰相張鎬曰:「甫若抵罪, 絕言者路.」帝解, 不復問. 時所在
寇奪, 甫家寓鄜, 彌年艱窶, 孺弱至餓死, 因許甫自往省視. 從還京師, 出爲華
州司功參軍. 關輔饑, 輒棄官去. 客秦州, 負薪拾橡栗自給. 流落劍南, 營草堂
成都西郭浣花溪. 召補京兆功曹參軍, 不至. 會嚴武節度劍南西川, 往依焉. 武再
帥劍南, 表爲參謀·撿校工部員外郎. 武以世舊, 待甫甚善, 親詣其家, 甫見之,
或時不巾. 而性褊躁傲誕, 常醉登武牀, 瞪視曰:「嚴挺之乃有此兒!」武中銜之.
一日, 欲殺甫, 集吏於門, 武將出, 冠鉤於簾者三, 左右走報其母, 力救得止. 崔旰
等亂, 甫往來梓·夔間. 大曆中, 出瞿塘, 泝沅·湘以登衡山. 因客耒陽, 遊嶽祠,
大水暴至, 涉旬不得食, 縣令具舟迎之, 乃得還, 爲設牛炙白酒, 大醉, 一昔卒,
年五十九. 甫放曠不自撿, 好論天下大事, 高而不切也. 與李白齊名, 時號「李杜」.
數嘗寇亂, 挺節無所汙. 爲歌詩, 傷時撓弱, 情不忘君, 人皆憐之. 墳在岳陽. 有集
六十卷, 及潤州刺史樊晃纂《小集》, 今傳.

◎ 能言者未必能行, 能行者未必能言. 觀李·杜二公, 踦𧿪板蕩之際, 語語王霸,
襃貶得失, 忠孝之心, 驚動千古, 騷雅之妙, 雙振當時. 兼衆善於無今, 集大成
於往作, 歷世之下, 想見風塵. 惜乎! 長轡未騁, 奇才並屈, 竹帛少色, 徒列空言,
嗚呼哀哉! 昔謂杜之典重, 李之飄逸, 神聖之際, 二公造焉.「觀於海者, 難爲水;
遊李·杜之門, 者難爲詩.」斯言信哉!

〈宮中宿衛〉(唐) 章懷太子墓 벽화

051

〈題玄武禪師屋壁〉 .... 杜甫
현무선사의 집 벽에 시를 지음

언제 고개지가
벽에 온통 은자들의 풍경을 그려놓았지?
붉은 해는 바위와 수풀을 비추고 있고,
푸른 하늘은 강과 바다에 흐르고 있네.
석장錫杖은 날아도 항상 학과 가까웠으니
잔을 타고 바다를 건너면서 갈매기를 놀라지 않게 하고 있네.
마치 이 그림 속에 내 여산 가는 길을 만나
진정 혜원을 따라 함께 노니는 듯하구려.

何年顧虎頭, 滿壁畫滄洲?　　하년고호두, 만벽화창주?

赤日石林氣, 青天江海流.　　적일석림기, 청천강해류.

錫飛常近鶴, 杯度不驚鷗.　　석비상근학, 배도불경구.

似得廬山路, 眞隨惠遠遊.　　사득려산로, 진수혜원유.

【玄武禪師】 玄武觀 寺廟의 승려. 玄武는 원래 산 이름으로 大雄山이라고도
하며 지금의 四川 中江縣 동남에 있음. 仇兆鰲의 《杜詩詳註》(11)에 《方輿
勝覽》을 인용하여 "大雄山, 在中江, 有玄武廟, 杜詩玄武禪師屋在此"라 함.

【顧虎頭】晉나라 화가 顧愷之(약 364~407)의 어릴 때 이름이 虎頭였음. 晉陵
　　無錫 사람으로 인물, 산수, 조수, 초목 등에 모두 능하였으며 아울러 詩賦와
　　서예에도 뛰어나 三絶(才絶, 畫絶, 癡絶)이라 불렸음.

【滄洲】물가. 흔히 은자들이 사는 곳을 말함.

【錫】錫杖. 지팡이 끝에 주석을 달아 장식하였으며 이로써 대문을 두드리는
　　데에 편하도록 하였음. 은자들의 지팡이를 말함. 주로 승려들이 걸식할 때
　　사용하여 승려를 대신하는 말로도 쓰임.

【杯渡】나무 잔을 타고 물을 건넘.《杜詩詳註》仇兆鰲 주에 "錫飛常近鶴,
　　全用《高僧傳》事, 杯渡不驚鷗, 參用《傳燈錄》及《列子》海鷗事; 本不相蒙. 大槪
　　壁畫上, 山前有鶴, 水際有鷗, 因此想出錫飛·杯渡以點綴之. 此詩家無中生有
　　之法; 不然, 强用驚鷗爲襯韻矣. ……《高僧前》: '舒州潛山最奇絶, 而山麓尤勝,
　　誌公與白鷗道人欲之, 同白武帝, 帝俾各以物識其地, 得者居之. 道人以鶴, 誌公
　　以錫, 已而鶴先飛去, 至麓將止, 忽聞空中錫飛聲, 誌公之錫, 遂卓於山麓. 道人
　　不懌, 然以前言不可食, 遂各於所識築室焉.' 舊注: '劉宋時杯渡者, 不知姓名,
　　常乘木杯渡水. 止宿一家, 有金像, 求之不得, 固竊以去. 主人追之, 至孟津,
　　浮木杯渡河, 無假風棹, 輕疾如飛.'《列子》黃帝: '海上之人有好漚鳥者, 每旦之
　　海上, 從漚鳥游, 漚鳥之至者百住而不止.'"라 함.《천가시》원문에는 '林度'로
　　두 글자 모두 잘못 표기되어 있음.

【廬山】산 이름. 江西 九江市에 있으며 천하 경승으로 널리 알려져 시인의
　　詩材에 등장하는 산.

【惠遠】晉나라 때 승려. 仇兆鰲 주에 "惠遠住廬山, 一時名人如劉遺民·雷次
　　宗輩, 並棄世遺榮, 依遠遊止. 沈氏曰: '陶淵明典惠遠遊, 從結白蓮社, 公蓋以
　　陶自比也.'"라 함.

　　　原註(王相)

　　此子美題畫壁之詩也. 顧愷之, 字虎頭, 晉人, 善畫, 梁僧寶誌與白鶴道人,
皆欲居潛山. 武帝以二人皆有靈道, 令各以物誌其地, 道人則放鶴, 志公則揮
錫杖, 並飛入雲中. 比鶴至山, 則錫杖已先飛, 至卓立於山矣. 帝各以所止之
處而築居焉. 昔有高僧, 乘木杯渡海而來, 因名杯渡禪師.
　　〇子美言禪師二壁圖畫已久, 非名筆不能畫, 此滄洲之景, 疑是虎頭之筆也.

但見日生於海, 其光映於林石之間, 浩浩然江海之波, 渺接于靑天之際, 禪錫
之飛時近乎白鶴, 木杯之渡, 不驚於水鷗, 而吾之得入於此寺也. 如游乎廬山
之路, 常隨晉高僧志遠之遊, 蓋以遠公比禪師, 以陶公自況也.

참고 및 관련 자료

1. 이 시는 두보가 肅宗 寶應 원년(762) 劍南兵馬使 徐知道가 반란을 일으
키자 이곳까지 피란하였을 때 지은 것이다. 韻脚은 '洲·流·鷗·遊'이다.

2.《杜詩諺解》
어느 히예 顧虎頭ㅣ바라매 ᄀᄃ리밠ᄀᆞᆯ 그리니오
블근 히옌 돌수프렛 기운이오 프른 하늘핸 ᄀᆞ룸과 바리왜 흐르놋다
錫杖이 ᄂᆞ라 샹녜 학의게 갓갑고 나모자ᄂᆞ로 믈 건나매 갈며기 놀라디 아니
ᄒᆞ얏도다
廬山ㅅ 길흘 어더 眞寶로 惠遠을 조차노ᄂᆞ 닷ᄒᆞ도다(중간본)

3. 두보(杜甫) 앞장(051) 참조.

〈杜甫〉상

052

〈終南山〉 ·· 王維

종남산

태을봉은 천자의 도읍 이 장안과 가깝고,
이어진 산은 바다 구석까지 이어졌도다.
발 앞에 구름은 돌아서면 다시 합쳐져 있고,
푸른 운애는 그 속에 들어가니 아무것도 볼 수 없네.
하늘의 분야는 각 봉우리에 맞추어 변한 듯 하고,
어둡고 밝은 모습 골짜기마다 다르구나.
오늘 밤 어디에서 하룻밤 자야하나?
물을 사이에 두고 건너편 나무꾼에게 물어보네.

太乙近天都, 連山到海隅.　　태을근천도, 련산도해우.

白雲廻望合, 靑靄入看無.　　백운회망합, 청애입간무.

分野中峰變, 陰晴衆壑殊.　　분야중봉변, 음청중학수.

欲投何處宿? 隔水問樵夫.　　욕투하처숙? 격수문초부.

【太乙】 종남산의 별명. 太乙峰(太一峰)은 종남산의 주봉임.
【天都】 天帝의 도읍. 아울러 天子의 도읍. 長安을 가리킴.
【連山到海隅】《全唐詩》(126)에는 "連山接海隅"로 되어 있으며 "山, 一作天;
接, 一作到"라 함.

【青靄】청색의 雲靄.

【分野】원래 별자리를 땅과 대응시켜 이르는 말. 고대 28수의 구역을 주군에
상응하여 불렀음. 王相 주에 "中峰之北, 爲秦, 爲雍州, 井鬼之分; 其南爲蜀,
爲梁州荊州, 翼軫之分, 故曰分野"라 함. 여기에서는 종남산 각 봉우리가 한
분야씩 해당되는 것으로 변한 듯 그 자체가 하나의 천하인 듯 여겨짐을
말함.

【何處】'人處'로 된 판본도 있음.

【水】'浦'로 된 판본도 있음.

原註(王相)

　太乙, 終南山之別名, 爲洞天之最故曰天都, 其山連亘數千里, 至於大海之隅.
中峰之北, 爲秦, 爲雍州, 井鬼之分; 其南爲蜀, 爲梁州荊州, 翼軫之分, 故曰
分野. 摩詰言終南之廣大深遠, 如此忽而白雲迷漫, 望之如合忽而靑葱翠藹,
近之則無分野之廣, 連跨于二州, 陰晴之變, 不同於萬壑山深, 曠野一望無際,
向晚欲止宿于人家, 則不知其處, 隔水詢問于樵夫, 始知村舍之地也.

참고 및 관련 자료

1. 이는 작자 왕유가 終南山에 들어가 그 웅장함을 두고 읊은 것이다. 韻脚은
'隅·無·殊·夫'이다.

2. 왕유(王維) 013 참조.

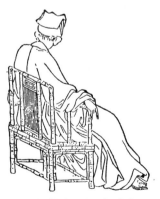

王維 《韻對千家詩》 삽화

053

〈寄左省杜拾遺〉 ·· 岑參

문하성 두보에게 보냄

그대와 함께 나란히 걸음을 재촉하여 조정을 오르내리며
각기 중서성과 문하성을 경계로 일을 보고 있네.
새벽이면 천자의 의장을 따라 들어서고,
저녁이면 임금의 향기에 젖은 몸으로 돌아오네.
백발은 지는 꽃잎을 슬퍼하고,
청운은 저 날아다니는 새를 부러워하지.
지금 조정에는 더 이상 잘못된 일도 없어
간언하는 상소문도 드물다네.

聯步趨丹陛, 分曹限紫微.　　런보추단폐, 분조한자미.
曉隨天仗入, 暮惹御香歸.　　효수천장입, 모야어향귀.
白髮悲花落, 青雲羨鳥飛.　　백발비화락, 청운선조비.
聖朝無闕事, 自覺諫疏稀.　　성조무궐사, 자각간소희.

【杜拾遺】杜甫를 가리킴. 岑參과 두보는 肅宗 乾元 원년 함께 관직에 올라 잠삼은 右補闕이 되어 中書省에 속하였고, 두보는 左拾遺가 되어 門下省에 속하였음.

【聯步】두 사람이 함께 나란히 걸음.

【丹陛】황궁의 계단. 붉은 칠을 하였었음. 여기서는 조정을 말함.

【分曹】각기 맡은 일을 분담하여 처리함.

【紫微】紫薇省(紫微省). 중서성의 별칭. 당나라 때 중서성에는 자미화(배롱나무꽃)를 심어 별칭이 되었음. 紫微는 '紫薇'로도 표기함. 당시 잠삼은 우보궐, 중서성으로 궁궐 서쪽(우)에 있었고 두보는 좌습유, 문하성으로 궁궐 동쪽(좌)에 있었음.

【天仗】제왕의 儀仗.

【惹】'물들다'의 뜻.

【靑雲】높은 관직이나 관운이 형통함을 말함.

【闕】빠뜨림. 잘못됨.

【諫疏】신하로써 임금에게 올리는 건의문이나 疏狀.〈삼민본〉에는 '諫書'로 되어 있음.

原註(王相)

岑爲左補闕, 居尙書左省, 子美爲拾遺居門下右省, 同居禁中, 故贈之以詩. 言與子同趨於丹階之間, 分左右省而居. 間於中書省之東西, 中書省有紫微花, 故曰限紫微, 天子臨朝, 則補闕拾遺, 同入而侍, 於其則何晚; 退朝則身沾御香而歸省. 人老而白髮生, 花落而靑春去, 故動暮年之悲. 士貴如入靑雲, 宦達快於飛鳥, 故動遲暮之美也. 身爲補闕之時, 値盛明朝政, 無闕可補, 無事可諫, 故諫職常問而無書可上也.

○岑參, 河內人, 仕終刺史.

참고 및 관련 자료

1. 이는 岑參이 당시 함께 벼슬하던 두보를 두로 읊은 것이다. 韻脚은 '薇·歸·飛·稀'이다.

2. 잠삼(岑參) 033 참조.

054

〈登總持閣〉 ··· 岑參

총지각에 올라

높은 누각은 저 33천을 가까이 하고,
누대에 오르니 해 가까이 온 듯하네.
맑은 하늘 아래 마을들 사이의 나무들,
저 오릉의 연기를 바라보니 만감이 교차하네.
난간 밖의 진령은 낮아 보이고,
창으로 보이는 위천도 작아 보이네.
불교의 청정한 이치를 일찍 알았더라면,
항상 이곳에 와서 불상에게 공양이나 드리고자 했을 텐데.

高閣逼諸天, 登臨近日邊.	고각핍제천, 등림근일변.
晴開萬井樹, 愁看五陵烟!	청개만정수, 수간오릉연!
檻外低秦嶺, 窗中小渭川.	함외저진령, 창중소위천.
早知淸淨理, 常願奉金仙.	조지청정리, 상원봉금선.

【總持閣】 누각 이름. 종남산에 있었음.
【諸天】 불교에서 말하는 三界(欲界, 色界, 無色界)의 총 33천.
【井】 마을.

【五陵】長陵(漢 高祖의 陵, 지금의 陝西 咸陽縣 동북), 安陵(惠帝, 함양현 동쪽), 陽陵(景帝, 섬서 高陵縣 서남), 茂陵(武帝, 섬서 興平縣 동북), 平陵(昭帝, 흥평현 동북) 등 다섯 능을 말함. 당시 능을 세울 때마다 외척과 부호를 그 근처로 옮겨 거부하게 하여 뒤에 흔히 오릉은 부호귀족이 모여 사는 곳을 뜻하는 말로 쓰였음.

【秦嶺】종남산을 이루는 산맥.

【渭川】위수. 장안의 북쪽을 흐르는 물.

【淸淨】맑고 깨끗함. 불교에서의 세속을 벗어난 맑고 깨끗한 마음을 말함.

【金仙】금색을 입힌 佛像. 如來金仙을 말함.

⟮原註(王相)⟯

閣在終南山之半. 岑參登而贊之也. 言逼近于諸天之佛界, 登臨而上, 覺紅日之近也. 方天霄晴明, 則長安萬井之樹, 無不在吾目中, 而下看五陵而烟樹迷漫, 丘墓縈遠, 則動人之愁思也. 秦嶺, 在長安之東. 俯檻而觀, 則秦嶺在其下; 渭川, 遠長安之北, 其川之水, 瀰漫由窓中窺之則小.

⟮참고 및 관련 자료⟯

1. 이는 잠삼이 총지각에 올라 사방을 바라보며 세사무상의 심회를 읊은 것이다. 韻脚은 '邊·烟·川·仙'이다.

2. 잠삼(岑參) 033 참조.

055

〈登兗州城樓〉 ··· 杜甫

연주성의 누대에 올라

내 이 동군에 와서 어버이를 뵙는 날,
남쪽 누대에 올라 마음껏 조망하기는 이번이 처음.
뜬구름은 연이어 저 바다와 태산에까지 이어졌고,
넓은 평야는 청주와 서주까지 펼쳐졌구나.
외롭게 우뚝 솟은 저 진시황의 비석 아직도 남아 있고,
황폐해진 성터에 노나라 때 영광전 유적도 그대로일세.
내 이제껏 옛날 역사에 관심이 많았었는데
마침 이렇게 보노라니 홀로 발길이 서성이네!

東郡趨庭日, 南樓縱目初.　　동군추정일, 남루종목초.

浮雲連海岱, 平野入靑徐.　　부운련해대, 평야입청서.

孤嶂秦碑在, 荒城魯殿餘.　　고장진비재, 황성로전여.

從來多古意, 臨眺獨躊躇!　　종래다고의, 림조독주저!

【兗州】 동한 때 설치한 주. 隋나라 때 魯郡으로 바꾸었다가 唐 武德 연간에
다시 연주로 바꿈. 지금의 山東 滋陽縣. 그리고 天寶 원년에 다시 노군
으로 바꾸었음. 한편 두보의 부친 杜閑이 兗州司馬를 지내고 있어 두보가
아버지를 뵈러 갔다가 성루에 올라 이 시를 읊은 것으로 보임.

【東郡】군 이름. 지금의 하북성 남부 및 산동성 북부 일대. 東漢 때 兗州 8군의 하나.

【趨庭】아버지의 훈육을 뜻함.《論語》季氏篇에 "陳亢問於伯魚曰:「子亦有異聞乎?」對曰:「未也. 嘗獨立, 鯉趨而過庭. 曰:『學詩乎?』對曰:『未也.』『不學詩, 無以言』鯉退而學詩. 他日, 又獨立, 鯉趨而過庭. 曰:『學禮乎?』對曰:『未也.』『不學禮, 無以立』鯉退而學禮. 聞斯二者」陳亢退而喜曰:「問一得三, 聞詩, 聞禮, 又聞君子之遠其子也.」"라 한 것을 말함.

【縱目】눈에 보고 싶은 대로 마음껏 멀리 훑어봄.

【海岱】黃海와 泰山. 岱는 태산의 다른 이름. 중국 오악의 하나이며 동악. 산동 태안시에 있음.

【青徐】青州와 徐州. 청주는 연주의 북쪽이며 서주는 남쪽. 당나라 때는 모두 河南道에 속하였음.《천가시》원본에는 '青條'로 되어 있음.

【秦碑】진시황이 산동 지역을 순수하며 세웠던 비석들.《史記》秦始皇本紀에 "二十八年, 始皇東行郡縣, 上鄒嶧山, 立石, 與魯諸儒生議, 刻石頌秦德"이라 함.

【魯殿】魯나라 靈光殿. 漢 景帝의 아들 魯 恭王(劉餘)이 세운 유명한 殿閣으로 山東 曲阜에 있었으며 東漢 王延壽가〈靈光殿賦〉라는 글을 지었음.

【臨眺】직접 그곳에 임하여 사방을 조망함.

【躊躇】머뭇거림. 배회함. 발길을 서성임. 雙聲連綿語.

兗州, 故稱東郡. 子美父間曾爲兗州司馬. 子美時省父, 故曰趨庭. 兗州有南樓, 甫登而縱目焉. 兗州有泰岱之山, 近於東海, 浮雲時起, 境接於青條之地, 平野沃壤嶧山之上, 其間有秦皇之碑, 高聳于山, 猶孤嶂焉. 漢宗室魯恭王有靈光殿, 今已無存, 但有宮城荒地而已. 兗州君郡, 古跡有多, 登樓臨眺, 不勝躊躇之感也.

참고 및 관련 자료

1. 이는 두보가 開元 25년(737) 과거에 낙방하고 齊, 趙 지역을 유랑하다가 아버지를 뵈러 兗州에 이르러 지은 것으로 당시 두보 나이 26세였다. 韻脚은

'初·徐·餘·躇'이다.

2. 《杜詩諺解》

東郡에 뜰헤 든는 나리여 南樓에 누늘 ▽장 보는 처서미로다

뜬구루믄 바를와 岱山애 니엇고 平흔 드르흔 靑州와 徐州예 드리버덧도다

외ᄅ윈 묏부리엔 秦ㅅ 碑 잇고 거츤 城엔 魯ㅅ 殿이 나맛도다

녜로브터 오매 녯일 ᄉ랑ᄒᆞ논 ᄠᅳ디 하 잇노니 올아 ᄇ라 ᄒᆞ오ᅀᅡ 머므노라

(초간 14)

3. 두보(杜甫) 051 참조.

杜甫 《韻對千家詩》 삽화

056

〈杜少府之任蜀州〉 ··· 王勃

두소부가 임지 촉주로 감에

관중의 이 삼진은 장안성을 보위하고
바람과 연기를 넘어 오진이 보이누나.
그대와 이별하는 이 심정,
그대나 나나 떠도는 벼슬아치.
사해 안에 서로 알아주는 친구 있으니
하늘 끝 어딜 가도 이웃집에 있는 느낌.
이렇게 헤어지는 이 갈림길에서
어린 아녀자처럼 함께 눈물 적시는 일일랑 하지 말자!

城闕輔三秦, 風烟望五津.　　성궐보삼진, 풍연망오진.
與君離別意, 同是宦遊人.　　여군리별의, 동시환유인.
海內存知己, 天涯若比鄰.　　해내존지기, 천애약비린.
無爲在岐路, 兒女共沾巾!　　무위재기로, 아녀공첨건!

【杜少府】杜氏 성의 少府 벼슬을 하는 왕발의 친구. 少府는 縣尉의 별칭.
현령을 明府라 하며 그 아래 속한 직급.
【蜀州】당나라 때 劍南道. 지금의 四川 崇慶縣.
【城闕】성과 대궐. 장안을 가리킴.

【輔】옆에서 보위하고 있음.

【三秦】관중 지역을 함께 일컫는 말. 項羽가 秦나라를 깨뜨리고 咸陽에 들어와 그곳을 셋으로 나누어 雍王 章邯, 塞王 司馬欣, 翟王 董翳에게 나누어주어 雍, 塞, 翟 세 봉지로 하였음.

【五津】蜀 땅 岷江의 다섯 곳의 나루.《華陽國志》蜀志에 "其大江自湔堰下 至犍爲, 有五津: 始曰白華津, 二曰里津, 三曰江首津, 四曰涉(沙)頭津, 五曰江 南津"이라 함.

【宦遊】사방을 떠돌아다니며 벼슬함.

【海内】천하 강역 안. 이 세상.

【比鄰】이웃, 옆집.

【岐路】갈림길. 이별하는 곳.

原註(王相)

子安送友仕蜀意也. 三秦, 西京之地; 五津, 西蜀之地. 焉西津爲秦中之藩輔, 而風烟萬里, 望五津之遠, 而難之也. 今日分手, 君自南而我自北, 與子同離是鄉, 作宦之人, 雖山川間阻, 而同在四海之內, 但知己之心, 常存則天涯之遠, 若比 鄰而居也. 何必於臨歧別路, 效兒女子之悲, 涕泪沾濡巾帕耶?

○王勃, 字子安, 龍門人. 高宗時爲朝散郎, 沛王修撰, 初唐.

참고 및 관련 자료

1. 이는 왕발의 대표적인 작품으로 "海内存知己, 天涯若比鄰"은 人口에 널리 膾炙되고 있다. 韻脚은 '津·人·鄰·巾'이다.

2. 왕발(王勃. 650?~675)

初唐 시인. 자는 子安, 唐 絳州 龍門(지금의 山西 河津) 사람. 6세에 능히 문장을 지었으며 12세에 神童으로 조정에 천거되었다. 高宗 麟德 원년(664) 과거에 급제하여 虢州(지금의 河南 靈寶縣)參軍이 되었다. 上元 2년(675)에 부친을 만나러 交阯(지금의 월남)로 가다가 洪州(지금의 江西 南昌)에 이르러 마침 그곳 都督 閻伯嶼가 滕王閣을 중수하고 重陽節에 낙성식을 할 때 유명한

〈滕王閣序〉를 지어 천하에 그 이름이 날리게
되었다. 같은 해 11월 南海를 건너다가 불행히
물에 빠져 죽고 말았다. 初唐四傑로 널리 알려
져 있으며 술을 마신 뒤 그대로 글을 짓기를 잘
하여 '腹稿'라는 별명이 있다. 초당 시대라 아직
六朝의 화려한 문체를 벗어나지 못하였으며 그
때문에 당시 그의 시풍을 두고 '高華'라 불렀다.
원래 시집이 있었으나 실전되었고 明代 집일된
《王子安集》이 있다. 《全唐詩》에 시 2권이
수록되어 있으며 《신·구당서》에 전이 있다.

《初唐四傑集》 王勃 〈四部備要〉본

3.《唐才子傳》(1) 王勃

勃, 字子安, 太原人, 王通之諸孫也. 六歲善辭章. 麟德初, 劉道祥(祥道)表其材,
對策高第. 未及冠, 授朝散郎. 沛王召署府修撰. 時諸王鬪雞會, 勃戲爲文檄英
王雞, 高宗聞之怒, 斥出府. 勃旣廢, 客劍南, 登山曠望, 慨然思諸葛之功, 賦詩
見情. 又嘗匿死罪官奴, 恐事洩, 輒殺之, 事覺當誅, 會赦除名, 父福時坐是左
遷交趾令. 勃往省觀, 途過南昌, 時都督閻公新修滕王閣成, 九月九日, 大會賓客,
將令其壻作記, 以誇盛事. 勃至入謁, 帥知其才, 因請爲之. 勃欣然對客操觚,
頃刻而就, 文不加點, 滿座大驚. 酒酣辭別, 帥贈百縑, 卽擧帆去. 至炎方, 舟入
洋海溺死, 時年二十九.

勃屬文綺麗, 請者甚多, 金帛盈積, 心織而衣, 筆耕而食. 然不甚精思, 先磨墨
數升, 則酣飲, 引被覆面臥, 及寤, 援筆成篇, 不易一字, 人謂之「腹稿」. 嘗言人
子不可不知醫, 時長安曹元有秘方, 勃盡得其術, 又以虢州多藥草, 求補參軍.
倚才陵藉, 僚吏疾之. 有集三十卷, 及《舟中纂序》五卷, 今行於世.

勃嘗遇異人, 相之曰:「子神强骨弱, 氣淸體羸, 腦骨虧陷, 目睛不全. 秀而不實,
終無大貴矣.」故其才長而命短者, 豈非相乎!

057

〈送崔融〉 ··· 杜審言

최융을 보내면서

군왕이 장차 대장군을 파견하여 출정함에,
서기인 그대도 먼 원정을 따라가는 것.
전별 잔치 천막은 하수에서 궁궐까지 이어졌고,
군대의 지휘 깃발은 낙양성을 진동하네.
상관 부대의 깃발은 이른 아침 북방의 찬 기운으로 그대를 맞이하고,
호인의 피리 소리 밤이면 변방에서 들려올지니,
그대는 군막에 앉아 전란의 먼지를 깨끗이 씻어내고,
가을 바람 불 때쯤엔 옛 북방 변경이 평정될 것임을 알게 될 걸세.

君王行出將, 書記遠從征.   군왕행출장, 서기원종정.
祖帳連河闕, 軍麾動洛城.   조장련하궐, 군휘동락성.
旌旗朝朔氣, 笳吹夜邊聲.   정기조삭기, 가취야변성.
坐覺烟塵掃, 秋風古北平.   좌각연진소, 추풍고북평.

【崔融】 자는 安成(653~706). 唐 齊州 全節 사람으로 두심언이 일찍이 그의
추천을 받았었음. 최융이 죽자 그를 위해 緦麻를 입었다 함. 당시 조정의
문서를 관리하고 제작하던 큰 임무를 맡고 있었음.

【君王】절도사나 제후 왕을 말하며 그들이 조정의 명령으로 출정에 나섰음을 말함.

【出將】장차 원정을 떠남.

【書記】여기서는 최융을 가리킴. 서기는 절도사나 원수부의 문서를 관장하던 임무를 맡은 자를 서기라 하였음.

【從征】먼 길을 나섬. 《천가시》에는 '行征'으로 되어 있음.

【祖帳】祖餞을 치르기 위해 마련한 장막. 조는 먼 길을 떠나는 자를 위해 길에서 지내는 제사의 일종. '祖'는 고대 黃帝의 아들 유조(纍祖)가 먼 길을 떠나 도중에 죽자 사람들이 그를 '路神'으로 여겨 길 떠나는 자를 보호해 달라는 뜻으로 제를 올리기 시작한 것에서 유래되었다 함.(《四民月令》)

【河闕】河水에서 궁궐까지.

【軍麾】군대의 지휘를 위한 깃발.

【朔氣】북쪽 바람, 찬 기운.

【笳吹】胡笳의 음악소리. 笳는 고대 서역 호인들이 사용하던 악기.

【烟塵】연기와 먼지. 전쟁을 비유함.

【掃】〈삼민본〉이는 '少'로 되어 있음.

【古北】옛 북방지역. 북쪽 변경.

原註(王相)

崔爲節度使, 掌書記之官, 將出征而杜贈之以詩也. 言君方命將出師, 君爲書記之官, 而遠從征於幕府也. 出郊行送者, 爲祖道之餞, 祖帳, 張筵而列帳也. 言朝臣送餞之多, 自宮闕之外, 而連續於河洛, 三軍之衆, 旗麾之盛, 震動於洛城. 時帝居東都, 故言洛陽城也. 三軍行朔北, 朝迎北邊之朔, 氣夜則三軍吹笳而營衛, 皆邊城之音也. 書記, 但安坐軍中, 不須用武, 而大將能掃靜烟塵, 而北地秋風寒凉之早, 是以不免懷於萬里之外也.

참고 및 관련 자료

1. 이 시는 최융이 武三思를 따라 契丹 방어에 나선 것을 주제로 한 것이다. 《新唐書》 則天皇后紀에 "五月壬子, 契丹首領松漠都督李盡忠·歸誠州刺史孫

萬榮陷營州. ……七月辛亥, 春官尚書武三思爲楡關道安撫大使, 納言姚璹爲副, 以備契丹"이라 하였고, 外戚傳에는 "武元慶子三思爲梁王. ……三思當太后時, 累進夏官·春官尙書·監修國史, 爵爲王. 契丹陷營州, 以楡關道安撫大使屯邊"이라 하였다. 韻脚은 '征·城·聲·平'이다.

2. 두심언(杜審言) 041 참조.

058

〈扈從登封途中作〉 ················· 宋之問

등봉에 호종하면서 도중에 지음

장막으로 임시 설치한 궁궐들이 울창하고 높으니,
천자의 행차는 실로 장관이로다!
새벽 구름을 장막과 함께 거두어 말아 올리니
밤새 피웠던 모닥불이 별빛과 함께 휘도는구나.
어둡던 골짜기에 천 개의 깃발이 드러나 보이고,
산이 울리니 만승의 수레들이 몰려오도다.
황제를 따르는 이 행차를 가히 글로 지을 만하나
끝내 천하를 비출 재주 모자람이 한이로구나.

帳殿鬱崔嵬, 仙遊實壯哉!　　장전울최외, 선유실장재!

曉雲連幕捲, 夜火雜星回.　　효운련막권, 야화잡성회.

谷暗千旗出, 山鳴萬乘來.　　곡암천기출, 산명만승래.

扈遊良可賦, 終乏揆天才.　　호유량가부, 종핍염천재.

【扈從】임금의 피난이나 순행을 따라가는 것.
【登封】지명. 지금의 河南 登封縣, 嵩山의 남쪽에 있으며 고대 천자가 이곳에
　제단을 쌓아놓고 천제에게 封禪을 하였음.
【帳殿】임금의 행차에 임시로 천막을 마련하여 쉴 수 있도록 한 것.

【晴】 혹 '暗'자로 된 판본도 있음.

【山鳴】 漢 武帝가 嵩山에 제를 올릴 때 산에서 '萬歲'를 외치는 소리를 들었다 함. 《漢書》武帝紀 참조.

【捹天才】 그 빛이 천하에 널리 비춤. '捹'은 '欻'과 같음. 庾肩吾의 〈侍宴宣猷堂應令〉 시에 "副君德將聖, 陳王才捹天"이라 함.

捹音擔, 拂也. 猶動天顔也. 嵩山在登封縣, 高宗祀嵩山, 延淸扈從, 軍駕旣祀而獻詩以頌也. 天子之行, 則以錦帳圍繞如宮殿然. 故曰帳殿, 言錦帷登于崔嵬之山, 則天子不亞神仙遊于五雲之中, 何其壯觀也! 曉雲之出, 利接於帷幕, 夜燭之光, 雜明星之燦, 皆言高也. 出谷之轉, 蔽暗而不見人行, 但見千旗萬旌, 高出于雲中. 昔漢武帝登嵩山, 山有聲而鳴如呼萬世者三. 萬乘, 則天子之駕. 言今高宗亦若有臣而迎萬乘也, 而小臣扈從聖主震遊歷, 宜獻賦以彰君德, 但學識淺陋, 愧無捹天之才, 以獻耳. 自謙之辭也.

○宋之問, 字延淸, 仕高宗武后中宗爲學士, 初唐.

참고 및 관련 자료

1. 이는 송지문이 황제의 登封 행차 도중에 상황을 시로 읊은 것이다. 韻脚은 '哉·回·來·才'이다.

2. 송지문(宋之問. 656?~712)

初唐 시인. 이름은 혹 少連이라고도 하며 자는 延淸. 汾州(지금의 山西 汾陽) 사람. 혹은 虢州 弘農(지금의 河南 靈寶縣) 사람이라고도 한다. 高宗 上元 연간에 진사에 올라 考功員外郎을 역임하였으며 武后의 嬖臣 張易之와 太平公主에 대한 악담을 퍼뜨렸다가 睿宗이 즉위하자 欽州(廣西)로 폄직되었다가 자살을 강요받아 죽고 말았다. 그의 시는 聲律에 뛰어났으며 對仗이 공교하여 당시 沈佺期와 이름을 함께 하여 흔히 '沈宋體'라 불렸다. 唐詩의 기초를 다지는데 큰 공헌을 한 것으로 詩史에 평가받고 있다. 원래 문집이 있었으나 실전되었고 명대 집일한 《宋之問集》 10권이 있다. 《全唐詩》에 시 3권이 실려 있으며 《신·구당서》에 전이 있다.

3.《唐才子傳》(1)

宋之問:

之問, 字延清, 汾州人. 上元二年進士. 偉貌辯給. 甫冠, 武后召與楊炯分直習藝館, 累轉尚方監丞. 后遊龍門, 詔從臣賦詩, 左史東方虬詩先成, 后賜錦袍. 之問俄頃獻, 后覽之嗟賞, 更奪袍以賜. 後求北門學士, 以有齒疾不許, 遂作〈明河篇〉, 有「明河可望不可親」之句以見志, 諂事張易之, 坐貶瀧州. 後逃歸, 匿張仲之家. 聞仲之謀殺武三思, 乃告變, 擢鴻臚簿, 遷考功郎. 復媚太平公主. 以知舉賄賂狼藉, 下遷越州長史. 窮歷剡溪山水, 置酒賦詩, 日遊宴, 賓客雜遝. 睿宗立, 以無悛悟之心, 流欽州, 御史劾奏賜死, 人言劉希夷之報也. 徐堅嘗論其文, 如良金美玉, 無施不可. 有集行世.

059

〈題義公禪房〉 ·· 孟浩然

의공선방을 노래함

고승은 좌정입선을 익히고자
빈 수풀을 의지하여 초막을 지으셨네.
문밖에는 봉우리 하나 뾰족하고,
계단 앞에는 여러 깊은 골짜기.
석양이면 연이어 주룩주룩 빗줄기 쏟고,
빈 산 푸른색은 마당에 그늘을 떨구었네.
연꽃 맑음을 보고 나서야
비로소 마음이 티끌에 물들지 않으셨음을 알게 되었네.

義公習禪寂, 結宇依空林.	의공습선적, 결우의공림.
戶外一峰秀, 堦前衆壑深.	호외일봉수, 계전중학심.
夕陽連雨足, 空翠落庭陰.	석양련우족, 공취락정음.
看取蓮花淨, 方知不染心.	간취련화정, 방지불염심.

【義公】고승에 대한 존칭.
【禪房】스님들이 좌선하며 수행하는 방. 禪은 범어 '禪那'의 약칭.
【禪寂】坐禪入定의 줄인 말.《維摩經》方便品에 "一心禪寂, 攝諸亂意"라 함.

【結宇】집을 지음.
【雨足】빗줄기. 雨脚이라고도 함.
【看取】눈으로 보아 알게 됨. 몰랐던 것을 발견함.
【蓮花】불교에서 가장 높은 경지의 고결한 꽃으로 여김.

原註(王相)

　義公, 唐高僧. 孟公贈以詩. 曰公安禪寂靜之處, 結宇於空林之下, 戶外孤峰
聳堵, 前壑水深淸, 雨足而夕陽晚出庭陰, 而空翠時侵, 公之居可謂幽寂, 公之
心可謂澄靜, 如靑蓮之一塵不染也.

참고 및 관련 자료

1. 《全唐詩》(160)에는 제목이 〈題大禹寺義公禪房〉으로 되어 있고, 《四部
叢刊·孟浩然集(3)》에는 〈大禹寺義公禪〉으로 되어 있다. 韻脚은 '林·深·陰·心'
이다.
2. 맹호연(孟浩然) 001 참조.

〈觀荷圖〉(淸) 金農 미 샌프란시스코 아시아 미술관 소장

060

〈醉後贈張九旭〉 ··· 高適

취한 뒤 장욱에게

세상에는 서로 아는 사이라고 마구 대하지만,
이 노인은 전혀 그렇지 않네.
흥이 돋아나면 글씨가 성인과 같이 되지만
취하고 난 다음에 말은 더욱 미치광이가 된다네.
백발 노경에 들어서 일을 한가롭게 여기는데도
관운은 눈앞에 더욱 높아만 가네.
그래도 머리맡에 술 한 동이 갖다놓고
이렇게 마시고 취하여 잠들기가 그 몇 번?

世上謾相識, 此翁殊不然.   세상만상식, 차옹수불연.
興來書自聖, 醉後語尤顚.   흥래서자성, 취후어우전.
白髮老閒事, 靑雲在目前.   백발로한사, 청운재목전.
床頭一壺酒, 能更幾回眠?   상두일호주, 능경기회면?

【張九旭】張旭. 唐代 유명한 서예가. 排行이 아홉 번째여서 '九'자를 더 붙인
것. 자는 伯高, 당 蘇州 吳(지금의 江蘇 吳縣) 사람. 처음 常熟尉을 시작으로
左率府長史를 역임하여 '張長史'라 불림. 서예, 특히 해서에 뛰어났었고 초서
에도 능하여 '草聖'이라 불렸음. 술에 취하여 소리 지르며 붓을 휘갈겨 글씨를

〈古詩四帖〉張旭(唐)

썼으며 머리에 온통 먹물을 묻히며 글씨를 써서 세칭 '張顚'(張癲)이라
하였음. 唐 文宗이 그의 초서와 李白의 시, 裴旻의 검무를 '三絶'이라 칭하며
높이 여기기도 하였음. 시에도 뛰어났으며, 杜甫는 〈飮中八仙歌〉에서 장욱을
두고 "張旭三杯草聖傳, 脫帽露頂王公前, 揮毫落紙如雲煙"이라 하였음.

【謾】'漫'과 같음. '제멋대로, 마구'의 뜻. 《천가시》 원본에는 '漫'으로 되어
있음.

【此翁】장욱을 가리킴.

【顚】'癲'과 같음. 미치광이.

【靑雲】높은 하늘. 여기서는 높은 지위를 뜻함. 玄宗이 장욱을 書學博士로
삼았음을 말함. 그러나 《新唐書》 百官志에 의하면 國子監에 서학박사 2인을
두게 되어 있었으며 품계는 從九品下. 이는 매우 미천한 관직으로 이를 두고
말한 것은 아닌 것으로 봄. 도리어 太子左率府長史는 正七品上으로 "掌判
諸曹府, 季秋以屬官功狀上於率, 以爲考課"라 하여 매우 권세가 있는 관직
이었음.

　張旭, 行第九, 飲中八仙之一, 工書法, 人謂之草聖, 好飲而不轍, 又謂之張顚.
玄宗時爲書學博士. 達夫與之飮, 醉後而又贈以詩也. 言世人輕務結交而漫相識,
公則寡交, 惟知工書好飮而已. 當酒興來時, 揮毫染翰, 如雲烟變幻, 愈出愈奇,
人稱草之聖. 旣醉之後, 醉飮豪放, 語無倫次, 猶極顚狂. 白髮而不求聞達, 惟閒
居自樂爲事. 近則天子詔爲書學博士, 曰信龍顔以代宸翰, 無暇高臥而狂飮矣.
公常好飮, 牀頭置酒, 醒則飮而又眠, 覺則又飮而復臥. 今則置身於天子之側,
恐不能自遂其豪飮之興矣.

　○高適, 字達夫, 滄州人, 歷官至考功郎, 散騎常侍, 封渤海侯, 盛唐.

1. 장욱은 당대 아주 뛰어난 서예가였다. 고적이 그의 글씨는 물론 기이한
행동을 시로 읊은 것이다. 韻脚은 '然·顚·前·眠'이다.

2. 고적(高適) 016 참조.

061

⟨玉臺觀⟩ ·· 杜甫

옥대관

이 높고 큰 계단은 등왕이 지은 것이지,
마치 평대에 올라 옛날 그대로 노니는 듯.
채색 구름은 고대 소사가 이곳에 머물렀던 곳인 듯하고,
등왕의 글씨는 노 공왕이 증축할 때 그대로 두었던 것이라네.
궁궐은 도가의 임금들과 통하는 듯하고,
하늘과 땅은 신선 세계 10주에 닿아 있네.
사람들은 전하기를 피리 불면 나타난다는 그 선학이
때때로 이 북산을 지나간다고 하네.

浩劫因王造, 平臺訪古遊.　　호겁인왕조, 평대방고유.

綵雲蕭史駐, 文字魯恭留.　　채운소사주, 문자로공류.

宮闕通羣帝, 乾坤到十洲.　　궁궐통군제, 건곤도십주.

人傳有笙鶴, 時過北山頭.　　인전유생학, 시과북산두.

【玉臺觀】道觀(道家의 사찰) 이름. 지금의 江西 南昌에 있으며 唐 滕王 李元嬰
이 세웠음. 宋 祝穆의 《方輿勝覽》(67) 참조. 한편 《杜詩鏡銓》(11)에 "趙曰:
觀在高處, 其中有臺, 號曰玉臺"라 하였고, 다시 "漢郊祀歌: 遊閶闔, 觀玉臺.
應劭曰: 玉臺, 上帝之所居"라 함.

【浩劫】《천가시》원본에는 '浩刼'로 되어 있음. 도가에서 말하는 궁궐 내의 큰 계단을 말함.《廣韻》에 "浩劫, 宮殿大階級也"라 함.

【王】여기서는 唐 滕王 李元嬰을 말함. 高祖의 22번째 아들로 隆州刺史를 역임함. 한편 先天 원년(712)에 玄宗의 이름(李隆基)을 피휘하여 隆州를 閬州로 바꿈.

【平臺】누대 이름. 지금의 河南 商丘縣 동북 平臺集에 있음. 魯 襄公 17년 宋나라 황국보(皇國父)가 세웠으며 西漢 梁孝王이 다시 크게 증축하여 20리의 긴 走廊을 만들어 놓고 鄒陽, 枚乘 등 문사들을 불러 놀이를 하였다 함.《元和郡縣圖志》(7) 참조.

【綵雲】彩雲과 같음. 오색의 구름.

【簫史】蕭史로도 표기하며 周 宣王 때의 사관. 퉁소를 잘 불어 秦 穆公이 그 딸 弄玉을 주어 사위로 삼았으며 뒤에 신선이 되어 승천하였다 함. 040 '鳳凰調' 주를 볼 것.《천가시》원본에는 '蕭史'로 되어 있음.

【魯公】魯 恭王 劉餘. 漢 景帝의 아들로 노나라에 봉해졌으며 시호는 恭. 궁실과 원유를 짓기를 좋아하여 일찍이 公子의 구택을 헐다가 벽 속에서 古文經傳이 쏟아져 漢代 今古文派 학술의 진흥을 가지고 오게 된 계기를 만든 인물.《漢書》藝文志 참조.

【羣帝】東西南北 中央 등 五方의 帝神. 仇兆鰲의《杜詩詳註》(13)에 "道書天有羣帝, 而大帝最尊. 羣帝, 五方之帝也"라 함.

【乾坤】하늘과 땅.

【十洲】전설상의 八方 大海 속에 신선들이 사는 땅. 東方朔의《海內十洲記》에 祖洲, 瀛洲, 玄洲, 炎洲, 長洲, 元洲, 流洲, 生洲, 鳳鱗洲, 聚窟洲를 들고 있음.

【笙鶴】전설 속의 仙鶴 이름. 王子喬가 타고 신선이 되었다는 학.《列仙傳》에 왕자교는 이름이 晉으로 周 靈王의 태자였으며 笙簧을 불며 봉황새 소리를 내기를 좋아하였음. 道士 浮丘公이 이에 왕자교를 데리고 嵩高山에 올라 30여 년 뒤 緱氏山의 꼭대기에 나타나 사람들에게 작별을 고하고 神仙이 되어 학을 타고 승천하였다 함.

【北山】다른 본에는 '此山'으로 되어 있으며 구씨산(緱氏山)을 말함.

高祖子滕王元嬰爲閬州刺史所建, 故詩多用王子故事, 道家謂宮觀堵基爲
浩劫, 言此觀爲滕王所造, 觀有玉臺也. 有梁孝王之平臺也. 臺上有彩雲, 疑是
穆公女弄玉之壻, 蕭史駐於雲間, 俾上有文字, 滕王所遺, 猶魯恭王已逝,
而靈光殿中文字猶存也. 宮闕則通於諸天之羣帝圖畫, 則集十洲三島之神仙.
淸夜之時, 聞有笙聲鶴淚, 時過北山, 疑王子晉, 緱山之音也.

참고 및 관련 자료

1. 두보가 이 옥대관을 유람하며 지은 시는 2수가 있으며 이는 그 중 제 2수
이다. 韻脚은 '遊·留·洲·頭'이다.

2.《杜詩諺解》

먼 劫에 王을 回하야 지으니 平한 臺에 녜 노로믈 믓노라

빗난 구루믄 蕭史ㅣ 머므렛고 글윘字는 魯公이 머믈워두도다

宮闕엔 여러 帝人거긔 스므차가리로소니 乾坤엔 十洲애 가리로다

사라미 닐오듸 뎟소리와 鶴괘 時時예 뒷묏 그트로 디나가ᄂ니라 ᄒᄂ다

(중간본)

3. 두보(杜甫) 050 참조.

《千家詩》에 '高適'으로 되어 있으나 이는 두보의 작품임.

〈杜甫〉《三才圖會》

062

〈觀李固請司馬弟山水圖〉 .... 杜甫

이고가 자신 아우 사마의
산수도를 보여주며 글을 청하기에

방장산은 사방이 바닷물로 싸여 있고,
천태산은 언제나 구름이 비추고 있네.
인간 세상에 살면서 늘 이러한 그림을 보지만
늙어가면서 그런 것이 실제 있을 수 없음을 한스러워했지.
범려가 타고 갔다는 배는 실제 너무 작아 나까지 태울 수는 없으며,
왕자교는 학을 타고 떠나면서 세상과 무리 짓기를 거부하였네.
나의 이 삶이야 한 세상 만물에 따라 사라지고 마는 것이라니
어디로 가야 이 티끌세상 벗어날 수 있겠는가?

方丈渾連水, 天台總映雲.　　방장혼련수, 천태총영운.
人間長見畫, 老去恨空聞.　　인간장견화, 로거한공문.
范蠡舟偏小, 王喬鶴不羣.　　범려주편소, 왕교학불군.
此生隨萬物, 何處出塵氛?　　차생수만물, 하처출진분?

【李固】《杜詩詳註》(14)에 "李固當是蜀人. 其弟曾爲司馬, 能寫山水圖. 公至固家,
固掛其圖於壁, 而請公題之也"라 함.

【方丈】 전설상 신선이 사는 바다 가운데 三神山의 하나.《史記》秦始皇本紀
에 "齊人徐市等上書, 言海中有三神山, 名曰蓬萊, 方丈, 瀛洲. 僊人居之"라 함.

【渾】 사면팔방을 뜻함.

【天台】 산 이름. 지금의 浙江 天台縣 북쪽에 있으며 仙霞嶺 산맥의 동쪽 지맥.
서남쪽으로는 括蒼山과 雁蕩山이 접해있고 북쪽은 四明山, 金華山이 있음.
漢나라 때 유신(劉晨)과 완조(阮肇)가 천태산에 약초 캐러갔다가 신선을
만난 고사가《搜神記》와《太平御覽》에 실려 있음. 한편 晉 孫綽의〈天台
山賦〉序에 "天台山者, 蓋山嶽之神秀者也. 涉海則有方丈·蓬萊, 登陸則有
四明·天台, 皆玄聖之所遊化, 靈仙之所窟宅"이라 함.

【畫】 명산의 모습을 그린 그림.

【老去】 '身老'로 된 판본도 있음.

【范蠡】 춘추 말 楚나라 사람. 자는 少伯. 대부 文種과 함께 越王 句踐을 섬겨
吳나라를 멸한 뒤 즉시 이름을 鴟夷子皮로 바꾸고 짐을 챙겨 배를 타고
월나라를 떠나 山東 陶 땅으로 옮겨 陶朱公이라 하였으며 뒤에 큰 부자가 됨.
《史記》越王句踐世家 참조.

【舟偏】 일부본에는 '偏舟'로 되어 있음. '片舟'와 같음.

【王喬】 王子喬. 이름이 晉으로 周 靈王의 태자였으며 笙簧을 불며 봉황새
소리를 내기를 좋아하였음. 道士 浮丘公이 이에 왕자교를 데리고 嵩高山에
올라 30여 년 뒤 緱氏山의 꼭대기에 나타나 사람들에게 작별을 고하고
神仙이 되어 학을 타고 승천하였다 함.《列仙傳》참조.《천가시》에는
'正喬'로 잘못 표기되어 있음.

【不羣】 홀로 고고하게 지냄.

【塵氛】 세속의 더러운 氣氛.

原註(王相)

司馬題山水圖.

氛音分.

○李固言相德宗, 在代宗時曾爲司馬. 有山水圖卷, 所畫皆名山仙跡. 李有
詩題其後, 故子美亦和而題之也. 言二洲方丈, 在大海之中, 天台縹緲於雲霞
之外, 吾于人間長見此畫也. 惜吾老不能游於五湖之內, 或有王子晉之笙鶴,

翎翩翛然, 不同於凡畫, 則圖畫之極功也. 但吾此生隨萬物之浮沈, 安能瀟洒出於風塵之外哉!

참고 및 관련 자료

1. 《千家詩》에는 제목이 〈觀李固言司馬題山水圖〉으로 되어 있으나 《杜詩詳註》(14)에 〈觀李固請司馬弟山水圖〉로 되어 있다. 韻脚은 '雲·聞·羣·氛'이다.

2. 《杜詩諺解》
方丈山이 다 므레 니셋고 天台山이 다 구루메 비취옛도다
내 人閒애셔 長常 그륜 것만 보노니 늘거 가매 흔갓 드로믈 恨ᄒ노라
范蠡이 舟ᄂᆞᆫ ᄀᆞ장 젹고 王喬이 鶴ᄋᆞᆫ 물 하디 아니토다
이 生애 萬物을 조차 ᄃᆞ니노니 어듸 가아 塵氛에 버서나려뇨(초간본 16)

3. 두보(杜甫) 050 참조.
《千家詩》에 '高適'으로 되어 있으나 이는 두보의 작품이다.

063

〈旅夜書懷〉 ………………………………………………………… 杜甫

여행 중 밤에 책을 읽으며 느낀 바

미풍에 흔들리는 강 언덕의 작은 풀,
높이 솟은 돛대에 홀로 배 안에서 밤을 보내도다.
별들은 평야를 따라 널리 펼쳐져 있고,
달빛은 큰 강물 흐름을 따라 솟아 출렁이도다.
명예가 어찌 문장으로 드러나리오?
관직이란 늙어 병들면 그만두어야 하는 것.
이토록 표표한 모습 그 무엇과 같을까?
바로 하늘과 땅 사이 훨훨 나는 저 갈매기 같으리.

細草微風岸, 危檣獨夜舟.	세초미풍안, 위장독야주.
星隨平野闊, 月湧大江流.	성수평야활, 월용대강류.
名豈文章著? 官因老病休.	명기문장저? 관인로병휴.
飄飄何所似? 天地一沙鷗.	표표하소사? 천지일사구.

【危檣】 하늘로 우뚝 솟은 돛대.
【獨夜舟】 밤에 홀로 빈 채로 떠서 정박 중인 배.
【隨】 일부본에는 '垂', '臨'으로 되어 있음.

【大江】 長江을 가리킴.

【因】 혹 '應'으로 되어 있음.

【老病休】 나이가 들고 병이 들어 관직에서 물러나야 함.

【飄飄】 혹 '飄零'으로 되어 있음.

【沙鷗】 모래톱을 날고 있는 갈매기. 강가나 떠도는 갈매기와 같다는 뜻.

原註(王相)

子美罷官棲泊舟中, 夜月有懷而作也. 言春江兩岸, 草細風微, 適吾孤舟, 夜泊於此, 但見兩岸空闊, 一望無際, 惟有明星照映夜曠, 天低若依於地, 少間月出於大江之上, 如隨江潮而起, 影逐波流而動也. 因思寄浮名於世, 豈爲文章而著, 竊微祿於朝? 今因老病而休矣, 此身飄泊何似, 如沙鷗泛泛于天地之間耶?

참고 및 관련 자료

1. 두보가 蜀(成都)에서 嚴武에게 의탁하였다가 엄무가 죽자 촉을 떠나 代宗 永泰 원년(765) 가족을 데리고 배를 타고 岷江을 따라 내려갔다. 그리하여 다시 長江으로 들어가 雲安(지금의 四川 雲陽縣)에 이르렀을 때 지은 것이다. 韻脚은 '舟·流·休·鷗'이다.

2. 《杜詩諺解》

▽는 플난 잠간 바룸부는 두들게 노픈대 션흐오아 밦비로다

벼른 平흔 드르히 어윈딕 드리옛고 드른 큰 フ룸 흐르는딕셔 스사나놋다

일후믄 어느 일문장 하나로 나타나리오 벼슬흐기는 당당히 늘근 病으로 말리로다

飄飄히 둔뇨미 므스거시 곧하요 하늘 짜 스이 예흔 몰애엣 굴며기로다(중간본)

3. 두보(杜甫) 051 참조.

《천가시》에 062, 063, 064까지 모두 '前人', 즉 '高適'이라 하여 잘못 표기되어 있다.

064

〈登岳陽樓〉 ·· 杜甫

악양루에 올라

옛날부터 동정호 물에 대해 들어보았으나
지금 비로소 악양루에 오르도다.
오나라 초나라 옛 땅은 동남쪽으로 갈라졌고,
하늘과 땅은 밤낮 이 호수 위에 떠 있구나.
친한 친구 한 글자 소식 없는데
늙어가는 이 몸엔 오직 배 한 척 뿐.
북쪽 저 고향엔 전쟁에 휩싸인 싸움 말만 있으니
난간에 기대어 눈물만 흘릴 뿐.

昔聞洞庭水, 今上岳陽樓.	석문동정수, 금상악양루.
吳楚東南坼, 乾坤日夜浮.	오초동남탁, 건곤일야부.
親朋無一字, 老病有孤舟.	친붕무일자, 로병유고주.
戎馬關山北, 憑軒涕泗流.	융아관산북, 빙헌체사류.

【岳陽樓】 누대 이름. 지금의 湖南 岳陽縣 城 西門 위의 누각. 삼층으로 되어
있으며 洞庭湖를 조망할 수 있음. 唐나라 때 세웠음.
【洞庭】 洞庭湖. 호남 동북부와 장강 남쪽을 차지하고 있으며 길이 약 110km,

너비 약 80km의 큰 호수. 호수 가운데 많은 섬이 있으며 그 중 君山이 가장 유명함. 원래 고대 雲夢澤의 잔여 부분임.

【吳楚】 고대 오나라와 초나라. 동정호의 동쪽은 오나라 땅이었으며 그 남쪽은 초나라 땅.

【坼】 갈라짐. 구분됨. 터짐. 구획이 됨.

【乾坤日夜浮】 하늘과 땅 사이에서 낮이나 밤이나 떠 있듯이 넓고 아득함. 《九家集註杜詩》(35)에 趙彦才의 말을 인용하여 "「乾坤日夜浮」句法, 蓋言在乾坤之內, 其水日夜浮也. 與「乾坤一腐儒」·「乾坤水上萍」之勢同"이라 함.

【戎馬】 싸움터의 말. 戰馬. 여기서는 전쟁을 가리킴. 《新唐書》代宗紀에 大曆 3년(768) 8월 吐蕃이 靈州, 邠州로 쳐들어오자 長安에 계엄령을 내린 일이 있음. 두보는 이 소식을 듣고 먼 수도 장안에 전쟁이 일어난 것으로 여긴 것임.

【關山】 관중의 산지. 즉 長安 일대를 가리킴.

【憑軒】 軒檻(악양루의 난간)에 기댐.

【涕泗】 눈물과 콧물. 슬피 욺을 말함.

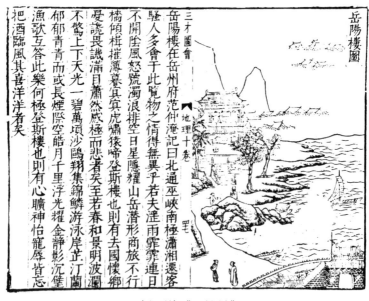

〈岳陽樓〉《三才圖會》

坼音策, 境界也.

○子美言我昔聞洞庭之廣, 惜未之見, 今且得上此樓, 而同庭畢見矣. 其地東至於吳, 南盡于楚. 若此其巨, 其水上接於天, 下連於地, 日夜俱浮矣. 因思孤旅於此, 並無一字之知交, 老病休放, 惟有孤舟之漂泊, 而北方擾攘, 戎馬紛紜, 家信不通, 關山難越, 但依軒北望長歎而流涕泪而已.

참고 및 관련 자료

1. 두보가 가족을 데리고 代宗 大曆 3년(768) 겨울, 유랑 끝에 岳陽 洞庭湖에 이르러 감회를 읊은 것이다. 韻脚은 '樓·浮·舟·流'이다.

2. 《杜詩諺解》

녜 洞庭ㅅ 므를 듣다니 오늘 岳陽樓에 올오라

吳와 楚왓 東南녀기 ᄣᅥ뎟고 하늘콰 싸과ᄂᆞᆫ 日夜애 ᄠᅥᆺ도다

親흔 버디 흔 字ㅅ 글월도 업스니 늘거가매 외ᄅᆞ왼 ᄇᆡ옷 잇도다

사호맷 ᄆᆞ리 關山ㅅ 北녀긔 잇ᄂᆞ니 軒檻을 비겨셔 눖므를 흘리노라(초간 14)

3. 두보(杜甫) 051 참조.

《千家詩》에 '高適'으로 되어 있으나 이는 두보의 작품임.

065

〈江南旅情〉 ··· 祖詠

강남 여정

강남 초나라 산은 더 이상 오를 수 없네.
되돌아갈 길 생각하니 그저 쓸쓸하고 처량할 뿐.
바다색은 맑은데 보아하니 비가 오고,
강물 소리는 밤에 들으니 철썩이는 물결 소리.
남두성이 가까이 보이는 걸 보면 검을 묻어둔 곳이 근처인 듯,
집으로 보내는 편지, 북풍이 너무 멀어 아득하네.
공담귤을 보내어 나 여기 왔음을 알려주고 싶으나
저 고향 낙양까지 가져다 줄 사람조차 없구나.

楚山不可極, 歸路但蕭條.　　초산불가극, 귀로단소조.
海色晴看雨, 江聲夜聽潮.　　해색청간우, 강성야청조.
劒留南斗近, 書寄北風遙.　　검류남두근, 서기북풍요.
爲報空潭橘, 無媒寄洛橋.　　위보공담귤, 무매기락교.

【楚山】 초나라 산하. 호남 남부와 강서 북부 일대. 고대 초나라 땅이어서
이른 말. 강남을 말함.
【蕭條】 쓸쓸함. 疊韻連綿語.

【劍留南斗近】南斗를 보고 있으니 의당 보검을 숨겨놓았다는 오나라 땅에
가까움을 알게 됨. 南斗는 성수(星宿) 이름으로 두수(斗宿). 여섯 개 별로
이루어졌으며 吳나라 땅 分野에 맞아 흔히 오나라를 지칭함. 고대 豐城에
太阿, 龍泉 두 명검을 묻어두었는데 그 빛이 斗牛 두 별 사이까지 뻗쳐
나갔다고 함.《晉書》張華傳 참조.
【空潭橘】귤의 일종. 湘江 일대에서 나는 귤.
【洛橋】낙양의 다리. 낙양을 가리킴.

原註(王相)

媒, 猶寄書人也.

○詠旅寓於吳, 思鄉而作也. 楚山盡於丹陽, 過此則吳地, 今已近東海, 則歸
路太遠, 而蕭條東海日出, 霞色鮮晴, 則知雨之將至吳江; 騰湧而澎湃, 則知
夜潮之方, 來書劒飄零, 時近於南斗之下, 家音迢遞, 如北風吹雁侶, 能南來而
不能北往也. 吳潭之橘方熟, 惜道遠無人以寄洛陽也.

○祖詠, 洛陽人. 駕部員外, 盛唐.

참고 및 관련 자료

1. 고향이 洛陽인 조영이 강남 일대를 유랑하면서 읊은 旅行感興詩이다.
韻脚은 '條·潮·遙·橋'이다.
2. 조영(祖詠) 049 참조.

〈山徑春行圖〉(宋) 馬遠 臺北故宮博物館 소장

066

〈宿龍興寺〉 ······························· 綦毋潛

용흥사에 숙박하며

향불 냄새 가득한 사찰에 밤이 되어도 돌아가길 잊은 채
소나무는 푸르고 전각의 사립문은 예스러운데.
등불 밝힌 방장 스님의 방이며,
구슬 같은 불법 주렁주렁 매단 비구의 승복.
한낮엔 이심전심의 정갈한 모습,
푸른 연꽃은 불법의 미묘함을 비유하네.
천녀는 끝없이 꽃을 뿌려주고 있고,
곳곳마다 새들이 이를 물고 흩어지네.

香剎夜忘歸, 松淸古殿扉.　　향찰야망귀, 송청고전비.
燈明方丈室, 珠繫比丘衣.　　등명방장실, 주계비구의.
白日傳心淨, 靑蓮喩法微.　　백일전심정, 청련유법미.
天花落不盡, 處處鳥銜飛.　　천화락불진, 처처조함비.

【龍興寺】 절 이름. 지금의 湖南 零陵縣 서남
쪽에 있음. 당 柳宗元이 일찍이 이 절에 머문
적이 있음. 宋 元豐 4년 太平寺로 이름을 바꾸
었음.《淸一統志》(371) 永州府 참조.

【香刹】 사찰을 일컫는 말. 刹은 절 앞에 세우는
旛竿을 말하나 뒤에 절이라는 뜻으로 쓰임.

【方丈】 절은 正寢. 즉 住持나 長老가 거처하는
곳. 뒤에 주지를 뜻하는 말로 쓰임.

柳宗元(子厚)《三才圖會》

【珠繫比丘衣】 구슬같이 귀중한 불법이 비구의 옷에 매달려 있음. 스님의
고매한 수양을 높이 말한 것. 比丘는 범어로 불가에서 만 20세가 넘어
具足戒를 받은 남자 승려를 말하며 여승의 경우 比丘尼, 속칭 尼姑라 함.

【傳心】 '以心傳心'의 줄인 말. 말로 하지 않아도 불법의 심오한 뜻이 전달되고
알아들음.

【靑蓮】 청색의 연꽃. 범어의 優鉢羅. 불법의 광대하고 정밀함을 상징하는
말로 쓰임.

【天花】 천상의 神女가 뿌려주는 百花.《維摩經》觀衆生品에 文殊菩薩과
維摩詰이 文室에서 불법을 토론하고 있을 때 한 天女가 現身하여 天花를
대중과 보살 및 불제자들에게 뿌려 공양하였음.

> **原註(王相)**

綦母, 複姓.

刹寺, 前旛竿也. 後因名寺曰刹. 禪室曰方丈, 僧一名比丘, 佛以牟尼. 珠繫,
比丘之衣. 維摩詰說法, 天女散花, 皆出釋典. 綦母潛春遊而假宿於龍興寺,
因作詩. 曰春游於香刹, 夜宿而忘歸, 庭前之松, 淸風肅肅於古殿, 禪扉之外,
禪燈炯炯, 則於方丈之中, 諸僧夜課, 尼珠繫於法衣之聞, 禪心之靜, 朗於白日,
妙法之喻, 潔於靑蓮, 禪几之果, 精微如是, 宜乎天女散花諸佛之前, 落之不
盡者, 則山鳥銜之而飛去也.

○綦音基, 綦母潛, 字季進, 荊南人, 官著作郞, 盛唐.

1. 기무잠이 용흥사를 유람하면서 불교의 선을 읊은 것이다. 韻脚은 '扉·衣·微·飛'이다.

2. 기무잠(綦毋潛. 691~749?)

唐代 시인. '綦毋'는 복성으로 혹 綦母로도 표기함. 이름은 潛, 자는 孝通 (혹 季通), 王相주에는 季進이라 하였음. 荊南(지금의 湖北 江陵현) 사람으로 開元 때 진사에 올라 宜壽尉를 거쳐 集賢殿待制가 되었다. 뒤에 左拾遺로 옮겼다가 著作郎으로 생을 마쳤다. 方外 仙境을 읊기를 즐겨하였으며 山林野趣에 관심이 많았다. 《전당시》에 시 1권이 수록되어 있다.

3. 《唐才子傳》(2)

綦毋潛:

潛, 字孝通, 荊南人. 開元十四年, 嚴迪榜進士及第, 授宜壽尉. 遷右拾遺, 入集賢院待制, 復授校書, 終著作郎. 與李端同時. 詩調屹崒峭蒨, 足佳句, 善寫方外之情, 歷代未有. 荊南分野, 數百年來, 獨秀斯人. 後見兵亂, 官況日惡, 挂冠歸隱江東別業, 王維有詩送之, 曰:「明時久不達, 弃置與君同. 天命無怨色, 人生有素風.」 一時文士咸賦詩祖餞, 甚榮. 有集一卷, 行世.

067

〈破山寺後禪院〉 .... 常建
　파산사 뒤의 선원

맑은 새벽 고사에 들었더니,
막 떠오르는 해가 높은 숲을 비추누나.
굽은 오솔길은 그윽한 곳으로 통하고,
선방에 꽃나무 깊은 곳에 자리 잡았네.
산이 밝아 오니 새들이 즐거워하고,
연못에 비친 그림자는 내 마음을 비우게 하네.
온갖 만물의 소리는 여기서는 모두 정적이 되고,
오직 들리나니 종소리와 풍경소리.

清晨入古寺, 初日照高林.　　청신입고사, 초일조고림.
曲徑通幽處, 禪房花木深.　　곡경통유처, 선방화목심.
山光悅鳥性, 潭影空人心.　　산광열조성, 담영공인심.
萬籟此俱寂, 惟聞鐘磬音.　　만뢰차구적, 유문종경음.

【破山寺】破山은 산 이름으로 그곳의 興福寺를 가리킴. 지금의 江蘇 常熟縣
　虞山 북쪽에 있으며 南朝 齊나라 때 건립되었고 唐 懿宗 咸通 9년에 '破山
　興福寺'라는 賜額을 내림.
【禪院】스님들이 함께 모여 수행하는 곳. 禪房과 같음.

【初日】 초승의 태양.

【高林】 불가에서 승려들이 모여 있는 도를 닦고 수도하는 禪院과 講院이 있는 곳을 '叢林'이라 하여 高林은 그러한 뜻으로 쓴 것임.

【曲】 혹 '竹'으로 된 판본도 있음.

【花木深】《천가시》 원본에는 '花古深'으로 되어 있음.

【萬籟】 세상 온갖 만물의 소리. 籟는 天籟, 地籟, 人籟로 나뉘며 자연 상태의 소리를 말함.《莊子》 참조.

【聞】 혹 '餘'로 된 판본도 있음.

【鐘磬】 불가에서 쓰는 큰 종과 작은 종. 독경할 때 쓰이며 구리로 만들었음.

原註(王相)

　　寺僧有創爲別室者曰禪院. 言方早而日初出, 照於高林之上, 但見石徑斜曲, 而通於幽隱之處, 禪房之外花木叢深, 淸香可挹, 山光宕蕩, 羣鳥悅而棲鳴, 潭影澄淸, 人心樂而空寂, 一塵不染, 萬籟無聲, 惟聞鐘磬之音, 徐度於林樹於外也.

　　○常建, 開元中進士, 爲盱眙尉, 盛唐.

참고 및 관련 자료

1.《全唐詩》에는 제목이 〈題破山寺後禪院〉으로 되어 있으며 韻脚은 '林·深·心·音'이다.

2. 상건(常建)

唐代 시인. 생몰 연대는 자세히 알 수 없으나 開元 15년(727) 과거에 王昌齡과 同榜이었다. 代宗 大曆 연간에 盱眙(지금의 安徽)尉를 역임하였으나 그 뒤의 벼슬길은 순탄하지 못하여 결국 鄂州 武昌(지금의 湖北)에 은거하여 시와 술로 나날을 보내었다. 주로 오언시가 많으며 산림과 사원, 그리고 가끔 邊塞를 주제로 한 것도 있다. 唐代 殷璠은 그를 두고 "似初發通莊, 欲尋野徑; 百里之外, 方歸大道. 所以其旨遠, 其興僻, 佳句輒來, 有論意表"라 평하였다.《河嶽英靈集》《常建集》이 전하며《전당시》에 시 1권이 실려 있다.

3. 《唐才子傳》(2)

常建:

建, 長安人. 開元十五年與王昌齡同榜登科. 大曆中, 授盱眙尉. 仕頗不如意, 遂放浪琴酒, 往來太白·紫閣諸峰, 有肥遯之志. 嘗採藥山谷中, 遇女子, 遍體毛綠, 自言是秦時宮人, 亡入山來食松葉, 遂不飢寒, 因授建微旨, 所養非常. 後寓鄂渚, 招王昌齡·張僨同隱, 獲大名當時. 集一卷, 今傳.

古稱「高才而無貴仕」, 誠哉! 是言. 曩劉楨死於文學, 鮑照卒於參軍. 今建亦淪於一尉, 悲夫! 建屬思既精, 詞亦警絶, 似初發通莊, 卻尋野徑, 百里之外, 方歸大道. 旨遠興僻, 能論意表, 可謂一唱而三歎矣.

068

〈題松汀驛〉 ‥‥‥‥‥‥‥‥‥‥‥‥‥‥‥‥‥‥‥‥‥‥‥‥‥‥‥ 張祜
송정역을 노래함

푸른 산 빛은 멀리 하늘을 머금고 있고,
태호의 창망함은 태호 못의 동쪽이로다.
바다가 밝아 오니 먼저 보이는 것은 해,
강은 흰데 아득히 바람소리 들리도다.
험준하여 새가 다니는 길은 높은 언덕으로 이어져 사라지고
사람 사는 연기 보이는 촌락은 오솔길로 통하도다.
어찌 알았으리, 옛 은거하던 은자들은
지금 이 오호에는 어디에도 없는 것을!

山色遠含空, 滄茫澤國東.　　산색원함공, 창망택국동.

海明先見日, 江白逈聞風.　　해명선견일, 강백형문풍.

鳥道高原去, 人烟小逕通.　　조도고원거, 인연소경통.

那知舊遺逸, 不在五湖中!　　나지구유일, 불재오호중!

【松汀驛】 驛站의 이름. 지금의 江蘇 太湖 가에 있음.
【蒼茫】 아득히 멀고 탁 트인 모습. 첩운연면어.
【澤國】 물로 둘러싸인 지역.

【逈】아득함.

【鳥道】새나 겨우 빠져나갈 아주 좁은 산길. 산세가 험함을 비유함.

【人烟】사람이 사는 곳.

【小逕】작은 오솔길. '逕'은 '徑'과 같음.

【遺逸】은사를 비유함. 세상을 버리고 홀로 은거하며 벼슬하지 아니하는
사람. 隱逸과 같음.

【五湖】지금 江蘇 吳縣에 있는 太湖 및 그 부근의 네 개 호수. 滆湖, 洮湖,
射湖, 貴湖 등. 옛날 越나라 대부 范蠡가 吳나라를 멸한 뒤 이 호수에 배를
띄워 멀리 사라졌음. 그리하여 隱逸을 뜻하기도 함.

原註(王相)

驛在東吳.

此過吳訪友不遇, 題詩於驛壁也. 言山色之遙接于碧天, 東南多水而卑下,
故曰澤國. 東南近海, 日出最早, 江水作浪而泛白波, 但聞風聲之迅急, 鳥飛翔
于高原, 人烟達通于小路. 吳有震澤, 是名五湖, 我來訪耆舊隱逸之士, 誰知
已避地, 莫知其鄕而不在五湖中矣.

○張祐, 南陽人. 處士, 喬居丹陽, 中唐.

참고 및 관련 자료

1. 이는 시인에 五湖에 이르러 친구를 찾았으나 만나지 못하자 松丁驛의 벽에
시를 적어 놓은 것이다. 韻脚은 '空·東·風·通·中'이다.

2. 장호(張祐. ?~853?)

唐代 시인. 혹 '張祐'로도 표기하며 자는 承吉, 唐 淸河(지금의 河北 淸河縣)
사람이다. 처음 姑蘇에 살며 자칭 處士라 하였다. 시에 뛰어났으며 元和, 長慶
연간에 令狐楚의 추천으로 조정에 들어갔으나 元稹의 미움을 사자 실의하여
물러난 다음, 淮南 일대를 유랑하며 杜牧과 친하였다. 만년에 丹陽 曲阿를
좋아하여 그곳에 집을 짓고 은거하였으며 宣宗 大中 연간에 생을 마쳤다.
처음에는 宮體 小詩를 즐겨 썼으며 늙어서는 諷刺詩와 樂府詩에 심취하였다.
《張處士集》이 있으며 《전당시》에 시 2권이 수록되어 있다.

3.《唐才子傳》⑹

張祜: 附, 崔涯

祐, 字承吉, 南陽人, 來寓姑蘇. 樂高尚, 稱處士. 騷情雅思, 凡知己者悉當時英傑.
然不業程文. 元和·長慶間, 深爲令狐文公器許, 鎭天平日, 自草表薦, 以詩三百首
獻於朝, 辭略曰:「凡制五言, 苞含六義. 近多放誕, 靡有宗師. 祐久在江湖, 早工
篇什. 研幾甚苦, 搜象頗深. 輩流所推, 風格罕及. 謹令繕錄, 詣光順門進獻,
望宣付中書門下.」祐至京師, 屬元積號有城府, 偃仰内庭, 上因召問祐之詞藻
上下, 積曰:「張祐雕蟲小技, 壯夫不爲. 若獎激太過, 恐變 陛下風教.」上頷之.
由是寂寞而歸, 爲詩自悼云:「賀知章口徒勞說, 孟浩然身更不疑.」遂客淮南,
杜牧時爲度支使, 極相善待, 有贈云:「何人得似張公子,千首詩輕萬戶侯.」祐苦吟,
妻帑每喚之皆不應, 曰:「吾方口吻生花, 豈恤汝輩乎?」性愛山水, 多遊名寺,
如杭之靈隱·天竺, 蘇之靈巖·楞伽, 常之惠山·善權, 潤之甘露·招隱, 往往題
詠唱絶.

069

〈聖果寺〉 ··· 釋 處黙

성과사

절 가는 길 봉황산 중봉에서 위로 오르네,
돌고 돌아 벽라 넝쿨 겨우 헤치고 나와서
강가에 이르니 옛 오나라 땅 경계선 끝이요,
강 건너 맞은 언덕엔 옛 월나라 많은 산들.
고목은 떨기를 이루어 푸릇푸릇 안개인 듯,
멀리 하늘 금에 흰 파도가 젖어오네.
아래로는 네모 반듯 성곽이 가까이 보이고,
종소리 풍경소리는 민가 음악소리와 뒤섞이네.

路自中峰上, 盤回出薛蘿.　　로자중봉상, 반회출벽라.
到江吳地盡, 隔岸越山多.　　도강오지진, 격안월산다.
古木叢青靄, 遙天浸白波.　　고목총청애, 요천침백파.
下方城郭近, 鐘磬雜笙歌.　　하방성곽근, 종경잡생가.

【聖果寺】절 이름. 지금의 浙江 杭州 서남쪽 鳳凰山에 있으며 원 이름은
勝果寺임.《淸一統志》(284) 杭州府 祠廟에 "勝果寺, 在仁和縣鳳凰山右,
隋建, 有排衙石·石洞·郭公泉·月巖. 唐僧處黙有詩"라 함.

【盤回】 어슬렁거림. 배회함. 소요함. 이리저리 돌고 돌아 옴.

【薜蘿】 薜荔와 女蘿. 薜은 常綠 넝쿨 灌木이며 蘿는 菟絲라고도 하며 댕댕이 풀이라는 기생 넝쿨 식물.

【江】 錢塘江. 杭州 주위를 흐르는 강.

【吳地】 춘추 시대 오나라 땅이었던 곳. 지금의 강소 북부에서 안휘, 강서, 절강 북부 지역.

【靑靄】 푸른 빛의 운기.《천가시》에는 '靑藹'로 되어 있음.

【城郭】 城邑. 당시의 도시.《천가시》에는 '城郛'으로 되어 있음.

【鐘磬】 불가에서 쓰는 큰 종과 작은 종. 독경할 때 쓰이며 구리로 만들었음.

【笙歌】 음악소리.

原註(王相)

在杭州城南鳳凰山.

處黙越僧, 游杭至聖果寺而詠詩. 言自鳳凰山之中峰, 而上其徑盤回, 紆辟繞出于蘿薜而始至也. 寺勢面東沈于江, 則吳之地盡矣. 江東岸則爲會稽越地, 但見隔岸羣山之遠疊也. 古木參差, 靑葱藹翠, 遙天江水, 白波一色, 俯首而視, 則城郭環繞, 居市羅列, 禪林鐘磬, 湖上笙歌, 無不聞也.

○晚唐.

참고 및 관련 자료

1. 승려 處黙이 勝果寺(成果寺)에 올라 읊은 것이다. 韻脚은 '蘿·多·波·歌'이다.

2. 처묵(處黙)

晚唐의 승려로써 貫休와 함께 출가하여 승려가 되었다. 昭宗 光化 (898~901) 연간에 廬山으로 가서 修睦, 棲隱과 만나 교유하였다. 시 2권이 있었으나 지금은 시 8수만《전당시》에 수록되어 있다.

3.《唐才子傳》(3)에 여러 승려 시인의 명단에 그 이름이 보인다.

070

〈野望〉 ·· 王績

들을 바라보며

내 고향 동고는 저녁 빛에 싸였구나.
마음 둘 곳 없으니 어디에 기댈까?
나무는 나무마다 모두 가을 색 짙어가고,
산은 산마다 오직 저녁 석양빛만 남았구나.
목동은 송아지 몰고 집으로 돌아오고,
사냥꾼 말은 잡은 사냥감을 허리에 차고 온다.
서로 돌아보며 알지 못하는 사이건만
노래는 길게 뽑은 똑같은 채미가!

東皐落暮望, 徙倚欲何倚?　　동고락모망, 사의욕하의?
樹樹皆秋色, 山山惟落暉.　　수수개추색, 산산유락휘.
牧人驅犢返, 獵馬帶禽歸.　　목인구독반, 렵마대금귀.
相顧無相識, 長歌懷采薇!　　상고무상식, 장가회채미!

【東皐】지명. 작자 왕적이 은거하던 곳. 그 고향 絳州 龍門(지금의 山西 河津縣).
혹은 밭두둑을 뜻하는 말로도 여김.
【薄暮】어스름 녘. 해가 지고 아직 빛이 남아 있는 때.

〈騎牛歸家圖〉

【徙倚】배회함. 머뭇거리며 떠나지 못함.

【落暉】해가 지고 남은 빛.

【犢】송아지.

【獵馬帶禽歸】사냥을 나갔던 말이 사냥물을 매달고 돌아옴.

【無相識】목동과 사냥꾼은 서로 아는 사이가 아니라는 뜻.

【長歌】기쁨과 여유로 길게 노래를 부름.

【采薇】伯夷와 叔齊 두 사람의 高行을 말함. 殷代 孤竹國 임금 墨胎初의 두 왕자로 서로 왕위를 양보하다가 문왕의 어짊을 듣고 주나라로 찾아 왔으나 그 무왕이 은을 멸하자 두 사람은 이를 치욕으로 느껴 首陽山에 숨어 고사리를 캐 먹으며 "登彼西山兮, 采其薇矣. 以暴易暴兮, 不知其罪矣. 神農虞夏忽焉沒兮, 我安適歸矣. 于嗟徂兮, 命之衰矣"라 노래를 읊으며 굶어 죽었다 함. 《史記》伯夷列傳 참조. 여기서는 부귀영화에 대한 부러움 없이 각자 자신의 일에 만족하며 살아간다는 뜻임.

原註(王相)

無功因隋亂而隱東皐, 聞唐興有感而作也.

薄暮言隋祚已盡, 倚徙何依? 言無眞主可依, 樹樹秋色, 比隋末群雄割據, 皆不以仁, 如天秋肅殺之氣, 而無陽春之煖也. 山山落暉, 言羣盜終不久而敗 亡也. 牧人二句, 指唐之將興, 四征而天下咸服, 奏凱而歸, 馬帶禽歸, 言受命 成功, 攄諸降王而入唐也. 後二句, 自寫欲仕唐而無知識, 引進之士, 但長歌

咏嘯, 有懷夷齊之采薇爲西山之隱也. 其意謂士無人君之求, 宰相之擧, 進不
以禮, 不如隱之爲愈也.

　○王績, 一名勣, 文中子通之姪, 隋官正字, 避亂隱東皐, 號東皐子, 又稱斗
酒學士, 初唐.

참고 및 관련 자료

1. 작자 왕적은 수나라 때 벼슬하던 사람으로 아무리 당나라가 새롭게 한다
해도 역시 망국의 한은 있었을 것으로 보고 있다. 그 때문에 이러한 시를 읊은
것이다. 韻脚은 '依·暉·歸·薇'이다.

2. 왕적(王績. 585~644)

唐代 시인. 자는 無功, 絳州 龍門(지금의 山西 河津縣) 사람으로 陳 後主
至德 3년에 태어나 唐 太宗 貞觀 18년에 생을 마쳤다. 향년 60. 왕적은 陳,
隋, 唐 삼대를 거치면서 수나라 大業 중에 秘書正字·六合縣丞 등을 역임
하다가 세상이 어지러워지자 난을 피하여 고향으로 돌아가 東皐에서 저술
활동에 몰두하여 스스로를 東皐子라 칭하였다. 그 형 王通은 유명한 文中子
이며 수나라 대표적 사상가이이도 하다. 당 高祖 武德 초년에 왕적은 待詔
門下省이 되자 당시 侍中 陳叔達이 매일 술 한 말씩을 공급하여 그를 斗酒
學士라 불렀다. 태종 정관 초 병으로 관직에서 물러났다가 太樂署 史焦革
집안에 좋은 술을 빚는다는 소문을 듣고 그의 丞이 될 것을 자청하였다.
사혁초가 죽고 나서도 사혁초의 아내가 술을 공급해 주는 일을 중단하지
않았다고 한다. 얼마 뒤 그 아내마저 죽자 왕적은 관직을 버리고 고향으로
돌아와 술로 세월을 보냈다. 그의 시는 질박한 자연미를 노래하며 술을
題材로 하여 阮籍과 嵇康, 陶淵明 등을 노래한 내용이 많다. 원래 문집이 있었
으나 지금은 다 흩어지고 뒷사람이 집일한 《동고자집》(일명 《왕무공집》)이
있다. 《전당시》에 시 1권이 수록되어 있고 《신·구당서》에 전이 있다.

3. 《唐才子傳》(1) 王績

績, 字無功, 絳州龍門人, 文中子通之弟也. 年十五遊長安, 謁楊素, 一座服其
英敏, 目爲「神仙童子」. 隋大業末, 擧孝廉高第, 除秘書正字. 不樂在朝, 辭疾,
復授揚州六合縣丞. 以嗜酒妨政, 時天下亦亂, 遂託病風, 輕舟夜遁. 歎曰:
「網羅在天, 吾將安之?」 乃還故鄕. 至唐武德中, 詔徵以前朝官待詔門下省. 績弟

靜謂績曰:「待詔可樂否?」曰:「待詔俸薄, 況蕭瑟, 但良醞三升, 差可戀耳.」
待詔江國公聞之曰:「三升良醞, 未足以絆王先生」特判日給一斗. 時人呼爲「斗酒
學士」. 貞觀初, 以疾罷歸. 河渚間有仲長子光者, 亦隱士也, 無妻子. 績愛其眞,
遂相近結廬, 日與對酌. 君有奴婢數人, 多種黍, 春秋釀酒, 養鳧鴈·蒔藥草自供.
以《周易》·《莊》·《老》置牀頭, 無他用心也. 自號「東臯子」. 雖刺史謁見, 皆不答.
終於家. 性簡傲, 好飲酒, 能盡五斗, 自著〈五斗先生傳〉. 彈琴·爲詩·著文, 高情
勝氣, 獨步當時. 撰《酒經》一卷·《酒譜》一卷, 李淳風見之曰:「君酒家南·董也.」
及詩賦等傳世.

071

〈送別崔著作東征〉 ······················· 陳子昻

최저작랑의 동정을 송별하며

가을 바람 바야흐로 숙살한데,
백로의 절기에 비로소 전정專征에 나서는구려.
왕자의 군사란 본래 전쟁을 즐기는 것이 아니니
그대는 삼가 흉기를 신중히 하소서.
거란의 침략 기운이 남부로 밀려오니
변방 바람으로 북평을 쓸어 평정하소서.
노룡새를 팔아먹을 생각은 아예 하지 않아도
돌아오면 맞이하여 기린각에 그대 이름 새기게 되리라.

金天方肅殺, 白露始專征.　　금천방숙살, 백로시전정.
王師非樂戰, 之子愼佳兵.　　왕사비락전, 지자신가병.
海氣侵南部, 邊風掃北平.　　해기침남부, 변풍소북평.
莫賣盧龍塞, 歸邀麟閣名.　　막매로룡새, 귀요린각명.

【崔著作】崔融을 가리킴. 자는 安成(653~706). 唐 齊州 全節 사람으로 두심언이 일찍이 그의 추천을 받았었음. 최융이 죽자 그를 위해 緦麻를 입었다 함. 당시 조정의 문서를 관리하고 제작하던 큰 임무를 맡고 있었음. 《新唐書》에 의하며 武后 萬歲通天 원년(696) 거란이 반란하여 營州를 함락하자 7월

武三思를 楡關道安撫大使로 삼아 거란을 방어하였음.

【金天】 가을. 五行으로 가을은 金에 해당하며 색은 白, 따라서 금천은 가을을 말함.

【肅殺】 가을의 매서운 기운을 말함. 雙聲連綿語.

【白露】 24절기의 하나로 處暑로부터 보름 뒤, 秋分의 보름 전. 대체로 양력 9월 7, 8일 정도에 해당함.

【專征】 고대 제후가 천자의 허락을 받아 죄를 지은 다른 제후를 정벌하는 것.

【王師】 조정 제왕의 군대. 관군.

【之子】 최융 등 정벌에 따르는 사람들을 말함. 지는 '其, 此. 是'와 같은 대명사.

【愼】 《천가시》 원본에는 '送'으로 되어 있으나 이는 오기인 듯함.

【佳兵】 병기, 무기. 《老子》31장에 "夫佳兵者, 不祥之器. 物或惡之"라 함.

【海氣】 바다의 기운. 여기서는 거란의 외부 침략기세를 말함.

【北平】 군 이름. 北魏 때 설치하였으며 당나라 때 平州로 고쳤다가 다시 북평으로 칭하였음. 치소는 河北 盧龍縣.

【莫賣盧龍塞】 노령새는 요새 이름이며 盧龍山(지금의 烏龍山)에서 이름이 생겼음. 河北 遷安縣 서북에 있으며 고대 九崝으로 불렸음. 漢 獻帝 建安 12년(207) 曹操가 烏桓을 정벌할 때 義士 田疇의 계책에 따라 이 노룡새를 통해 돌격하여 승리를 거둠. 승리를 거둔 위 전주를 亭侯로 삼고자 하자 전주는 "豈可賣盧龍之塞, 以易賞祿哉?"라 하며 사양함. 《三國志》魏志 田疇傳 참조.

【邀】 맞이함. 그 공을 인정하여 맞아들임.

【麟閣】 麒麟閣. 漢나라 때 누각 이름으로 未央宮에 있었으며 蕭何 혹은 武帝 때 건립하였다 함. 뒤에 宣帝 甘露 3년 이곳에 공신 霍光 등 11명의 초상을 그려 그곳에 걸었음. 뒤에 공신의 초상을 걸어 그 공을 기리는 뜻으로 쓰임. 《三輔黃圖》(6) 참조. 《천가시》 원본에는 '麒閣'으로 되어 있음.

原註(王相)

卽杜審言所送之地也.

○崔以儒臣爲西征, 書正參預軍事, 子昻贈詩以規之也. 言白露後霜降, 而秋金肅殺, 王者始命大將, 專征不服, 蓋王者之師, 非欲於戰, 圖本欲安靜邊疆, 不以殺戮爲武也. 子與主將參其軍務, 愼勿以佳兵爲功. 佳兵者, 好殺也. 老子曰:「佳兵者, 不祥之器也.」 南部近邊之敵, 居北海北平通, 言地之邊界, 言子之用兵, 當如海氣邊風, 威令之肅, 子不難服南部之戎, 掃北平之亂. 末二句, 深戒之辭, 盧龍卽北平邊塞, 甚言切莫, 或受金縱敵, 或獻帛求和, 畫地爲界, 戎戮足以充俘, 奏功于朝, 冐膺對爵, 自以爲麟閣功臣而子無慚愧也.

참고 및 관련 자료

1. 〈四部叢刊〉《陳伯玉集》(2) 권7에 〈送著作左郎崔融等從梁王東征序〉가 실려 있어 이 시의 序文으로 보이며 《全唐詩》(841)에 제목이 이에 따라 〈送著作左郎崔融等從梁王東征〉이라 되어 있다. 이 시는 앞의 杜審言 〈送崔融〉(057)과 관련이 있으며, 《전당시》에 수록된 原序에는 "歲七月, 軍出國門, 天晶無雲, 朔風淸海, 時比部郎中唐奉一·考功員外郎李逈秀·著作左郎崔融並參帷幕之賓, 掌書記之任, 燕南帳別, 洛北思懼, 頓旌節而少留, 傾朝廷而出餞"이라 하였다. 기타 자세한 내용은 057을 참조할 것. 韻脚은 '征·兵·平·名'이다.
2. 진자앙(陳子昂) 031 참조.

072

〈攜妓納涼晩際遇雨〉(一) ·· 杜甫

기녀를 데리고 더위를 피하러 갔다가
저녁 무렵 비를 만남

해질 무렵 배를 띄워놓고 뱃놀이를 즐기도다.
가벼운 바람이 느린 물결을 일으키네.
대숲이 깊어 놀이 객 머물러 쉬기 좋고,
깨끗한 연꽃잎에 더위를 식힐 때러라.
공자들이 얼음을 빚어 시원한 빙수를 만들고,
아름다운 여인들은 치장을 하기에 바쁘더라.
그런데 갑자가 조각구름이 머리 위에 검게 나타나니
틀림없이 비가 내려 시를 짓도록 재촉함일 것이리라.

落日放船好, 輕風生浪遲.	락일방선호, 경풍생랑지.
竹深留客處, 荷淨納涼時.	죽심류객처, 하정납량시.
公子調氷水, 佳人切藕絲.	공자조빙수, 가인절우사.
片雲頭上黑, 應是雨催詩.	편운두상흑, 응시우최시.

【納涼】더위를 피함.

【晚際】날씨가 어두워짐.

【荷淨】연꽃잎이 아주 깨끗함.

【調氷水】얼음을 넣어 시원하게 만든 음료.

【雪】동사. 씻음.

【藕絲】색깔 이름. 藕色. 연근과 같은 흰색. 여기서는 여자의 희고 여린 피부를 상징하며 아울러 화장을 하는 행동을 말함.

〈乘舟吹笛〉

原註(王相)

工部行樂之詩也. 言五月舟中之樂, 宜停舟避暑. 日將落則宜放舟, 風輕浪細, 徐徐而行也. 至於竹深林密, 可以留客, 荷香人淨, 可以納涼. 公子自調氷水以飮客, 佳人親削藕絲以侑觴. 謂藕方初生, 削之細碎如雪也. 可謂樂矣. 而前人片雲忽覆于上, 漸黑而欲雨矣, 想爲催吾輩之詩而來乎!

참고 및 관련 자료

1.《杜詩詳註》(3)에는 제목이 〈陪諸貴公子丈八溝攜妓納涼晚際遇雨〉로 되어 있으며 모두 2수임. 함께 놀이를 간 공자는 구체적으로 누구인지 알 수 없다. '丈八溝'는 天寶 元年 韋堅이 파서 소통시킨 溝渠(도랑, 물길)이며 지금의 陝西 長安 서남쪽에 있다. 이 시의 韻脚은 '遲·時·絲·詩'이다.

2.《杜詩諺解》

디는 히예 비를 노호미 됴ᄒ니 가비야온 ᄇᆞᄅᆞ매 믌결 나미 더듸도다

대는 손 머믈웟는 ᄯᅡ해 깁고 蓮은 서늘호ᄆᆞᆯ 드리는 ᄢᅴ 조햇도다

公子는 어름므를 調和ᄒ고 고온 사ᄅᆞᄆᆞᆫ 蓮ㅅ 시를 싯놋다

片雲이 머리 우희 거므니 당당이 비 글지수믈 뵈아놋다(초간본 15)

3. 두보(杜甫) 051 참조.

073

〈攜妓納涼晚際遇雨〉(二) ························· 杜甫

기녀를 데리고 더위를 피하러 갔다가
저녁 무렵 비를 만남

내리는 비는 자리를 적시고,
바람은 급하여 뱃머리를 두드리네.
월녀의 붉은 치마 이미 젖었고,
연희의 푸른 화장 수심으로 가득 찼네.
배를 끌고 언덕으로 접근하여 버드나무에 매어놓고
장막을 걷으니 뱃가에 물이랑만 출렁이네.
돌아오는 길 바람에 이리저리 뒤집히니
연못의 오월 여름이 가을 날씨 같도다.

雨來沾席上, 風急打船頭.	우래첨석상, 풍급타선두.
越女紅裙濕, 燕姬翠黛愁.	월녀홍군습, 연희취대수.
纜侵堤柳繫, 慢卷浪花浮.	람침제류계, 만권랑화부.
歸路翻蕭颯, 陂塘五月秋.	귀로번소삽, 피당오월추.

【越女】 남방의 아름다운 여인을 말함.
【燕姬】 북방의 미인을 말함.

【翠黛】비취 색으로 칠한 눈썹 안료. 아름다운 눈빛을 상징함.

【纜侵堤榴繫】畫船이 언덕의 버드나무에 접근하여 배를 맴. '侵'은 접근의 뜻.

【幔卷浪花浮】선상의 장막이 말려 올라가고 단지 배 주변의 물결이 일어나는 것만 보일 뿐임.

【蕭颯】쓸쓸한 상태를 표현하는 雙聲連綿語.

【五月秋】여름 비가 온 뒤 써늘하기가 가을 날씨 같음.

此詩承上章之意. 言雨之斜來, 沾濡於席上; 風之迅急, 浪打于船頭. 越女燕姬, 言舟中妓女, 南北不一雨旣久. 客衣皆淋漓, 越女慣見舟船故. 紅裙雖濕而自行, 燕姬不諳秋色, 見舟之搖震, 恐其顚覆而眉黛常愁也. 纜則繫於堤柳, 而舟搖席動浪, 則浮于帳幔, 而水卷風飄. 及至雨歇而歸, 人皆蕭颯, 而無與陂塘, 水鄕風浸, 夜涼衣濕人倦, 盛夏五月, 儼如深秋矣.

참고 및 관련 자료

1. 이 시는 앞의 시를 지을 때 연결된 상황이다. 韻脚은 '頭·愁·浮·秋'이다.

2. 《杜詩諺解》

비와 돗 우흘 저지니 ᄇᆞ름이 ᄲᆞᆯ라 빗머리를 티놋다

越ㅅ 겨지비 블근 ᄀᆞ외 젓고 燕ㅅ 겨지비 프른 눈서비 시름ᄃᆞ외도다

빗주를 두들 겟 버드를 侵犯ᄒᆞ야 ᄆᆡ요니 帳을 거두니 믌겨리 ᄯᅦᆺ도다

도라가ᄂᆞᆫ 길히 도ᄅᆞ혀 서늘ᄒᆞ니 陂塘이 五月에 ᄀᆞᄉᆞᆯ ᄀᆞᆮ도다 (초간본 15)

3. 두보(杜甫) 앞장 참조.

074

〈宿雲門寺閣〉 ··· 孫逖

운문사 절간에서 자면서

향내 나는 절간 동산 아래에
내 낀 꽃 모습 그 형상이 세상 밖의 풍경처럼 그윽하구나.
매달아 놓은 등불은 천만 봉우리 저녁 빛이 되어주고,
걷어올린 휘장으로 오호의 가을 풍경이 눈에 들어오네.
벽의 그림에는 아직 떠나지 않은 기러기 그대로 있고,
얇은 비단을 가린 창문에는 두우성이 멈춘 채 비치고 있네.
더욱 하늘 가는 길 이리도 가까운가 의심이 들어,
꿈속에선 흰 구름과 함께 노닐었다네.

香閣東山下, 烟花象外幽.　　　향각동산하, 연화상외유.
懸燈千嶂夕, 卷幔五湖秋.　　　현등천장석, 권만오호추.
畫壁餘鴻雁, 紗窗宿斗牛.　　　화벽여홍안, 사창숙두우.
更疑天路近, 夢與白雲遊.　　　경의천로근, 몽여백운유.

【雲門寺】浙江 會稽 남쪽 雲門山에 있는 절. 晉 義熙 3년(407) 오색구름이
피어오르며 그 아래 仙人 王子喬가 나타나자 安帝가 이곳에 절을 세웠다 함.
《清一統志》(294) 紹興府 참조.

【香閣】절에 늘 향을 피워 이 때문에 절의 누각을 지칭하는 말로 쓴 것.

【東山】운문산의 별칭.

【象外】속세 밖.

【千嶂】많은 산봉우리.

【卷】'捲'과 같음. 말아 올림.

【五湖】지금 江蘇 吳縣에 있는 太湖 및 그 부근의 네 개 호수. 滆湖, 洮湖, 射湖, 貴湖 등. 옛날 越나라 대부 范蠡가 吳나라를 멸한 뒤 이 호수에 배를 띄워 멀리 사라졌음. 王相 주에 "蘇州太湖, 一名五湖, 又名震澤, 又名雷溪"라 함.

【紗窓】비치는 비단으로 휘장을 친 창문.

【天路】하늘과 통하는 길. 雲路를 말함.

> **原註(王相)**

　在紹興雲曲山.

　逖燕人而南遊於越, 登雲門寺閣而作也. 言閣在東山之下, 烟雲繚繞, 花氣芬芳, 夜而懸燈, 則千嶂羣山, 皆暝畫而卷, 填則五湖秋色相侵. 昨日觀畫壁, 半已漶浸, 猶餘鴻雁可觀, 夜宿山房, 則極其高峻, 唯見斗牛在空, 恍疑地勢之高與天相近, 故魂夢之中, 悠悠蕩蕩, 常在白雲之上也.

> **참고 및 관련 자료**

1. 시 제목은 혹 〈雲門閣〉으로 되어 있다. 韻脚은 '幽·秋·牛·遊'이다.

2. 손적(孫逖) 007 참조.

075

〈秋登宣城謝朓北樓〉 ·································· 李白

가을에 선성의 사조 북루에 올라

강변 도시 선성은 마치 그림 속에나 있을 듯한 곳,
산에 새벽이 되자 맑은 하늘 볼 수 있네.
두 물줄기는 그 사이에 끼어 거울 같이 맑은데
그곳 두 다리에는 무지개가 내려앉았네.
사람 사는 촌락에는 찬 날씨의 귤과 유자.
가을 색 짙어진 곳에 오동나무 늙었구나.
누가 나처럼 이 북루에 올라,
이런 바람 맞으며 그 옛날 사조를 그리워하는가!

江城如畫裏, 山曉望晴空.　　　강성여화리, 산효망청공.

兩水夾明鏡, 雙橋落彩虹.　　　량수협명경, 쌍교락채홍.

人烟寒橘柚, 秋色老梧桐.　　　인연한귤유, 추색로오동.

誰念北樓上, 臨風懷謝公!　　　수념북루상, 림풍회사공!

【宣城】 지금의 安徽 宣城縣. 南朝 齊나라 때 謝朓가 이곳의 태수를 역임
하였음.

【謝朓北樓】 謝朓樓, 혹 謝公樓라고도 하며 선성 北樓. 唐나라 때 疊嶂樓라
이름을 고침. 南朝 齊나라 시인 사조가 宣城太守였을 때 건립한 것임.

【江城】 선성. 강을 끼고 있는 도시라는 뜻.《천가시》 원문에는 '江樓'로 되어 있음.

【色】 일부본에는 '曉', '晚' 등으로 되어 있음.

【兩水】 선성을 흐르는 두 물줄기. 즉 宛溪와 句溪.

【雙橋】 선성의 두 다리. 鳳凰橋와 濟川橋. 모두 隋 文帝 때 건립되었음.

【人烟】 사람 사는 촌락을 말함.

【寒橘柚】 가을 찬 바람이 불어야 제 맛이 나는 귤과 유자.

【謝公】 사조(謝朓: 464~499). 자는 玄暉. 陳郡 陽夏 사람. 귀족출신으로 어머니는 宋나라 長城公主. 齊나라 中書吏部郎을 역임했으며 永元(齊, 東昏侯의 연호, 499~501) 元年 江祐[江祐] 등과 始安王 遙光을 옹립하려다가 죄에 걸려 옥사함. 당시 36세. 사조는 풍격이 秀逸하여 소위 「新變體」를 창시했으며 五言詩의 律詩化에 지대한 영향을 미쳤음. 永明體의 대표적 시인이며 李白이 매우 숭앙했던 인물.《南齊書》 권47 및《南史》 권19에 傳이 있음.

原註(王相)

昔齊謝朓, 曾爲宣城內史, 有樓存焉, 故太白登樓而作詩. 言江外之城, 方秋而景色凄淸, 恍如圖畫, 高樓之下, 有宛溪. 句溪二水分繞郡城, 各各有一橋, 言二水環流, 如明鏡之相映; 雙橋對起, 如長虹之對懸也. 人烟村落, 多栽橘柚, 秋深而寒, 則遍地皆香; 梧桐已飄落殆盡, 則知秋色已老, 誰人有興登此北樓之上, 臨風而有懷往昔之謝公也哉!

참고 및 관련 자료

1. 이 시는 天寶 13년(754) 가을에 지은 것으로 長安에서 11년을 살다가 시기를 받아 宣城으로 옮겨왔을 때 감회를 읊은 것이다. 韻脚은 '空·虹·桐·公'이다.

2. 이백(李白) 005 참조.

〈上陽臺帖〉 李白

076

〈臨洞庭〉 ··· 孟浩然

동정호에서

팔월 가을이 되니 호수는 평온하고,
물은 하늘과 뒤섞여 구분할 수 없구나.
운몽택은 끊임없이 수증기를 뿜어내고,
파도는 저 악양성 그림자를 흔들고 있네.
건너가고 싶지만 배도 노도 없으니,
이토록 편한 삶에 임금께 부끄럽게 여기네.
그저 앉아 저 낚시 드리운 강태공 같은 이를 바라보면서
고기 잡는 저 정취를 한갓 부러워할 뿐!

八月湖水平, 涵虛混太淸.　　팔월호수평, 함허혼태청.
氣蒸雲夢澤, 波撼岳陽城.　　기증운몽택, 파감악양성.
欲濟無舟楫, 端居恥聖明.　　욕제무주즙, 단거치성명.
坐觀垂釣者, 徒有羨魚情!　　좌관수조자, 도유선어정!

【涵虛混太淸】 하늘과 호수가 서로 비추고 있음. 涵虛는 포함하고 있음을
말하며, 虛와 太淸은 하늘을 말함. 그리하여 서로 하늘과 호수를 구분할
수 없을 정도임을 표현한 것임.

【氣蒸】수증기가 피어오름.

【雲夢澤】고대 초나라의 늪 이름. 원래 두
호수로 장강 남쪽을 雲澤, 북쪽을 夢澤
이라 하였으나 뒤에 메워져서 洞庭湖가
되었음.

【岳陽城】지금의 湖南 岳陽縣. 유명한 岳
陽樓가 있음.《천가시》에는 '岳城陽'으로
잘못 표기되어 있음.

〈洞庭君山圖〉《三才圖會》

【端居】편안한 일상. 閒居.

【聖明】천자를 말함.

【垂釣者】임금에게 발탁되어 벼슬하는 사람. 姜太公의 일화를 연상한 것.

【徒】한갓, 헛되이. 일부본에는 '空'으로 되어 있음.

【羨魚】고기잡는 사람을 부러워함. 여기서는 벼슬하고 싶어하는 심정을
말한 것.

原註(王相)

　浩然南遊洞庭有感而作. 言秋深洞庭, 水落潮平, 澄淸蕩漾, 而天光雲影, 上下
相映也. 雲澤夢澤, 二水名. 在楚, 二水相合爲一, 故曰雲夢. 言洞庭之氣, 鬱蒸
而爲雲夢也. 洞庭之波, 直抵岳陽城下, 故云波撼. 撼, 搖也. 前四句, 寓言國家
承平, 文德武功, 被乎四海; 後四句, 言己之不遇也. 言欲濟大川, 若無舟楫.
寓汲引無人也. 欲端居而引, 則有聖明在上而不任, 是邦有道, 貧且賤焉, 恥也.
因坐觀湖上之釣叟, 徒羨其得魚之多, 而已無與焉, 古人云: 臨淵羨魚, 不如
退而結網, 謙言已之學未足, 故人不知而空羨他人之遇也.

참고 및 관련 자료

1. 제목 〈臨洞庭〉은 일부본에는 〈望洞庭湖贈張丞相〉으로 되어 있으며
張丞相은 張九齡을 가리킨다. 韻脚은 '淸·城·明·情'이다.

2. 맹호연(孟浩然) 001 참조.

077

〈過香積寺〉 ·· 王維

향적사를 찾아 나서서

향적사가 어딘지 알 수 없구나.
몇 리를 가니 구름 걸린 봉우리.
고목에 사람 다닐 오솔길도 없는데
깊은 산 속 어디서 들리는 종소리인가?
샘물은 오똑한 돌 곁에서 소리를 내고
햇볕은 푸른 소나무에 차갑게 보이누나.
저녁 어스름이 찾아오는 빈 못 귀퉁이에서
스님은 좌선하여 망녕의 잡념을 제압하고 계시더라.

不知香積寺, 數里入雲峰.　　　부지향적사, 수리입운봉.

古木無人徑, 深山何處鐘?　　　고목무인경, 심산하처종?

泉聲咽危石, 日色冷青松.　　　천성열위석, 일색랭청송.

薄暮空潭曲, 安禪制毒龍.　　　박모공담곡, 안선제독룡.

【香積寺】절 이름. 唐代 불교의 명찰로 高宗 永隆 2년(681)에 당시 고승 善導
　　大師를 추모하여 건립하였음. 지금의 陝西 長安 남쪽 30리 交河의 북쪽

神禾原에 있음. 宋 太平興國 3년 이름을 開
利寺로 바꾸었다가 다시 원래 이름을 사용함.
《淸一統志》西安府 참조. 王相 주에 "장안
子午谷에 있다"라 하였음.

【咽危石】 '咽'은 '열'로 읽으며 '샘물이 위험한
모습의 오똑한 돌 틈에서 소리를 내며 솟아
남'을 말함.

【空潭曲】 비어 있는 못의 한 구석 귀퉁이. '曲'
은 한 구석을 뜻함.

【安禪】 불교 용어. 坐禪入定함을 말함.

【毒龍】 망녕된 잡념을 비유함. 趙殿成의 《王
右丞集箋注》(7)에 《涅槃經》: '但我住處, 有一
毒龍, 其性暴急, 恐相危害.' 成按: 毒龍, 宜作
妄心譬喩, 猶所謂心馬情猴者; 若會意作降龍
實事用, 失其解矣"라 함.

〈過香積寺〉如初 金膺顯(현대)

原註(王相)

在長安南子午谷中.

摩詰過寺游行登雲峰而作. 言初不知此時之幽, 遂徑行不數里, 而入于雲峰
之下, 但見古木參天, 人跡罕到, 鐘聲隱隱, 不知何處, 飄來流泉之聲, 咽於危石.
日色之冷, 徹於靑松. 時將薄暮, 聊於水潭一曲之近, 學高僧安禪靜坐, 而思
息焉. 以制毒龍之擾也. 毒龍, 比諸慾之害得, 故宜由之之可入道.

참고 및 관련 자료

1. 이 시에 대하여 趙殿成의 《王右丞集箋注》(7)에는 "此篇起句極超忽, 謂初
不知山中有寺也; 迨深入雲峰, 於古木森叢·人蹤罕到之區, 忽聞鐘聲, 而始知之.
四句一氣盤旋, 滅盡針線之跡, 非自盛唐鼓手, 未易多覯"라 하였다. 韻脚은
'峰·鐘·松·龍'이다.

2. 왕유(王維) 013 참조.

078

〈送鄭侍御謫閩中〉 ·· 高適

정시어가 민중으로 귀양감을 보내면서

그대 귀양감을 한스러워 말게.
민중은 나도 일찍이 가 본 적이 있다네.
대체로 가을 기러기는 많지 않고,
다만 밤에 원숭이 우는 소리는 많이 들리지.
동쪽 길을 거쳐 들어가면 산과 구름이 합치고,
남방 기후라 장려는 많지만 그나마 온화하네.
그대는 머지않아 임금의 우로 같은 은택을 입을 것이니,
잘 가게 그대여, 순한 풍파가 그대를 도와주리.

謫去君無恨, 閩中我舊過.　　　적거군무한, 민중아구과.

大都秋雁少, 只是夜猿多.　　　대도추안소, 지시야원다.

東路雲山合, 南天瘴癘和.　　　동로운산합, 남천장려화.

自當逢雨露, 行矣順風波!　　　자당봉우로, 행의순풍파!

【鄭侍御】 鄭씨 성의 侍御史 벼슬을 한 사람. 고적의 친구. 자세한 사적은
알 수 없음.
【閩中】 지금의 福建 지역.

【大都】'도대체, 大抵'의 뜻.

【瘴癘】남방이라 풍토병이 많음을 말함.

【雨露】임금의 은택을 비유함.

【順】혹 '愼'으로 된 판본도 있음.

【風波】사람으로 살아가면서 겪게 되는 많은 어려움을 비유함. 혹 먼 길 떠나는 자의 '一路順風'을 뜻하는 말로 보기도 함.

原註(王相)

　唐時謫降之官, 多仕閩廣, 侍御謫嶺南也. 達夫送之以詩. 曰君之謫也, 君無恨焉. 此地我亦當居之矣. 大者秋雁, 不過嶺閩中則少雁. 但聞秋猿, 多悲嘯于嶺頭, 由浙而東入於閩, 則雲山高峻而連合廣之東, 西則多瘴癘, 閩之南風, 和而無瘴氣. 子之直道謫官, 聖朝雨露之恩, 不久召子還朝, 當勉力而行, 愼此風波之險也.

참고 및 관련 자료

1. 이는 친구가 멀리 복건까지 귀양감을 보내면서 위로의 뜻을 읊은 것이다. 韻脚은 '過·多·和·波'이다.

2. 고적(高適) 016 참조.

079

〈秦州雜詩〉 ··· 杜甫

진주 잡시

봉림관의 전투는 아직 그치지 않았고
어해로 가는 길은 언제나 통과하기 어렵다네.
전황을 알리는 봉화는 산봉우리처럼 높기만 한데
고립된 군사는 그 우물까지 마르고 말았네.
봉화불 연이어 서쪽 지역 동요하고,
달빛은 북정도호부를 지나며 찬 기운이 서리네.
전장의 노병들은 비장군을 생각하네,
그 어느 때쯤 단을 마련하여 장군을 임명할까?

鳳林戈未息, 魚海路常難.　　봉림과미식, 어해로상난.

候火雲峯峻, 懸軍幕井乾.　　후화운봉준, 현군막정건.

風連西極動, 月過北庭寒.　　풍련서극동, 월과북정한.

故老思飛將, 何時議築壇?　　고로사비장, 하시의축단?

【秦州】隴右道에 속하며 天寶 원년 天水郡으로 고쳤다가 乾元 원년 다시
　　秦州라 함. 지금의 甘肅 天水縣.
【鳳林】현 이름. 鳳林關이 있으며 지금의 甘肅 臨夏縣. 《천가시》에는 '風林'
　　으로 잘못 표기되어 있음.

【魚海】 지명. 지금의 甘肅 民勤縣 동북 阿拉善額魯特部 경내. 唐代 유명한 전쟁터였음.

【候火】 전황이나 소식을 알리는 봉화.

【雲峰】 '峰'은 혹 '烽'으로 되어 있는 판본도 있으며 《천가시》 원본에는 '雲風峻'으로 잘못 표기되어 있음.

【懸軍】 적진 깊이 들어가 후원을 받지 못한 채 고립된 군대.

【幕井】 뚜껑을 덮은 우물. 혹 '幕'자를 '暮'자로 표기한 판본도 있음.

【風】 봉홧불로 해석함.

【北庭】 唐代 서북에 北庭都護府를 설치하였으며 지금의 新疆위구르 지역. 서북의 중요한 요새였음.

【故老】 변방의 늙은이들. 노병들.

【飛將】 飛將軍. 한나라 때 李廣을 말함. 그의 활약이 너무 대단하여 흉노가 그를 '비장군'이라 불렀음. 《史記》 李將軍列傳 참조.

【時】 일부본에는 '人'자로 되어 있음.

【築壇】 단을 쌓아 놓고 의식을 치르며 장군의 임명하는 것. 한나라 고조 유방이 한신을 장군으로 임명할 때 이러한 의식을 치러 그를 감동시켰음. 《史記》 淮陰侯列傳 참조. 여기서는 郭子儀를 기용할 것을 암시한 것이라 함.

原註(王相)

子美棄官避地秦州, 有感而作雜詩二十首, 此其一也. 鳳林魚海, 皆在朔方邊塞. 幕井, 軍中之井也. 飛將, 漢李廣, 人號飛將軍也. 言鳳林之干戈不息, 魚海之地, 兵塞而難行. 秦州候望, 燐火之山, 則高峻而難登. 秦地久旱, 懸幕之土井則枯竭而無水, 邊風之烈, 土漫於天, 西極之星, 爲之搖動, 邊夜無論冬夏則寒, 秋月初, 北邊之寒已至矣. 邊城之故, 老思得雄勇之大將, 如漢之飛將軍李廣者, 方可以破敵而安邊, 今天子何時方築壇而拜之乎, 望之之切也?

참고 및 관련 자료

1. 이는 두보가 肅宗 乾元 2년(759) 華州에서 관직을 버린 이후의 작품으로 모두 20수이며 이 시는 그 중 19번째이다. 韻脚은 '難·乾·寒·壇'이다.

2. 《杜詩諺解》

鳳林에 사호미 굿디 아니ᄒᆞ고 魚海옌 길히 長常 어려도다

候望ᄒᆞᄂᆞᆫ 브른 구룸 씬 묏부리 노픈 ᄃᆡ 잇고 軍을 히드러가매 집지은 우므리

ᄆᆞᄅᆞ도다

바ᄅᆞᄆᆞᆫ 西極에 니어뮈고 ᄃᆞᄅᆞᆫ 北庭으로 디나가 서늘ᄒᆞ도다

녜ㅅ 늘근 사ᄅᆞ미 ᄂᆞᆫ 將軍을 ᄉᆞ랑ᄒᆞᄂᆞ니 어느 저긔 築壇호ᄆᆞᆯ 議論ᄒᆞ고

(중간본)

3. 두보(杜甫) 051 참조.

080

〈禹廟〉 ··· 杜甫

우임금의 사당

우임금의 사당 빈 산 속에 자리잡았네.
가을 바람 석양볕이 비껴진 속에.
황량한 뜰에는 귤과 유자가 늘어졌고,
오래된 건물엔 용과 뱀 그림 서려 있네.
구름 기운 빈 벽에 피어오르고
강은 깊어 백사장을 급히 지난다.
일찍 알기는 했지, 네 가지 도구를 만들어
파고 소통시켜 이 삼파 땅을 제압하였음을.

禹廟空山裏, 秋風落日斜.　　우묘공산리, 추풍락일사.

荒庭垂橘柚, 古屋畫龍蛇.　　황정수귤유, 고옥화룡사.

雲氣生虛壁, 江深走白沙.　　운기생허벽, 강심주백사.

早知乘四載, 疏鑿控三巴.　　조지승사재, 소착공삼파.

【禹廟】夏나라 禹임금을 모신 사당. 지금의 四川 忠州 강가에 있음. 《淸一統志》(416)에 "禹廟, 在州南過江三里, 唐杜甫有詩"라 함.

【橘柚】귤과 유자. 우임금이 홍수를 다스리자 島夷 사람들이 이를 공물로 바쳤다 함. 《尙書》 禹貢 참조.

【龍蛇】 고대 홍수가 범람하여 뱀과 파충류가 들끓어 사람이 살기 어려웠음. 이에 禹가 홍수를 다스려 이들을 몰아내고 사람이 살 수 있도록 하였음. 《孟子》滕文公(下) 참조.

【雲氣生虛壁】 운무가 사당의 벽에 서림. '生虛壁'은 일부본에는 '噓靑壁'으로 되어 있음.

【江聲走白沙】 강물이 흰 모래를 지나 급히 흘러 소리를 냄.

【四載】 우임금이 홍수를 다스리고자 각 지형에 맞게 네 가지 교통도구를 만들었음. 즉 육지는 수레, 바다는 배, 늪지대는 취(橇), 산은 연(欙).《史記》 夏本紀 참조.

【疏鑿】 물을 소통시키기도 하고 물길을 돌리기도 함.

【三巴】 지역 이름. 秦나라 때 巴郡으로 설치하였고 西漢 때 巴東郡을 두었다가 東漢 말 巴西郡을 설치하여 흔히 이를 三巴라 함. 지금의 四川 長江 유역. 시에서는 그 때문에 이곳에 우묘가 세워졌음을 말한 것임.

原註(王相)

在忠州.

子美寓蜀至庸州, 而謁禹廟之作也. 四載, 大禹廟之作也. 四載, 大禹治水乘載也, 以四物載身而行, 謂水行乘舟, 陸行乘車, 山行乘儓欙, 泥行乘橇也. 巴·忠州, 在西控引三巴之地, 謂巴縣·巴東·巴西. 其水三折如巴字也. 子美言大禹之廟, 在空山之中, 當秋風夕陽之時, 寂無人跡, 惟橘柚之樹, 列於空庭, 龍蛇之象, 畫於中殿, 四壁之間, 雲氣生焉. 江水之聲, 白沙滿江, 思神禹開山, 自此以來, 控三巴. 導大江之水, 於萬里而來也. 其疏九河通江, 四載而勤勞, 閒暇之功, 如此其不易也.

참고 및 관련 자료

1. 이는 代宗 永泰 원년(765) 가을 杜甫 54세 때 蜀에서 忠州를 지나 禹廟에 이르러 감회를 읊은 것이다. 韻脚은 '斜·蛇·沙·巴'이다.

2.《杜詩諺解》

禹ㅅ 廟ㅣ 뷘 묏 소기로소니 ᄀᆞᅀᆞᆲ 브ᄅᆞ매 ᄃᆡᄂᆞᆫ ᄒᆡ 빗겟도다

거츤 뜰헨 橘柚ㅣ 드리엿고 녯 지븬 龍蛇를 그롓도다

구룺 氣運은 빈 바락매셔 나고 マ롮 소리는 힌 몰애예 듣놋다

四載를 타 疎鑿하야 三巴를 控持하요믈 일 아노라(초간본 6)

3. 두보(杜甫) 051 참조.

〈大禹陵〉 浙江 紹興 會稽山

081

〈望秦川〉 ··· 李頎

진천을 바라보며

이른 아침 진천을 바라보니 아득하기도 하여라.
정 동쪽 봉우리 위에서 해가 솟아오르자
원근 산과 강물은 깨끗하기도 하고,
구불구불 성궐은 겹쳐져 있네.
가을 바람 모든 집 대나무에 불어오고,
차가운 빛 저 오릉의 소나무에 걸렸어라.
돌아가리로다 한탄의 그 말,
처량하게 제 서리와 이슬에 짙게 맺혔네.

秦川朝望迥, 日出正東峯.　　　진천조망형, 일출정동봉.
遠近山河淨, 逶迤城闕重.　　　원근산하정, 위이성궐중.
秋聲萬戶竹, 寒色五陵松.　　　추성만호죽, 한색오릉송.
有客歸歟歎! 凄其霜露濃.　　　유객귀여탄! 처기상로농.

【秦川】지역 이름. 지금의 陝西 關中 일대. 이기의 고향.
【正東峰】《천가시》에는 '征東峰'으로 되어 있음.
【逶迤】구불구불하며 끝없이 이어짐. 쌍성연면어.

【五陵】長陵(漢 高祖의 陵, 지금의 陝西 咸陽縣 동북), 安陵(惠帝, 함양현 동쪽), 陽陵(景帝, 섬서 高陵縣 서남), 茂陵(武帝, 섬서 興平縣 동북), 平陵(昭帝, 흥평현 동북) 등 다섯 능을 말함. 당시 능을 세울 때마다 외척과 부호를 그 근처로 옮겨 거부하게 하여 뒤에 흔히 오릉은 부호귀족이 모여 사는 곳을 뜻하는 말로 쓰였음.

【有客】일부본에는 '客有'로 되어 있음.

【歸歟歎】고향(고국)으로 돌아가고 싶어 '돌아가리로다'라고 탄식함. 《論語》 公冶長篇에 "子在陳, 曰: '歸歟! 歸歟! 吾黨之小子狂簡, 斐然成章, 不知所以裁之.'"라 함.

【凄其】썰렁하고 처량함. '其'는 의미 없는 詞尾語.

原註(王相)

自函谷西至隴, 皆曰秦州.

李頎罷職而出長安, 感慨之作也. 曰吾出郭起行, 東望秦川也. 太陽正出於東峰之上也. 清秋之際, 遠近之間, 山川明鏡, 憑高而視. 列縣諸州, 大小城池, 逶迤隱顯, 皆在吾目中矣. 而四野之秋, 聲生於萬林之竹籟, 蒼茫之寒; 色生於霜林之松淸, 而長安之游客, 有歸與歸與之歎者, 愁行道之凄, 其懼霜露之零落也.

○李頎, 東川人, 開元進士, 新鄉尉, 盛唐.

참고 및 관련 자료

1. 시인이 이미 진사에 급제하고 新鄉縣에 이르러 縣尉를 하면서 멀리 진천을 그리워하며 읊은 시이다. 韻脚은 '峰·重·松·濃'이다.

2. 이기(李頎. 690~751)

唐代 시인. 자는 알 수 없으며 東川(지금의 四川 三臺縣) 사람이다. 한 때 穎陽(지금의 河南 許昌)에 살기도 하였다. 당 武后 天授 원년에 태어나 玄宗 天寶 10년에 죽었다. 향년 62세. 開元 23년(735)에 진사에 급제하여 新鄉縣尉가 되었으나 천성이 소략하고 신선을 좋아하며 세상일에는 관심을 두지 않다가

만년에 사직하고 동천에 은거하였다. 시에 능하여 막힘이 없었다. 변새시는
풍격이 호방하였으며 특히 律詩와 7언 歌行體에 뛰어난 면을 보였다.《李頎
詩集》이 있으며《전당시》에 시 3권이 수록되어 있다.

3.《唐才子傳》(2) 李頎

頎, 東川人. 開元二十三年, 賈季隣榜進士及第, 調新鄕縣尉. 性疏簡, 厭薄世務,
慕神仙, 服餌丹砂, 期輕擧之道, 結好塵喧之外. 一時名輩, 莫不重之. 工詩, 發調
旣淸, 修辭亦秀, 雜歌咸善, 玄理最長, 多爲放浪之語, 足可震蕩心神. 惜其偉材,
只到黃綬. 故其論道家, 往往高於衆作. 有集今傳.

082

〈同王徵君洞庭有感〉 ························· 張謂

왕징군과 함께 한 동정호에서의 감회

팔월이라 동정호에 가을이 왔네.
소상의 물은 북으로 흐르고.
고향 돌아갈 길 만리나 되니 꿈속만 같고,
나그네 이 설움 오경에도 잠 못 이루네!
더 이상 책을 열어도 보이지 않으니
술집에 올라 술로 시름을 달랠 뿐!
옛 친구 서울 낙양에 몰려 있는데
그 어느 날 다시 함께 모여 놀 수 있을까?

八月洞庭秋, 瀟湘水北流.　　　팔월동정추, 소상수북류.

還家萬里夢, 爲客五更愁!　　　환가만리몽, 위객오경수!

不用開書帙, 偏宜上酒樓.　　　불용개서질, 편의상주루.

故人京洛滿, 何日復同遊?　　　고인경락만, 하일부동유?

【王徵君】 성이 王씨인 徵君. 徵君은 徵士와 같으며 조정에 나가지 않은 선비를
말함. 여기서 왕징군은 작자 장위의 친구이나 구체적으로 누구인지는 알 수
없음.

【八月】음력 팔월. 가을의 중간. 양력 9월에 해당함.

【洞庭】洞庭湖. 호남 동북부와 장강 남쪽을 차지하고 있으며 길이 약 110km, 너비 약 80km의 큰 호수. 호수 가운데 많은 섬이 있으며 그 중 君山이 가장 유명함. 원래 고대 雲夢澤의 잔여부분임.

【瀟湘】호남의 瀟水와 湘水.

【五更】이른 새벽 3시부터 5시 사이의 시간. 고대 밤을 저녁 7시부터 아침 5시까지 2시간씩 나누어 一更을 삼았음.

【故人】친구.

【京洛】東都 洛陽을 가리킴.

原註(王相)

謂以尙書郎出使, 夏日與客泛舟洞庭而作也. 瀟湘在洞庭之南, 其水止流入洞庭, 言八月洞庭之秋色已深. 瀟湘北流, 而遊人不能中返. 還家之思, 空有萬里之憂, 獨醒之客, 徒生五更之愁而已. 閒觀書帙, 煩悶頓生, 同上酒樓, 離憂可解, 而所懷之故人. 除子之外, 在長安洛陽者衆, 今得與子同遊, 向日復與諸子同遊哉!

○張謂, 字正言, 天寶進士, 禮部侍郎, 盛唐.

참고 및 관련 자료

1. 제목은 일부본에는 〈湘中〉으로 되어 있다. 韻脚은 '流·愁·樓·遊'이다.

2. 장위(張謂)

唐代 시인. 생몰 연대는 자세하지 않으며 자는 正言, 河內(지금의 河南 沁陽縣) 사람이다. 天寶 2년(743)에 진사에 올라 常淸의 막하가 되어 西安에 이르렀다. 肅宗 建元 연간에 尙書郎이 되어 夏口(지금의 湖北 武昌)에 업무 차 가는 길에 江城의 南湖에서 李白을 만나 교유하기도 하였다. 代宗 大曆 연간에 潭州 刺史가 되었으며 뒤에 禮部侍郎에 올랐다.《전당시》에 시 1권이 수록되어 있다.

3.《唐才子傳》(4) 張謂

謂, 字正言, 河內人也. 少讀書嵩山, 清才拔萃, 汎覽流觀, 不屈於權勢. 自矜奇骨, 必談笑封侯. 二十四受辟, 從戎營朔十載, 亭障間稍立功勳. 以將軍得罪, 流滯薊門, 有以非辜雪之者. 累官爲禮部侍郎. 無幾何, 出爲潭州刺史. 性嗜酒, 簡淡, 樂意湖山. 工詩, 格度嚴密, 語致精深, 多擊節之音. 今有集, 傳於世.

083

〈渡揚子江〉 ·· 丁仙芝

양자강을 건너며

계수나무 돛대로 강 중간에 이르러 바라보니
빈 물결 속에 양 언덕 그림이 선명하구나.
수풀 열리니 양자역이 보이고
산 넘어 멀리 윤주성이 나타나네.
바다 다한 끝에 그늘지고 조용한데,
차가운 강물 위로 가을 바람 불어온다.
다시 듣건대 단풍잎 지는 소리,
사락사락 가을 소리 이렇게 넘어가네.

桂楫中流望, 空波兩岸明.　계즙중류망, 공파량안명.
林開揚子驛, 山出潤州城.　림개양자역, 산출윤주성.
海盡邊陰靜, 江寒朔吹生.　해진변음정, 강한삭취생.
更聞楓葉下, 淅瀝度秋聞!　경문풍엽하, 석력도추문!

【揚子江】 지금의 江蘇 江都縣부터 鎭江縣 사이의 長江을 양자강이라 부름.
고대 揚子津이 있어 唐나라 때 揚子縣을 두었었음. 《천가시》에는 '楊子江'
으로 표기하였음.

【桂楫】계수나무로 만든 삿대. 배를 뜻함.

【揚子驛】양자현에 있는 역참. 潤州城을 마주보고 있음.

【潤州城】隋唐 때 윤주. 지금의 江蘇 鎭江縣.

【朔吹】朔風. 차가운 북풍을 말함.

【楓葉】혹 '風葉'으로 되어 있는 판본도 있음.

【淅瀝】낙엽이 지는 소리를 형용한 疊韻連綿語.

【度】전해줌. 전해옴.

【秋聲】가을 바람. 가을의 소리. 쓸쓸하고 肅殺한 기운을 뜻함.

原註(王相)

唐置楊子縣, 卽瓜埠.

仙芝爲餘杭尉, 渡江而作. 言渡江此長江, 播桂楫至中流而四望也. 空波浩渺, 南北分明, 北望而林木叢雜, 則揚子之驛也; 南瞻而山色蒼凉, 則潤州之郡也. 江盡處, 則達於海, 時平則邊警肅, 靜秋深則江水生寒, 至中流而北風起, 儼然冬月之朔風也. 而江渚之中, 楓葉飄飄, 逐舟而至, 其秋聲淅瀝, 可動行客之悲也.

○仙芝, 阿曲人. 餘杭尉, 盛唐.

참고 및 관련 자료

1. 가을 양자강을 건너며 풍경과 감회를 읊은 시이다. 韻脚은 '明·城·生·聲'이다.

2. 정선지(丁仙芝)

唐代 시인. 혹 丁先芝로도 표기하며, 자는 元禎, 당 曲河(지금의 江蘇 丹陽縣) 사람이다. 開元 때 진사에 올랐으며 餘杭尉를 역임하기도 하였다.《전당시》에 시 14수가 수록되어 있으며 주로 旅行詩가 많다.

084

〈幽州夜歌〉 ·· 張說

유주의 밤 노래

차가운 북쪽 바람 밤비까지 몰고 오니
소슬한 분위기 찬 숲을 흔드네.
마침 고당에서 잔치가 한창,
능히 늙음도 잊은 장수의 마음.
군중에선 의당 검무가 있는 법,
변방 막사에는 북방 노래 겹쳤구나.
이렇게 최전방 장군이 되어보지 않고서야
어찌 황제의 은혜 깊음을 알 수 있겠는가?

涼風吹夜雨, 蕭瑟動寒林.	량풍취야우, 소슬동한림.
正有高堂宴, 能忘遲暮心.	정유고당연, 능망지모심.
軍中宜劍舞, 塞上重笳音.	군중의검무, 새상중가음.
不作邊城將, 誰知恩遇深?	부작변성장, 수지은우심?

【幽州】 고대 주 이름. 북방을 뜻하는 말로 흔히 쓰이며 지금의 河北 북부에서
  遼寧 일대. 天寶 때 范陽郡이라 하였으며 治所는 薊(지금의 大興縣). 최전선
  변방을 말함.

【涼風】북풍.《爾雅》釋天에 "北風謂之涼風"이라 함.

【蕭瑟】가을 바람의 소슬함을 표현한 雙聲連綿語.

【高堂宴】고대광실에서 열리는 잔치.

【遲暮心】비록 나이가 늙었으나 공을 세우고자 하는 마음. '遲暮'는 晩年을 뜻함.

【笳音】북방 이민족의 음악소리.

【恩遇】황제의 사랑을 받음.

原註(王相)

幽州, 今京師, 唐范陽.

燕公巡邊城宴之作. 言涼風生而夜雨至, 北也, 寒而林木蕭瑟矣. 言堂之上與諸君會宴, 暫忘年遲歲暮之思耳. 軍中之樂, 而舞劒爲歡, 塞上之音; 以吹笳爲曲. 則吾於諸君飮此宴而享此樂, 皆聖主之恩也. 不知邊庭, 安知此樂哉!

참고 및 관련 자료

1.《新唐書》에 의하면 開元 원년(713) 太平公主가 모반을 일으키자 玄宗이 張說의 계책을 듣고 그들을 모두 소탕하고 그 공을 인정, 장열을 中書令에 임명하고 燕國公에 봉하였다. 그러나 얼마 뒤 재상 姚崇의 계략에 걸려들어 장열은 相州刺史·岳州刺史로 폄직되었다가 다시 右羽林將軍兼幽州都督으로 밀려났다. 이 시는 이때 지은 것으로 보인다. 韻脚은 '林·心·音·深'이다.

2. 장열(張說) 028 참조.

卷三. 七絶(七言絶句)

《增補重訂千家詩註解》

信州 謝枋得(疊山) 選

瑯琊 王相(晉升) 註

莆陽 鄭漢(濯之) 梓

〈靑瓷四繫螭耳天雞尊〉(隋) 1956 湖北 武漢 隋墓 출토

085

〈春日偶成〉 ·· 程顥

봄날에 우연히 지음

구름도 담다하고 바람조차 가벼운 한낮이로구나.
꽃을 옆에 끼고 버들을 따라 앞 냇가로 다가가 보도다.
지금 사람들이 이러한 나의 즐거움을 알지도 못한 채
나를 두고 한가함을 틈타 소년들이나 할 일을 흉내 낸다 하더라.

雲淡風輕近午天,　　　　운담풍경근오천,

傍花隨柳過前川.　　　　방화수류과전천.

時人不識余心樂,　　　　시인불식여심락,

將謂偸閒學少年.　　　　장위투한학소년.

【午天】 한낮. 正午의 시간대. 고대 밤 11−1시를 子時로 하고 매 2시간씩
十二支에 맞추어 시간을 정하였으며 밤 12시를 子正, 낮 11−1시를 午時,
그 중 12시를 정오라 하였음.
【傍】 가까움. 그 근처. 곁에 둠. 일부본에는 '뎔'으로 되어 있음.
【時人】 당시 사람들. 일부본에는 '旁人'으로 되어 있음.
【偸閒】 바쁜 중에 시간을 내어 한가함을 즐김.

原註(王相)

此明道先生, 自咏其閒居自得之趣. 言春日雲烟淡蕩, 風日輕淸, 時當近午, 天氣融和, 傍隨於花柳之間, 憑眺于山川之際, 正喜眼前風景, 會心自樂. 恐時人不識, 謂余偸閒學少年之游蕩也.

○宋, 程顥, 字伯淳, 河南人, 謚明道先生, 從祀孔子廟庭.

참고 및 관련 자료

1. 《二程全集》(文集 3)에 〈偶成〉으로 되어 있으며 注에 "時作鄠縣主簿"라 함. 韻脚은 '天·川·年'이다.

2. 정호(程顥. 1032~1085)

宋代 理學者. 자는 伯淳, 明道先生으로 널리 알려진 북송 이학가이다. 洛陽 사람으로 북송 仁宗 明道 원년에 태어나 神宗 元豊 8년에 죽었다. 향년 54세. 나이 26세에 진사에 급제하여 太子中允, 監察御史 등을 역임하였으며 뒤에 王安石과 알력으로 簽書鎭寧軍判官으로 밀려났다. 원풍 8년 다시 宗正寺丞으로 부름을 받았으나 당시 그는 汝州鹽稅를 감독하고 있었는데 부임하지 못한 채 세상을 뜨고 말았다. 정호는 그 아우 程頤(伊川선생)와 더불어 濂溪 周敦頤에게 배워 세칭 '二程'이라 불렸다. 북송 이학의 대표적인 인물이며 朱熹에게 큰 영향을 주었다. 그의 시는 이학가의 시가 대부분 그렇듯이 哲理詩(說理詩)가 많다. 《明道集》이 있으며 그가 죽은 뒤 遺文과 語錄은 《二程全書》에 거의 수록되었다. 《宋史》에 전이 있다.

〈程顥〉(明道先生)《三才圖會》

〈程頤〉(伊川先生)《三才圖會》

086

〈春日〉 ·· 朱熹

봄날

좋은 날 꽃을 찾아 사수 가에 이르니
끝없는 광경이 새봄으로 바뀌었구나.
무심결에 봄바람의 진면목을 알게 되었더니,
온갖 자줏빛 붉은 빛이 모두 봄이로구나.

勝日尋芳泗水濱,　　　　　승일심방사수빈,
無邊光景一時新.　　　　　무변광경일시신.
等閒識得東風面,　　　　　등한식득동풍면,
萬紫千紅總是春.　　　　　만자천홍총시춘.

【勝日】좋은 날씨.
【尋芳】꽃구경을 위해 나들이를 함.
【泗水】물 이름. 山東 중부를 흐르며 泗水縣 陪尾山 남쪽에서 발원하며 수원이
네 곳이어서 이름이 泗水가 되었다 함. 曲阜를 지나며 孔子가 강학하던 지역이
泗水와 洙水 사이여서 흔히 洙泗는 유학(공자)을 뜻하기도 함.
【等閒】뜻대로, 아무 생각 없이.《朱子大全》(文二)에는 '等閑'으로 표기되어 있음.
【識得】알아차림. 알아냄.
【東風】춘풍. 봄바람.

尋芳, 遊春蹈翠之意. 泗水, 水名, 在魯地. 濱, 水涯, 無邊, 無限也. 當春之時, 風光景物, 煥然一新, 東風蕩漾, 拂面而來. 百花開放, 萬紫千紅, 皆是春光, 點染而成也.

○宋, 朱熹, 字元晦, 新安人, 封諡徽國文公, 從祀孔子廟庭.

참고 및 관련 자료

1. 理學家로써 봄을 느끼면서도 우주 본체의 모습을 표현하고자 한 시이다. 韻脚은 '濱·新·春'이다.

2. 주희(朱熹. 1130~1200)

南宋의 대표적인 이학자. 자는 元晦, 혹 仲晦, 만년에는 晦庵, 晦翁으로 불렀음. 그런가하면 그의 후학들은 紫陽先生, 考亭先生이라고도 부른다. 시호는 文, 세칭 朱子라 칭하며 徽州 婺源(지금의 江西 婺源縣) 출신으로 본래 南 劍州 尤溪(지금의 福建 尤溪縣)에서 태어났다. 南宋 高宗 建炎 4년에 태어나 寧宗 慶元 6년 에 죽었으며 향년 71세. 나이 18에 등제하여 高宗, 孝宗, 光宗, 寧宗 등 4조를 모셨으나 관 직은 斷續的으로 9번하였을 뿐이며 40여 년

〈朱熹像〉臺北故宮博物館 소장

을 강학에 몰두하며 송대 이학을 집대성하였다. 그리하여 《四書章句集註》, 《詩集傳》, 《周易本義》, 《楚辭集註》, 《通鑑綱目》 등을 남겼다. 《朱子大全 集》 100권과 《續集》 11권, 《別集》 10권이 있어 지금도 전한다. 《송사》에 전이 있다.

087

〈春宵〉 ··· 蘇軾

봄밤

봄밤은 일각이 천금에 해당하네.
꽃은 맑고 향기롭고 달은 맑은 그늘 드리우네.
누대 위에 음악소리 가늘고 또 가늘며,
정원 구석 그네는 밤 빛 속에 잠겨있네.

.

春宵一刻值千金,　　　　　　춘소일각치천금,

花有淸香月有陰.　　　　　　화유청향월유음.

歌管樓臺聲細細,　　　　　　가관루대성세세,

鞦韆院落夜沈沈.　　　　　　추천원락야침침.

【春宵】 봄밤.
【一刻】 15분 정도의 시간. 고대 1시간을 4각으로 나누었음. 여기서는 매우
　　짧은 시간을 뜻함.
【鞦韆】 그네. 雙聲連綿語의 物名.
【院落】 뜰. 정원의 구석.
【沈沈】 '沉沉'으로 표기하기도 함.

　歌, 歌曲也. 管, 笙簫也. 鞦韆, 以綵繩繫索, 懸於架上, 女子坐板用手推送
於空處, 以爲戲也. 春宵美景, 一刻之歡, 値千金之價, 細細聲之淸也, 沈沈夜
漏之遲也. 甚言春宵之佳.

　○宋, 蘇軾, 字子瞻, 號東坡. 眉州人, 仕至禮部尙書, 諡文忠公.

참고 및 관련 자료

1. 제목 〈春宵〉은 《東坡全集》에는 〈春夜〉로 되어 있다. 韻脚은 '金·陰·浸'이다.

2. 소식(蘇軾. 1037~1101)

宋代 시인이며 문장가. 자는 子瞻, 호는 東坡居士이며
북송의 대문호이다. 眉州 眉山(지금의 四川 眉山縣)
사람으로 아버지 蘇洵, 아우 蘇轍과 함께 '三蘇'로 널리
불리며 모두 唐宋八大家에 포함된다. 북송 仁宗 景祐
4년에 태어나 徽宗 建中靖國 원년에 죽었다. 향년 65세.
嘉祐 2년에 서울에 올라와 과거에 응하여 당시 시험관
歐陽修의 탄상을 받았으며 神宗 때 祠部員外郎을 시작
으로 密州, 徐州, 湖州 등의 州知府를 역임하면서 많은
업적을 쌓았다. 王安石의 變法에 반대하다가 黃州로
귀양을 갔다. 哲宗이 즉위하고 太皇太后가 舊黨을

蘇軾(1037~1101)

등용하자 소식은 다시 翰林學士를 거쳐 杭州知州로 갔다가 禮部尙書로 올라
오게 되었다. 얼마 뒤 철종이 親政에 나서 다시 新黨이 정권을 잡자 소식은
惠州, 澹州, 潁州로 밀려났다가 다시 돌아오는 길에 常州에서 죽었다. 그는
당시 문단의 영수였으며 박학한 지식과 풍부한 감정으로 詩, 詞, 散文 등과
書畫 등 예술분야 전반에 탁월한 경지를 보였다. 특히 서법은 蔡襄, 米芾,
黃庭堅과 합하여 '宋四大家'로 불린다. 《仇池筆記》, 《東坡志林》, 《東坡全集》,
《東坡詞》 등이 있으며 《송사》에 전이 있다.

088

〈城東早春〉 ························· 楊巨源
성 동쪽의 이른 봄

이른 봄 맑은 풍경 시인들에게 새봄을 안겨주니
파란 버들잎은 겨우 노란 색이요, 그 반은 아직 고르지 않네.
만약 상림원의 꽃이 비단처럼 되는 그때가 된다면
문에 나서보면 온통 꽃구경 나온 사람들로 들끓게 되겠지.

詩家淸景在新春,　　　　시가청경재신춘,
綠柳纔黃半未勻.　　　　록류재황반미균.
若待上林花似錦,　　　　약대상림화사금,
出門俱是看花人.　　　　출문구시간화인.

【城東】 장안성의 동쪽.
【詩家】 시인의 다른 말.
【纔黃】 막 노란빛을 띠기 시작함. '纔'는 '겨우', '才'로도 표기함.
【勻】 '均'과 같음.
【上林】 秦나라 舊苑이었으나 漢 武帝가 확충하여 원유로 삼은 곳. 지금의
　　　陝西 長安 서쪽에 있음.
【錦】 비단. 화려한 무늬나 색채를 넣어 짠 비단.

此詩屬比喩之體. 言宰相求賢助國, 當在側微鄙陋之中, 如初春柳色纔黃而未勻也. 若待其人功業顯著, 則人皆知之, 如上林之花, 似錦繡之燦, 則誰不知玩愛而羨慕之? 以喩爲君相者, 當識才於未遇而拔之於卑賤之時也.

○楊巨源, 字景山, 蒲東人, 貞元間進士, 仕至河中少尹.

참고 및 관련 자료

1. 봄날 장안성 동쪽 떠들썩한 꽃구경 봄나들이의 모습을 사실감 있게 표현한 시이다. 韻脚은 '春·勻·人'이다.

2. 양거원(楊巨源)

唐代 시인. 생몰 연대는 자세하지 않으며 자는 景山, 河中(蒲州, 지금의 山西 永濟縣) 사람이다. 貞元 5년(789) 진사에 올라 國子司業을 역임하였으며 70이 넘어 사직하고 고향으로 돌아왔다. 그의 시는 악부체를 많이 활용하였고 내용이 화려하다. 문집 5권이 있으며 《전당시》에 시 1권 157수가 수록되어 있다.

3. 《唐才子傳》(3)

楊巨源:

巨源, 字景山, 蒲中人. 貞元五年, 劉太眞下第二人及第. 初爲張弘靖從事, 拜虞部員外郎, 後遷太常博士·國子祭酒. 太和中, 爲河中少尹, 入拜禮部郎中. 巨源才雄學富, 用意聲律, 細挹得無窮之源, 緩有愈雋永之味. 長篇刻琢, 絶句清泠, 蓋得於此而失於彼者矣. 有詩一卷, 行於世.

089

〈春夜〉 ··· 王安石

봄밤

황금향로 향기 다하고 자격루 소리 잦아드네.
살랑살랑 가벼운 바람에 조금씩조금씩 차가워지는 바람.
춘색은 사람을 괴롭혀 잠 못 이루게 하는데,
달은 꽃 그림자를 옮겨 난간 위로 올려놓았구나.

金爐香盡漏聲殘,	금로향진루성잔,
剪剪輕風陣陣寒.	전전경풍진진한.
春色惱人眠不得,	춘색뇌인면불득,
月移花影上欄杆.	월이화영상란간.

【金爐】 금으로 장식한 좋은 향로.
【香盡】 향불의 香氣가 다함.《천가시》원본에는 '香爐'으로 되어 있음.
【漏聲】 自擊漏에서 떨어지는 물방울 소리. 漏는 漏壺, 고대 물시계의 일종.
  漏刻이라고도 함.
【剪剪】 바람이 약간 차게 부는 상황을 묘사한 것. '翦翦'으로도 표기함.
【惱人】 사람을 번뇌스럽게 함.
【欄杆】 건물의 발코니. '欄干'으로도 표기함.

香爐, 香成灰燼也. 此時春夜不眠, 而有所思也. 言香已成灰, 而更漏將盡,
當此春夜, 輕風剪剪, 寒氣森森, 而無端春色, 惱亂人心, 欲眠不得, 惟見月色,
花陰斜照於欄杆之上也.

○宋, 王安石, 字介甫, 林川人, 相神宗, 封諡荊國文公.

참고 및 관련 자료

1. 제목 〈春夜〉는 王安石의 《臨川集》(31)에는 〈夜直〉으로 되어 있으며
궁중에서 숙직함을 말한다. 韻脚은 '殘·寒·杆'이다.

2. 왕안석(王安石. 1021~1086)

송대 정치가이며 문장가. 자는 介甫, 호는 半山.
撫州 臨川(지금의 江西 臨川縣) 사람이다. 북송
眞宗 天禧 5년에 태어나 哲宗 元祐 원년에 죽었다.
향년 66세. 북송의 대표적인 정치가이며 문학가
이기도 하다. 仁宗 慶曆 2년(1042)에 진사에 올라
지방관리를 하다가 정치적 업적을 쌓아 嘉祐 3년
〈萬言書〉를 올려 개혁을 주장하였다. 이리하여
神宗 熙寧 2년 參知政事에 올랐으며 이듬해 재상이
되었다. 青苗法, 均輸法, 農田法, 水利法 등 신법을
제정하여 개혁을 서두르자 구당의 극렬한 반대에
부딪치게 되었다. 만년에 江寧(지금의 남경)으로
물러나 神宗 元豐 연간에 荊國公에 봉해져 '荊公'
이라 불린다. 왕안석은 詩, 詞, 散文 등에 모두 뛰어나
唐宋八大家의 하나이다. 저서에 《臨川集》 100권,
《周官新義》, 《唐百家詩選》 등이 있으며 《송사》에
전이 있다.

王安石《韻對千家詩》삽화

090
〈初春小雨〉 ·· 韓愈

이른 봄 가랑비

장안 거리에 가랑비는 온 세상을 깨끗하게 적셔주니,
초색은 멀리서 보면 드러나나 가까이 보면 아직 없네.
지금 이때는 일 년 중 가장 좋은 때,
장안 거리 버들이 가득 찼을 때에 비한다 해도 뒤질 것이 없으리.

天街小雨潤如酥,　　　　천가소우윤여수,

草色遙看近卻無.　　　　초색요간근각무.

最是一年春好處,　　　　최시일년춘호처,

絶勝烟柳滿皇都.　　　　절승연류만황도.

【天街】황성의 가도. 궁궐의 거리.

【酥】乳酪 제품의 일종으로 백색으로 식용이나 약으로 사용함. 여기서는
윤기가 나며 백색으로써의 아름다움을 표현한 것.

【絶勝】아주 빼어나게 훌륭함. 비교해도 이만한 경우가 없을 정도임.

【烟柳】안개(내)에 싸여 살랑거리는 버들. 일부본에는 '花柳', '煙柳'로 되어
있음.

【皇都】임금이 사는 장안.

此詩極贊春色微雨之細也. 酥酒之初熟, 而味甘滑似此膏雨, 潤澤萬物, 如酥
之甘滑也. 細草方春而未靑, 沾雨而藹然, 蒙茸潤色, 遠看似靑, 而近看似無也.
初春細雨, 烟霧霏霏, 絶似含烟之貌, 帶風而斜, 田園滋潤, 草木蒙芽, 一年豐稔,
皆膏雨之澤也. 故曰春好處.

○唐, 韓愈, 字退之, 昌黎人, 仕至禮部尙書, 封昌黎伯, 謚文公, 從祀孔子
廟庭.

참고 및 관련 자료

1. 제목 〈初春小雨〉는 《昌黎先生集》(10)에 〈早春曉呈水部張十八員外二首〉
로 되어 있으며 그 중 첫째 수이다. 韻脚은 '酥·無·都'이다.

2. 한유(韓愈. 768~824)

당대 대표적인 古文家이며 문장가. 자는 退之, 호는
昌黎先生. 鄧州 南陽(지금의 河南 孟縣) 사람으로 唐
代宗 大曆 3년에 태어나 穆宗 長慶 4년에 죽었다. 향년
57세. 일찍이 고아가 되어 형수에게서 자랐으며 貞元
8년 진사에 올라 吏部侍郎을 역임하였다. 시호는 文,
선대가 昌黎에 살아 宋 元豐 때 '昌黎伯'으로 봉해졌
으며, 그 때문에 창려선생으로 불리며 달리 韓文公이
라고도 한다. 경사백가에 박통하여 유학을 존숭하며
불학을 반대하였다. 당대 고문운동을 주도하였으며

韓愈(768~824)

柳宗元과 함께 六朝의 화려한 변려체를 반대하였다. 당송팔대가의 영수
이며 고문가의 종주로 받들고 있다. 송대 시에 영향을 주었으며 《昌黎先生集》
40권과 《外集》 10권, 《遺文》 1권이 전한다. 《전딩시》에 시 10권이 수록되어
있으며, 《新·舊唐書》에 전이 있다.

3. 《唐才子傳》(5) 韓愈

愈, 字退之, 南陽人. 早孤依嫂讀書, 日記數千言, 通百家. 貞元八年, 擢第. 凡
三詣光範上書, 始得調. 董晉表署宣武節度推官. 汴軍亂, 去依張建封, 辟府推官.
遷監察御史, 上疏論宮市, 德宗怒, 貶陽山令, 有善政, 改江陵法曹參軍. 元和中,

爲國子博士·河南令. 愈才高難容, 累下遷, 乃作〈進學解〉以自諭. 執政奇其才, 轉考功, 知制誥, 進中書舍人. 裴度宣尉淮西, 奏爲行軍司馬. 賊平, 遷刑部侍郎. 憲宗遣使迎佛骨入禁中, 因上表極諫. 帝大怒, 欲殺裴度·催羣力救, 乃貶潮州刺史. 任後上表, 陳情哀切, 詔量移袁州刺史. 召拜國子祭酒, 轉兵部侍郎·京兆尹兼御史大夫. 長慶四年卒. 公英偉間生, 才名冠世. 繼道德之統, 明列聖之心, 獨濟狂瀾, 詞彩燦爛, 齊·梁綺豔毫髮都捐. 有冠冕珮玉之氣, 宮商金石之音, 爲一代文宗, 使穨綱復振, 豈易言也哉! 固無辭足以贊述云. 至若歌詩累百篇, 而驅駕氣勢, 若掀雷走電, 撑決於天地之垠, 詞鋒學浪, 先有定價也. 時功曹張署亦工詩, 與公同爲御史, 又同遷謫, 唱答見於集中. 有詩賦雜文等四十卷, 行於世.

091
〈元日〉 ·· 王安石

정월 원단

폭죽 소리 속에 지난 한 해 사라지고,
춘풍은 도소주에 따뜻한 기운 불어넣네.
천문만호 집집이 밝은 새해 솟아오니
어느 집 할 것 없이 새로운 도부를 바꿔 거네.

爆竹聲中一歲除,　　　폭죽성중일세제,

春風送暖入屠蘇.　　　춘풍송난입도소.

千門萬戶曈曈日,　　　천문만호동동일,

總把新桃換舊符.　　　총파신도환구부.

【元日】 元旦. 음력 정월 초하루.
【爆竹】 고대 대나무에 화약을 넣어 터뜨리는 기구. 절일이나 악귀를 쫓을 때,
　　혹은 개업이니 큰일을 시작할 때 터뜨림.
【除】 보냄.
【屠蘇】 술 이름. 疊韻連綿語의 물명. 屠蘇草라는 풀을 넣어 빚은 술로 정월초
　　이 술을 함께 마시며 복을 빌고 악을 제거함. 晉나라 宗懍의 《荊楚歲
　　時記》에 자세히 실려 있음.
【曈曈】 붉은 해가 솟아오르는 모습.

【桃符】고대 음력 12월 복숭아나무로 신도(神荼)와 울루(鬱壘)라는 두 신의 형상을 만들어 새해에 문기둥에 걸어 악을 제거함. 五代 後蜀 때 시작되었으며 뒤에 이것이 春聯으로 발전하였음.(이상《風俗通》,《荊楚歲時記》, 林東錫〈聯語考〉등 참조)《幼學瓊林》에 "爆竹一聲除舊, 桃符萬戶更新"이라 하였으며 秋聖脈의 주에《山海經》을 인용하여 "東海度朔山大桃樹, 蟠曲三千里, 其卑枝向東北曰鬼門. 萬鬼出入也. 有二神, 曰神荼, 曰鬱壘, 主領鬼之害人者, 執以飼虎, 黃帝法而象之, 乃用桃板畫二神於門上, 以御凶鬼"라 함.

原註(王相)

爆竹山家以除夕, 燒竹, 竹爆裂之聲也. 魁聞聲畏懼而遠避. 屠蘇, 美酒名, 曈曈, 日初出貌. 桃符, 以桃木刻符于門以禦鬼也. 歲去春來, 春風吹暖, 以助酒力之釀也. 一歲之始, 家家換卻桃符, 以賀新正. 此詩自況其初拜相時, 得君行政, 除舊布新, 而始行己之政令也.

참고 및 관련 자료

1. 이 구절은 지금도 중국에서는 春節 春聯으로 널리 써서 붙이고 있다. 우리가 입춘에 "立春大吉, 建陽多慶"을 붙이듯, 중국에서는 흔히 "一元復始, 萬象更新"과 "爆竹聲中一歲除, 春風送暖入屠蘇", "爆竹一聲除舊, 桃符萬戶更新"등을 대련으로 써 붙인다. 韻脚은 '除·蘇·符'이다.

2. 왕안석(王安石) 089 참조.

092

〈上元侍宴〉 ··· 蘇軾

정월 대보름 잔치를 모시며

맑은 달 성긴 달은 건장궁을 휘돌고,
신선 같은 음악소리 임금 향로 향내로 내려온다.
통명전에 열을 지어 고니처럼 서 있는 신하들.
한 무리 붉은 구름 같은 옷차림, 옥황상제를 받들고 있네.

淡月疎星遶建章,	담월소성요건장,
仙風吹下御爐香.	선풍취하어로향.
侍臣鵠立通明殿,	시신곡립통명전,
一朶紅雲捧玉皇.	일타홍운봉옥황.

【上元】元宵節. 음력 정월 대보름날의 절기.
【建章】한나라 때의 궁궐 이름. 무제 태조 원년에 세웠음. 여기서는 황궁의
  대궐을 지칭하는 말로 쓴 것.
【御爐】궁궐의 향로.
【鵠立】군신들이 머리를 숙이고 조용히 줄을 서서 기다리는 모습을 형용한 말.
  마치 고니가 고개를 숙이고 서 있는 모습과 같아서 그렇게 표현한 것.
【通明殿】고대 전설에서 옥황상제가 사는 궁궐. 여기서는 황궁을 말함.
【紅雲】신하들이 붉은 홍포를 입고 모여 있음이 마치 구름과 같음.

【玉皇】천상의 옥황상제. 여기서는 천자를 가리킴.

原註(王相)

建章, 宮名. 鵠, 水鳥, 其立甚正. 此言早朝之時, 月淡星稀, 御香縹緲, 近侍
文武, 臣僚端然, 如鵠立於通明殿, 前若紅雲簇捧, 玉皇于九霄之上也. 此言
天子之尊, 居九重, 臣民瞻之如在天上也.

참고 및 관련 자료

1. 고대 중국에서는 정월 대보름 元宵節(上元節)에 궁중에서 큰 잔치를 열어
군신들이 즉석에서 詩賦를 짓는 풍습이 있었다. 이 시의 韻脚은 '章·香·皇'
이다.
2. 소식(蘇軾) 087 참조.

093

〈立春偶成〉 ··· 張栻

입춘 날에 우연히 지음

율관의 양기가 돌아오니 빙설이 적어지더니,
봄날이 찾아오니 인간세상 초목도 알게 되네.
문득 깨닫노니 눈앞에 온통 생기 가득,
봄바람 수면에 불어 푸른색이 올망졸망.

律回歲晚冰霜少,	률회세만빙싱소,
春到人間草木知.	춘도인간초목지.
便覺眼前生意滿,	편각안전생의만,
東風吹水綠參差.	동풍취수록참치.

【立春】24절기의 하나. 대체로 양력 2월 초(3−5)일 쯤에 해당함. 새로운 봄이
시작되는 것으로 절기를 삼은 것.

【律回】양기가 회생함. 律은 고대 기후의 변화를 관찰하고 실험하던 기구.
대나무에 12개의 구멍을 뚫어 그 중 기수의 여섯을 六律(黃鐘, 太簇, 姑洗,
蕤賓, 夷則, 無射)이라 하고 우수의 여섯을 六呂(大呂, 夾鐘, 仲呂, 林鐘, 南呂,
應鐘)라 하여 이를 律呂라 불렀음. 뒤에는 이를 옥으로 만들어 冬至 때
실험을 거쳐 음양의 변화를 살폈음.

【生意】기미의 변화가 생김. 만물이 機를 얻어 변화를 일으키기 시작함을 말함.

【參差】 '참치'로 읽으며 높이가 일정하지 아니하고 올망졸망한 상태를 표현한 쌍성연면어. 《천가시》 원본에는 '差差'로 되어 있음.

原註(王相)

皇帝命伶倫, 斷竹爲筒, 以候十二月之氣, 陽六爲律: 黃鍾, 太簇, 姑洗, 蕤賓, 夷則, 無射; 陰六爲呂: 大呂, 夾鐘, 仲呂, 林鍾, 南呂, 應鐘. 爲陰也, 立春之時, 大呂已終, 太簇方始, 故曰律回而陽氣至也. 立春在年前, 故曰歲晩, 氷霜少陽, 舒而漸暖也. 陽春漸暖, 草木敷榮, 萬物回春, 皆含生意, 東風和煦, 而輕徐吹於水面, 其波平浪靜, 日光蕩漾, 碧綠參差而動也.

○宋, 張栻, 字敬夫, 號南軒, 仕至修撰.

참고 및 관련 자료

1. 기다리던 입춘이 되자 봄을 맞을 기대와 그 감회를 읊은 것이다. 韻脚은 '知·此'이다.

2. 장식(張栻. 1133~1180)

남송의 이학가이면서 시인. 자는 敬夫, 호는 南軒. 綿竹(지금의 四川 德陽縣) 사람으로 뒤에 衡陽으로 옮겨 살았다. 남송 高宗 紹興 3년에 태어나 孝宗 淳熙 7년에 죽었다. 향년 48세. 胡宏을 따라 理學을 배웠으며 朱熹, 呂祖謙과 師友가 되어 '東南三賢'이라 불렸다. 吏部侍郎, 右文殿修撰 등을 역임하였고 저서에 《南軒易說》, 《癸巳論語解》, 《癸巳孟子說》, 《南軒集》, 《經世編年》 등이 있다. 《송사》에 전이 있다.

張栻(南軒先生) 《三才圖會》

094

〈打毬圖〉 ·· 晁說之

공치는 놀이의 그림

궁중 온갖 문들이 다 열리더니,
삼랑께서 취하여 공치러 돌아왔구나.
장구령은 늙었고 한휴는 죽고 없어
더 이상 이 밝은 조대에 간언할 자 없구나.

閶闔千門萬戶開,　　　　창합천문만호개,
三郎沈醉打毬回.　　　　삼랑침취타구회.
九齡已老韓休死,　　　　구령이로한휴사,
無復明朝諫疏來.　　　　무부명조간소래.

【打毬(타구)】 가죽과 헝겊으로 만든 공을 말을 타고 막대기로 쳐서 정한
지점으로 보내어 승패를 가리는 경기. 唐나라
때 시작되었으며 지금의 陝西 乾陵의 章懷
太子墓와 懿德太子墓에 打毬圖 벽화가 있음.
《封氏見聞記》打毬에 "開元·天寶中, 玄宗
數御樓觀打毬爲事, 能者左縈右拂, 盤旋宛轉,
殊可觀. 然馬或奔逸, 時致傷斃"이라 함.

〈打馬球圖〉(唐) 章懷太子墓 벽화

【閶闔】전설 속의 하늘 문. 여기서는 궁문을 말함. 이 구절이 《송시기사》에는 "宮殿千門白晝開"로 되어 있음.

【三郎】唐 玄宗 李隆基가 排行이 셋째였으므로 '三郎'이라 부른 것.

【九齡】張九齡. 자는 子壽, 재능이 있어 현종 때 진사에 올라 中書侍郎, 同中書門下平章事를 역임함. 현종이 재위가 길어지면서 점차 정치에 태만해지자 장구령이 얼굴을 붉히며 간언을 하였음. 현종의 생일에 많은 신하들이 寶鏡을 선물로 바치자 장구령은 홀로 鑑戒의 글 10장으로 올려 고금 홍폐지사를 진설하여 '千秋金鑑錄'이라 불림. 뒤에 李林甫가 牛仙客을 추천하는 것을 반대하다가 李林甫의 미움을 받아 파직 당한 뒤 집에서 죽음.

【韓休】당 현종 때 黃門侍郎, 同中書門下平章事를 지냈던 인물. 文辭에 뛰어났으며 성격이 강직하여 당시의 시정에 대한 논의를 강하게 폈었음. 현종이 사냥을 나갈 때나 잔치를 벌일 때면 반드시 좌우에 "한휴는 알고 있는가?"라고 물을 정도로 두려워하였음. 좌우가 이에 그를 내쫓을 것을 건의하자 현종은 그의 충정을 높이 사서 끝내 파직시키지 않았음. 太子少師의 벼슬로 죽었으며 揚州大都督을 추증하고 '文忠'이라는 시호를 내림.

【無復明朝】'明朝無復'의 도치형. 더 이상 훌륭한 시대가 오지 않음. 그러나 더 이상 그렇게 간언할 자가 없다는 뜻으로 해석함.

【諫疏】간언과 상소.

原註(王相)

此觀明皇打毬圖而作也. 三郎, 唐明皇也, 明皇天寶之後, 嬖寵楊妃與楊妃之姊妹, 秦國·韓國·虢國夫人, 淫佚無度, 酒酣擊毬以爲樂, 張九齡·韓休二丞相, 皆直臣, 嘗諫明皇宴樂, 帝改容謝之. 於時九齡以老乞休, 韓休以疾卒於位. 帝無復忌憚, 而宴樂滋甚, 以致失國. 蓋傷其無有直諫之臣, 繼二賢之後, 正其君也.

○宋, 黿無咎, 字景選, 官至秘閣正字兼右補闕.

참고 및 관련 자료

1. 제목 〈打毬圖〉는 《宋詩紀事》(28)에 〈明皇打毬圖〉로 되어 있다. 韻脚은 '開·回·來'이다.

2. 조설지(晁說之. 1059~1129)

송대 인물. 원본에 '鼂無咎'로 되어 있고 王相은 이에 "宋, 鼂無咎, 字景選,
官至秘閣正字兼右補闕"라 하였으나 근거를 알 수 없다. 《宋詩紀事》(28)에
이 시가 〈明皇打毬圖〉라는 제목으로 실려 있으며 작자는 조설지로 되어 있다.
조설지는 자는 以道이며 호는 景迂生, 宋 濟州 巨野(지금의 山東 巨野縣) 사람
이다. 北宋 仁宗 嘉祐 4년에 태어나 南宋 高宗 建炎 3년에 죽었다. 향년 71세.
神宗 元豊 5년에 진사에 올라 徽猷閣待制를 역임하였다. 《景迂生集》이 있다.

〈蹴鞠銅鏡〉(宋)

095

〈宮詞〉(一) ·· 王建

궁사

장명전 바로 앞은 자각전이 겹을 이루고,
선인장 모습의 이슬 받아 내리는 부용꽃 같은 옥반.
태평 시대 천자께서 새해 첫날 아침에 노자 사당 참배코자
오색구름 같은 수레에 천자께서 오르셨네.

金殿當頭紫閣重,	금전당두자각중,
仙人掌上玉芙蓉.	선인장상옥부용.
太平天子朝元日,	태평천자조원일,
五色雲車駕六龍.	오색운거가륙룡.

【宮詞】 궁정 생활을 주제로 읊은 시를 말함. 南朝 梁나라 때 三蕭의 宮體詩가
있으며 그 뒤 당대 王昌齡, 元稹 등이 이와 유사한 글을 지었음. 그러나
정식 〈궁사〉라는 제목은 왕건의 〈궁사〉 100수가 최초임.

【金殿】 당대 華淸宮 長生殿을 말함.

【紫閣】 전설상 道敎에서 천상의 紫微垣에 天帝가 거처하는 궁궐. 선선들이
거처하는 궁궐. 여기서는 唐代 玄元皇帝(老子)를 모신 朝元閣을 말함.

【玉芙蓉】 옥으로 부용의 형상을 조각한 쟁반. 여기서는 仙人掌의 모습으로
이슬을 받아내는 露盤. 玉盤을 말함.

【朝元日】당대 천자가 玄元皇帝(노자)의 생일에 그곳을 찾아 기도하고 예배하는 의식. 대개 정월 초하루에 시행함.

【六龍】천자를 지칭하는 말.《周易》乾卦 참조.

此擬唐人元旦宮詞也. 唐有朝元閣, 天子元旦, 朝上帝之所, 有兩柱極, 高數丈. 上有金仙人, 捧芙蓉盤, 以承天露. 六龍, 天子所居. 易云「時乘六龍, 以御天也.」 五色, 雲車, 言天子鑾輿光華燦爛, 至尊下九重之上也.

○宋, 林洪, 字夢屛, 莆田人, 有宮詞百首, 選其二首.

1. 唐代 제왕들은 자신들이 老子와 같은 李氏라 하여 道敎를 신봉하였다. 나아가 노자를 玄元皇帝로 추증하고 驪山 華淸宮에 朝元閣을 지어 받들었다. 이러한 상황을 읊은 것이다. 韻脚은 '重·蓉·龍'이다.

2. 왕건(王建. 751?~835?)

唐代 시인.《천가시》원본에는 '林洪'으로 되어 있으며 王相 주에 "宋, 林洪, 字夢屛, 莆田人, 有宮詞百首, 選其二首"라 하였으나《全唐詩》(302)에 王建의 〈宮詞〉100수 중 제 91수이다.

왕건은 자가 仲初이며 당 潁川(지금의 河南 許昌縣) 사람이다. 大曆 10년에 진사에 올라 昭應縣丞, 渭南尉를 거쳐 侍御史에 올랐다. 太和 연간에는 陝州司馬로 나가 변새에 종군하기도 하였다. 뒤에 咸陽으로 돌아와 정착하였으며 韓愈의 문인들과 어울려 놀았고 한유와는 忘年之友가 되었다. 악부시에 능하였으며 민생의 고통을 잘 표현하여 張籍과 비슷하다고 여겨 세칭 '張王樂府'라 불렸다. 그의 〈궁사〉100수는 아주 널리 애송되는 시이기도 하다. 《王司馬集》8권이 있으며,《全唐詩》에 시 6권이 수록되어 있다.

3.《唐才子傳》(4) 王建

建, 字仲初, 潁川人. 大曆十年, 丁澤榜第二人及第. 釋褐授渭南尉, 調昭應縣丞. 諸司歷薦, 遷太府寺丞·秘書丞·侍御史. 太和中, 出爲陝州司馬, 從軍塞上,弓劍不離身. 數年後歸, 卜居咸陽原上. 初, 遊韓吏部門牆, 爲忘年之友. 與張籍契厚, 唱答尤多. 工爲樂府歌行, 格幽思遠. 二公之體, 同變時流. 建性耽酒, 放浪無拘. 〈宮詞〉特妙前古. 建初與樞密使王守澄, 有宗人之分, 守澄以弟呼之. 談間故多知禁掖事, 作〈宮詞〉百篇. 後因過燕飲, 以相譏謔, 守澄深銜之, 忽曰: 「吾弟所作〈宮詞〉, 內庭深邃, 何由知之? 明當奏上.」建作詩以謝, 末句云: 「不是姓同親向說, 九重爭得外人知?」守澄恐累己, 事遂寢. 建才贍, 有作皆工. 蓋嘗跋涉畏途, 甘分窮苦. 其〈自傷〉詩云: 「衰門海內幾多人, 滿眼公卿總不親. 四授官資元七品, 再經婚娶尙單身. 圖書亦爲頻移盡, 兄弟還因數散貧. 獨自在家常似客, 黃昏哭向野田春.」又於征戍‧遷謫‧行旅‧離別‧幽居‧官況之作, 俱能感動神思, 道人所不能道也. 集十卷, 今傳於世.

096

〈宮詞〉(二) ·· 林洪

궁사

궁궐 위의 곤룡포는 일월처럼 환하시고,
벼루에는 깃발의 용사 무늬 그림자 서려 있네.
종횡으로 예악에 대한 3천 자를 지어서
붉은 계단에서 황제와 독대할 때 해도 아직 기울지 않았네.

殿上袞衣明日月,	전상곤의명일월,
硯中旗影動龍蛇.	연중기영동룡사.
縱橫禮樂三千字,	종횡례악삼천자,
獨對丹墀日未斜.	독대단지일미사.

【袞衣】袞龍袍. 천자의 예복. 상의에는 일월성신과 山龍花蟲의 형상을 무늬로
넣고, 아래에는 黼藻火米, 黼黻 등의 형상을 넣어 꾸민 황제의 의상.
【硯中旗影】벼루에 깃발의 형상이 그림으로 비침.
【丹墀】궁중의 계산. 붉은 칠을 하여 장식함.

原註(王相)

　此言天子臨軒策士也. 袞衣, 天子之服也.

○入朝對策時, 得瞻仰天顔, 如日月之明也. 對策御丹墀, 侍衛旌旗之影, 搖影 于硯水之中, 如龍蛇之動也. 縱橫禮樂, 言對策于君前, 所言皆禮樂刑政之大綱, 其字三千之言, 獨對於丹墀之下, 交成而日尙未斜也. 宋時有時, 薦之科, 對策 稱之者, 特賜進士及第. 故曰獨對.

[참고 및 관련 자료]

1. 이 시는 작자 자신이 황제의 대책 시험에 응시하여 멋지게 답안을 작성 하여 올린 것을 자랑스럽게 읊은 것으로 보인다. 韻脚은 '蛇·斜'이다.

2. 임홍(林洪)

宋代 인물.《천가시》원본에 작자를 '林洪'이라 하였다.(앞장 참조) 그러나 이 시는 王建의 작품도 아니어서 그 진의를 알 수 없다.《宋詩紀事》(73) 임홍 조에 "洪字龍發, 號可山, 泉州人, 有西湖衣鉢"이라 하여 여기서의 임홍과는 다른 인물로 보인다. 한편 임홍은 자칭 林逋의 7세손이라 하였으며 淳祐 연간에 시로 이름이 났던 사람이다.

097

〈咏華淸宮〉 ··· 杜常

화청궁을 노래함

강남에서 오는 여행길이라 수십 일이 걸리고 나서,
새벽바람 남은 달빛에 내 이제 화청궁으로 들어가네.
조원각 지붕 위로 서쪽 바람 급하더니,
모두가 장양나무로 파고들어 빗소리를 내는구나.

行盡江南數十程,	행진강남수십정,
曉風殘月入華淸.	효풍잔월입화청.
朝元閣上西風急,	원조각상서풍급,
都入長楊作雨聲.	도입장양작우성.

【咏】'詠'과 같음.
【華淸】당대 別宮의 이름으로 驪山宮이라
　고도 하였고, 줄여서 驪宮이라고도 하였음.
　지금의 陝西 臨潼縣 남쪽 여산의 서북쪽에
　있었으며 현종이 楊貴妃와 자주 이곳의
　유황온천에 들러 놀이를 즐기곤 하였음.
　貞觀 18년 원래 이곳에 湯泉宮을 지었으며

〈華淸宮〉(양귀비와 당현종의 고사)

咸亨 2년에 溫泉宮으로 이름을 바꾸었다가 다시 天寶 6년 화청궁이라
이름을 고침.

【朝元閣】당대 누대 이름으로 화청궁 안에 있었으며 뒤에 隆聖閣으로 이름을
바꿈. 당대 道敎를 숭상하여 玄元皇帝 老子를 모신 사당.

【長楊】白楊나무, 參天樹라고도 함. 元 李好文의《長安志圖》(中)에 "長楊,
關中人家園圃池沼多植白楊, 今九龍池尤多, 皆大, 合抱長數丈, 葉原多風,
恆如有雨. 因憶唐詩人'朝元閣上西風急, 都人長楊作雨聲', 正謂此樹, 以見
故宮悲涼之意也"라 함.

原註(王相)

此詠亡陳之故宮也. 朝元閣在華淸宮內. 江南, 陳國舊宮春焉. 隋煬帝復
修之, 以備臨幸者. 王建奉使過江南, 曉行夜月有存. 西風忽變以作雨, 瞻望
故國而作此詩. 長揚, 殿名. 陳後主訪漢長揚仁而爲之.

○唐, 王建, 字仲初, 贛州人, 歷進士. 有宮詞一百首.

참고 및 관련 자료

1. 제목 〈咏華淸宮〉은《全唐詩》(731)에는 〈華淸宮〉으로 되어 있다. 韻脚은
'程·淸·聲'이다.

2. 두상(杜常)

宋代 인물.《천가시》원본에 '王建'작이라 하였으나 왕건의 〈궁사〉에는 이
시가 없고《全唐詩》(731)에 '杜常'의 작품으로 실려 있다. 두상은 당말 사람
으로 오직 여기의 이 시 한 수가 전할뿐이다. 그러나 明 楊愼의《升庵詩話》
(5)에 의하면 두상은 송대 사람이며《송사》두상전과 대조하면《전당시》가
오류를 범한 것이라 하였다. 두상은 자는 正甫, 宋 衛州 사람으로 昭憲皇后의
족손이다. 진사에 오른 다음 河陽司法參軍事를 거쳤으며 徽宗 崇寧 연간에
工夫尙書에 올라 龍圖閣學士知河陽軍의 신분으로 많은 업적을 쌓았다고 한다.
96세의 장수를 누렸으며《송사》에 전이 있다.

098

〈清平調詞〉 ·························· 李白

청평조사

구름으로 옷을 삼고 꽃으로 얼굴 삼아,
봄바람 난간에 불 때 이슬 꽃 더욱 곱다.
이토록 아름다운 미인 군옥산이 아니라면
요대 달빛 아래에서나 겨우 만나볼 수 있는 형상.

雲想衣裳花想容,　　　　운상의상화상용,

春風拂檻露華濃.　　　　춘풍불함로화농.

若非羣玉山頭見,　　　　약비군옥산두견,

會向瑤臺月下逢.　　　　회향요대월하봉.

【清平調】 고대 악곡 이름. 開元 연간 皇宮 내에 모란이 만발하자 현종이
　楊貴妃와 함께 沉香亭에서 이를 구경하며 李白을 불러 〈清平調〉 삼장을
　짓도록 하여 이를 梨園弟子(궁중 음악연주단)들에게 음악으로 만들어 연주
　하도록 하였음. 《樂府詩集》(80) 清平調 題解 참조.
【露花】 맺힌 이슬이 꽃처럼 아름다움을 말함.
【羣玉山】 고대 신화 속의 선산. 西王母가 살던 곳이라 하며 옥이 산출됨.
　《山海經》 西山經 참조. 한편 《穆天子傳》(2)에는 "天子北征東還, 乃循黑水,
　癸巳, 至于羣玉之山"이라 하고 注에 "卽山海經玉山, 西王母所居者"라 함.

【瑤臺】신선들이 거주하는 곳.《拾遺記》崑崙山에 "傍有瑤臺十二, 各廣千步, 皆五色玉爲臺基"라 함.

原註(王相)

唐玄宗與楊貴妃, 於沈香亭上賞牡丹, 召李白作淸平調詞三首, 譜入樂府, 此其一也. 此題咏牡丹兼咏妃子, 彩雲似衣, 名托似貌, 妃子之美也. 春風拂檻, 露華含英, 牡丹之艶也. 對美女而玩, 名花賞樂於深宮之內, 其景不讓羣玉. 山頭, 瑤臺月下也. 羣玉瑤臺, 乃王母會羣仙之處, 極言其盛也.

○唐, 李白, 字太白, 唐宗室, 仕翰林學士.

참고 및 관련 자료

1. 이는 양귀비를 두고 읊은 시로 널리 알려져 있다. 韻脚은 '容·濃·逢'이다. 한편 〈淸平調〉 제2, 3 수는 다음과 같다. "一枝紅艶露凝香, 雲雨巫山枉斷腸. 借問漢宮誰得似? 可憐飛燕倚新妝." "名花傾國兩相歡, 長得君王帶笑看. 解釋 春風無限恨, 沉香亭北倚欄干."

2. 이백(李白) 005 참조.

〈楊貴妃像〉

雲想衣裳想容春風 拂檻露華濃若非群玉 山頭見會向瑤臺月下逢 辛巳仲夏錄李白詩 無我空人青谷 □

李白〈清平調詞〉靑谷 金春子(현대)

099

〈題邸間壁〉 ·· 鄭會

객사의 벽에 쓴 시

도미_{酴醾}향에 취하였다 꿈속 봄추위에 겁을 먹었더니
푸른 꽃 겹친 문에 제비만이 한가롭게 드나드네.
옥비녀 깨어지고 붉은 촛불 차가운데
갈 길 짚어보며 지금쯤 상산에 닿았겠지 하고 중얼대겠지.

酴醾香夢怯春寒,	도미향몽겁춘한,
翠掩重門燕子閒.	취엄중문연자한.
敲斷玉釵紅燭冷,	고단옥차홍촉랭,
計程應說到常山.	계정응설도상산.

【邸】여관, 객사.
【酴醾】원래 꽃 이름. 荼蘼라고도 표기하며 佛見笑라고도 함. 술의 원료로
　쓰임.《墨莊漫錄》(9)에 "酴醾, 花, 或作荼蘼. 一名木香. 有二品: 一種花大而棘,
　長條而紫心者, 謂酴醾; 一品花小而繁, 小枝而檀心者, 謂木香"이라 함.
【玉釵】옥비녀. 釵는 음이 '차, 채' 둘이 있음.
【計程】여정을 계산해 봄.
【常山】지명. 지금의 浙江省 경내에 있음.

酴醿, 一花三葉, 其香淸遠. 玉釵, 燭花也. 常山, 邑名. 此鄭谷家於宜春,
旅行再宿, 而至常山, 憶家而擬作, 閨中思己之詞也. 酴醿飄香於夢中, 則夜色
淸也. 重門靜掩於庭院, 則燕子閒寂, 燭花敲斷燼落而更深, 憶所懷之人,
計其行程, 應說已至常山邸舍矣.

○唐, 鄭谷, 字子愚, 號亦山. 袁州宜春人, 光啓中進士, 官至都官郎.

참고 및 관련 자료

1. 이 시는 여행 중에 고향 그리운 아내가 자신의 여정을 헤아리고 있을 것
임을 생각하여 쓴 시이다. 韻脚은 '閒·山'이다.

2. 정회(鄭會)

남송 때 인물.《천가시》원본에 '鄭谷'으로 되어 있다. 정곡(?~897)은 자가
守愚이며 唐 袁州 宜春(지금의 江西 宜春縣) 사람이다. 僖宗 光啓 3년에
진사에 올라 都官郎中을 역임하였다. 7세에 능히 시를 지었으며 당말 그
이름이 널리 알려졌다. 문집으로《雲臺編》3권과《宜陽集》3권,《外集》
3권이 있다. 그러나《전당시》정곡에는 이 시가 없다. 반면《宋詩紀事》(64)에
鄭會의〈題邸間壁〉시가 실려 있다. 따라서 이 작품을 잘못 알고 '鄭谷'의
작이라 한 것으로 보인다.

정회는 자는 文謙이며 호는 亦山으로 南宋 貴溪(지금의 江西 貴溪縣) 사람
이다. 朱熹, 陸九淵의 문하에 공부하였으며 嘉定 4년에 진사에 올라 禮部
侍郎을 지냈으나 史彌의 시기를 받아 벼슬을 버리고 낙향하였다. 시호는
文莊이며《亦山集》이 있다.

100

〈絶句〉 ··· 杜甫
　절구

두 마리 꾀꼬리 비취색 버드나무 위에서 울고,
한 무리 백로는 푸른 하늘 위로 솟아오르네.
창밖엔 서령의 만년설이 그대로 보이고,
문밖엔 만리 먼 동오에서 온 배가 정박하고 있네.

兩個黃鸝鳴翠柳,　　　　　량개황리명취류,

一行白鷺上靑天.　　　　　일행백로상청천.

窗含西嶺千秋雪,　　　　　창함서령천추설,

門泊東吳萬里船.　　　　　문박동오만리선.

【黃鸝】꾀꼬리. 黃鶯. 혹 黃鳥, 倉庚이라고도 부름. 노란색의 새로 한창 봄에
　　우는 새.
【西嶺】四川의 岷山.
【千秋雪】만년설.
【東吳】지금의 江蘇 吳縣 일대.《杜詩鏡銓》(12)에 “范成大《吳船錄》: 蜀人入
　　吳者, 皆從合江亭登舟, 其西則萬里橋, 句亦寓下峽意”라 함.
【萬里船】아득히 멀어지는 배.

原註(王相)

黃鸝, 鶯也. 鷺, 鷥, 水鳥. 此言春日之景, 黃鸝對對, 飛鳴翠柳之中; 白露翩翩羣舉靑天之上. 開窓而對, 西嶺千秋之積雪存焉, 出門而望河干, 則東吳之舟船泊焉. 皆眼前自得之景也.

○唐, 杜甫, 字子美, 京兆杜陵人, 仕至工部郞中, 左拾遺. 與李白同時, 爲一代諸人之冠.

참고 및 관련 자료

1. 唐 肅宗 寶應 원년(762) 成都尹 嚴武가 조정에 들어와 劍南兵馬使 徐知道가 반란을 일으켰다고 알려오자 두보는 西川節度使를 따라 梓州로 피난하였다가 이듬해 서지도의 난과 安史의 난이 평정되자 다시 蜀 成都의 草堂으로 돌아왔다. 이 과정에서 지은 것으로 보인다. 韻脚은 '天·船'이다.

2.《杜詩諺解》

두 낫 곳고리ᄂᆞᆫ 프른 버드레셔 울오 ᄒᆞᆫ 줄 하야로빈 프른 하ᄂᆞᆯ해 오ᄅᆞᆺ놋다
窓은 西嶺엣 즈믄 힛 누늘 머것고 門엔 東吳ㅅ 萬里옛 ᄇᆡ 브텃도다 (초간본 25)

3. 두보(杜甫) 051 참조.

101

〈海棠〉 ·· 蘇軾
해당

동풍은 간들간들 물결은 달빛 아래,
향기로운 안개 어슴푸레 한데 달은 돌아 회랑까지.
다만 두렵기는 밤 깊어 꽃까지 잠들까 봐
촛불 높이 들고 홀로 그 꽃잎 비춰보네.

東風嫋嫋泛崇光,　　　　　동풍뇨뇨범숭광,

香霧空濛月轉廊.　　　　　향무공몽월전랑.

只恐夜深花睡去,　　　　　지공야심화수거,

故燒高燭照紅粧.　　　　　고소고촉조홍장.

【海棠】바닷가나 강 모래톱에 자라는 식물. 꽃.
【嫋嫋】야들야들 가볍고 나약한 모습을 나타내는 疊語.
【崇光】높은 곳에서 내려 비치는 달빛.
【空濛】雲靄나 물안개가 피어올라 약간 어두운 상태를 나타내는 疊韻連綿語.
　혹 '霏霏'로 표기된 판본도 있음.
【月轉廊】달빛이 정원을 돌아 회랑으로 비침.
【故】혹 '更'으로 표기함.

【紅粧】예쁘게 화장한 미녀. '粧'은 '妝'의 속자. 여기서는 해당화의 아름다운 꽃 형상을 말함.

原註(王相)

嫋嫋, 風細貌. 泛崇光, 月光高照淡蕩之貌. 昔明皇召貴妃同宴, 而妃宿酒未醒, 帝曰:「海棠睡未足耳」此詩借意以喩海棠, 言東風漾蕩, 月轉廻廊我欲玩. 言此恐花欲睡, 故燒高燭以玩, 花容而爲宴樂也.

참고 및 관련 자료

1. 소식은 海棠花에 대하여 특별히 애착을 가지고 있었다. 그가 黃州 定惠院에 귀양갔을 때의 유명한 작품 〈定惠院海棠〉도 널리 회자되고 있다. 韻脚은 '廊·粧'이다.

2. 소식(蘇軾) 087 참조.

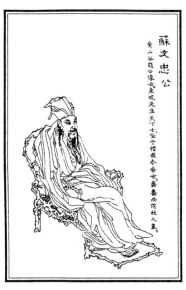

蘇軾. 黃山谷 그림

102

〈清明〉 ··· 杜牧

청명

청명 절기이건만 찬비가 흩뿌리니,
길 가던 나그네 혼백이 끊어지는 듯.
물어나 보자, 술집이 어딘지를,
목동은 손가락으로 저 행화촌을 가리키네.

清明時節雨紛紛,　　　　청명시절우분분,

路上行人欲斷魂.　　　　로상행인욕단혼.

借問酒家何處有,　　　　차문주가하처유,

牧童遙指杏花村.　　　　목동요지행화촌.

【清明】 24절기의 하나. 동지를 지나 106일 째이며 대개 4월 5, 6일 경이 되며
踏靑놀이를 하고 省墓를 하기도 함. 寒食과 하루 이틀 차이를 보임.《燕京
歲時記》清明 참조.《幼學瓊林》에 "冬至百六是清明, 立春五戊爲春社"라 함.
【時節】 때가 그 절기에 해당함. 꼭 청명날을 가리키는 것은 아님.
【紛紛】 비가 흩뿌림. 청명의 좋은 절기이건만 비가 내림을 말함.
【斷魂】 혼이 끊어질 정도로 춥거나 슬픔.
【杏花村】 동네 이름으로 보기도 하며 혹 그저 살구꽃이 피어있는 마을로
봄. 지금 安徽 貴池縣 서쪽에 이 이름이 있으며《江南通志》(34) 池州府에

"杏花村, 在府秀山門外里許, 因唐杜牧詩有'牧童遙指杏花村'得名"이라 함. 그러나 山西 汾陽市 북쪽에도 杏花村이 있으며 역시 이 시에서 유래하여 이름을 바꾼 곳으로 汾酒 생산지로 유명함.

此淸明遇雨而作也. 遊人遇雨, 巾履俱濕, 行倦而興敗矣. 神魂散亂, 思入酒家, 暫息而未能也. 故見牧童而問酒家, 遙望杏花深處, 而指示之也.
　〇唐, 杜牧, 字牧之, 京兆人. 太和進士, 中書舍人, 一號樊川.

참고 및 관련 자료

1. 아주 널리 알려진 두목의 대표작이다. 한편 《千家詩》 많은 판본에는 이 〈청명〉시의 순서를 다음(103) 王禹偁의 작품을 앞에 싣고, 杜牧의 시를 다음으로 실었으며 〈三民本〉도 같다. 그러나 《韻對千家詩》판본에 의해 순서를 바로잡았다. 韻脚은 '魂·春'이다.

2. 두목(杜牧. 803~852)
晩唐 시인. 자는 牧之, 京兆 萬年(지금의 陝西 長安) 사람으로 唐 德宗 貞元 19년에 태어나 宣宗 大中 6년에 죽었다. 향년 50세. 杜佑의 손자로서 文宗 太和 연간에 진사에 올라 中書舍人을 역임하였다. 근체시 중에 七絕에 아주 능하였다. 특히 그를 '小杜'라 불러 杜甫와 비교하기도 하였으며 李商隱과 더불어 '晩唐의 李杜'라 불리기도 한다. 《樊川文集》이 있으며 《전당시》에 시 8권이 수록되어 있다. 《신·구당서》에 두우전의 부록으로 전이 있다.

3. 《唐才子傳》(6)
杜牧: 附, 嚴惲
牧, 字牧之, 京兆人也. 善屬文. 太和二年, 韋籌榜進士, 與厲玄同年. 初, 未第, 來東都, 時主司侍郞崔郾, 太學博士吳武陵策蹇進謁曰:「侍郞以峻德偉望, 爲明君選才, 僕敢不薄施塵露. 向偶見文士十數輩, 揚眉抵掌, 其讀一卷文書, 覽之, 乃進士杜牧〈阿房宮賦〉. 其人, 王佐才也.」因出卷, 播笏朗誦之, 郾大加賞. 曰:「請公與狀頭!」郾曰:「已得人矣」曰:「不得, 卽請第五人. 更否, 則請以賦見還!」辭容激厲. 郾曰:「諸生多言, 牧疏曠不拘細行, 然敬依所敎, 不敢易也.」後又擧賢良方正科. 沈傳師表爲江西團練府巡官. 又爲牛僧孺淮南節度府掌書記.
拜侍御史, 累遷左補闕, 歷黃·池·睦三州刺史, 以考功郎中知制誥, 遷中書舍人.
牧剛直有奇節, 不爲齪齪小謹, 敢論列大事, 指陳利病尤切. 兵法戎機, 平昔盡意.
嘗以從兄悰更歷將相, 而己困躓不振, 怏怏難平. 卒年五十, 臨死自寫墓誌, 多焚
所爲文章. 詩情豪邁, 語率驚人. 識者以擬杜甫, 故呼「大杜」·「小杜」以別之. 後人
評牧詩: 「如銅丸走坂, 駿馬注坡」謂圓快奮急也. 牧美容姿, 好歌舞, 風情頗張,
不能自遏. 時淮南稱繁盛, 不減京華, 且多名姬絶色, 牧恣心賞, 牛相收街吏報,
杜書記平安帖子至盈篋. 後以御史分司洛陽, 時李司徒閒居, 家妓爲當時第一,
宴朝士, 以牧風憲, 不敢邀, 牧因遣諷李使召己, 旣至, 曰: 「聞有紫雲者 妙歌舞,
孰是?」卽贈詩曰: 「華堂今日綺筵開, 誰喚分司御史來. 忽發狂言驚四座, 兩行
紅袖一時回」意氣閒逸, 傍若無人, 座客莫不稱異. 太和末, 往湖州, 目成一女子,
方十餘歲, 約以「十年後吾來典郡, 當納之」結以金幣. 洎周墀入相, 上牋乞守
湖州, 比至, 已十四年, 前女子從人, 兩抱雛矣. 賦詩曰: 「自恨尋芳去較遲, 不須
惆悵怨芳時. 如今風擺花狼藉, 綠葉成陰子滿枝」此其大槪一二. 凡所牽繫, 情見
於辭. 別業樊川. 有《樊川集》二十卷, 及註《孫子》, 幷傳. 同時有嚴惲, 字子重,
工詩, 與牧友善, 以《問春》詩得名, 昔聞有集, 今無之矣.

〈騎驢出遊圖〉

103

〈淸明〉 ·· 王禹偁
청명

꽃도 없고 술도 없이 청명 날을 보내네.
흥취조차 사라지니 마치 야승 같구나.
어제 이웃에게 새 불을 구걸해 두었더니
이 새벽 창 아래 그 불 나누어주기에 등불 삼을 수 있었다네.

無花無酒過淸明,	무화무주과청명,
興味燒然似野僧.	흥미소연사야승.
昨日鄰家乞新火,	작일린가걸신화,
曉窓分與讀書燈.	효창분여독서등.

【淸明】 앞장 주 참조.
【興味】 정취.
【蕭然】 쓸쓸함. 차갑고 적막함.
【新火】 고대 나무를 비벼 불을 취하면서 각 계절마다 그 사용하는 나무가
달랐으며 그 때마다 새로운 불씨를 얻음. 이를 新火라 하며 唐宋 습속에
청명전날은 반드시 불을 금하며 이를 寒食이라 함. 청명날 비로소 楡木(느릅
나무)이나 柳木(버드나무)으로 불을 얻어 사용함.

【曉窗】 새벽 창.
【分與】 나누어 줌.

原註(王相)

新火, 寒食禁烟, 而鑽楡柳之木, 更取新火也. 言讀書貧士, 遇佳節而無花無酒, 如山僧之蕭索也. 禁烟無火, 乞得鄰家, 新鑽之火, 雞鳴而起, 分照於讀書之燈而已.

○王禹偁, 字元之, 鉅野人, 官至學士.

참고 및 관련 자료

1. 청명절 도리어 쓸쓸함을 읊은 것이다. 한편 많은 판본은 이 시를 두목 시의 앞에 싣고 있으나 《韻對千家詩》판본에 의해 순서를 뒤로 바꾸었다. 韻脚은 '明·僧·燈'이다.

2. 왕우칭(王禹偁. 954~1001)

宋代 시인. 자는 元之, 북송 濟州 鉅野(지금의 山東 鉅野縣) 사람으로 五代 北漢 乾祐 7년에 태어나 북송 眞宗 咸平 4년에 죽었다. 향년 48세. 太宗 太平興國 8년(983)에 진사에 올라 翰林學士를 역임하였다. 천성이 정직하여 저서와 문장에 시정의 폐단을 지적하고 절대로 避諱하지 않아 결국 3차례나 폄직을 당하였다. 송초 시풍이 浮靡해지자 그는 힘써 杜甫, 白居易의 시풍을 이을 것을 주장하였고 문장은 韓愈, 柳宗元을 높이 여겼다.《小畜集》,《承明集》 등이 있다.

104

〈社日〉 ······················· 張演

사일

아호산 아래 벼와 기장 살이 찌고,
돼지우리 닭장은 서로 마주보며 문을 닫았네.
뽕나무 그림자 비껴날 때 춘사의 잔치가 끝이 나고,
집집마다 취한 어른 부축해 돌아가네.

鵝湖山下稻粱肥,	아호산하도량비,
豚柵雞栖對掩扉.	돈책계서대엄비.
桑柘影斜春社散,	상자영사춘사산,
家家扶得醉人歸.	가가부득취인귀.

【社日】 토지신에게 제사를 올리는 날. 고대 立春으로부터 다섯 번째 戊日을
春社라 하고 立秋 후 다섯 번째 무일을 秋社라 하여 일 년 두 번씩 있었음.
그러나 漢나라 이전에는 춘사만 있었음. 《荊楚歲時記》에 "社日, 四鄰並結
綜會社, 牲醪, 爲屋於樹下, 先祭神, 然後饗其胙"이라 함.

【鵝湖】 지명. 지금의 江西 鉛山縣 북쪽에 있음. 산 위에 호수가 있으며 연꽃이
많아 荷湖山이라 불렸음. 晉末 어떤 龔氏가 이곳에서 거위를 많이 길러
鵝湖山이라 이름이 바뀌었으며 뒤에 鵝湖寺院이 생겨 송대 朱熹, 陸九淵,
呂祖謙 등이 이곳에서 講學을 하며 학문을 토론한 것으로도 유명함.

【雞棲】닭을 기르는 雞舍.
【柘】나무 이름. 산뽕나무의 일종으로 그 잎을 가축의 사료로 이용함.

原註(王相)

此言春社之樂也. 鵝湖在廣信鉛山縣, 其地多稻而無麥, 故方仲春社日, 而稻糧已肥也. 豚, 小猪也. 柵, 猪圈也. 豚歸於柵, 雞宿於棲, 桑柘之木, 其景疏斜而日將暮矣. 春社之宴, 方散則見飮酒之人, 皆扶醉而歸矣.

○唐, 張演, 字裕之.

참고 및 관련 자료

1. 이 시는 《전당시》(600)에 張演의 작으로 되어 있으며 제목은 〈社日村居〉이다. 그리고 그 주에 "一作王駕詩"라 하였다. 장연은 이 시 한 수만이 전할 뿐이다. 그런데 왕가의 시는 《전당시》(69)에 6수가 실려 있으며 그곳에도 역시 이 시가 실려 있다. 제목은 〈社日〉이며 그 주에 "一作張演詩"라 하여 당시에도 누구의 시인지 확실히 판단을 내리지 못한 것으로 되어 있다. 韻脚은 '肥·扉·歸'이다.

2. 장연(張演)
唐代 시인. 자는 裕之. 생몰 연대나 관적 등은 자세하지 않다. 당 懿宗 咸通 13년(872)에 진사에 올랐다.

3. 《唐才子傳》(8) 周繇(附) 張演
同登第有張演者, 工詩, 間見一二篇, 亦佳作也.

4. 왕가(王駕. 851~?)
唐代 시인. 자는 大用, 호는 守素先生이다. 당 河中(지금의 山西 永濟縣) 사람으로 昭宗 大順 원년(890)에 진사에 올라 禮部員外郎을 역임하였다. 원래 시집 6권이 있었으나 지금은 《전당시》에 6수가 전할뿐이다.

5. 《唐才子傳》(9) 王駕
駕, 字大用, 蒲中人, 自號「守素先生」. 大順元年, 楊贊禹榜登第, 授校書郎, 仕至禮部員外郎. 棄官嘉遁於別業, 與鄭谷·司空圖爲詩友, 才名藉甚. 圖嘗與駕書評詩曰:「國初雅風特盛, 沈·宋始興之後, 傑出於江寧, 宏思至李·杜, 極矣. 右丞·蘇州, 趣味澄夐, 若清流之貫遠. 大曆十數公, 抑又其次. 元·白力勍而氣孱, 乃都市豪估耳. 劉夢得·楊巨源亦各有勝會. 浪仙·無可·劉得仁輩, 時得佳致, 亦足滌煩. 厥後所聞, 徒褊淺矣. 河·汾蟠鬱之氣, 宜繼有人. 今王生寓居其間, 沈漬益久, 五言所得, 長於思與境偕, 乃詩家之所尚者. 則前所謂必推於其類, 豈止神躍色揚而已哉?」駕得書, 自謂譽己不虛矣. 當時價重, 乃如此也. 今集六卷, 行於世.

陸九淵(象山先生)《三才圖會》

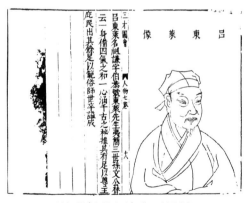

呂祖謙(東萊先生)《三才圖會》

105

〈寒食〉 ·· 韓翃

한식

봄날 서울 거리 꽃이 날리지 않는 곳이 없고,
한식 봄바람은 궁중 버들을 비스듬히 눕히네.
해지자 한나라 궁궐 촛불 나누어주는 행사,
가벼운 그 연기 오후 귀족 집으로 흩어져 들어가네.

春城無處不飛花,   춘성무처불비화,

寒食東風御柳斜.   한식동풍어류사.

日暮漢宮傳蠟燭,   일모한궁전랍촉,

輕烟散入五侯家.   경연산입오후가.

【寒食】동지 다음 105일째 날로 대개 청명 전 1, 2일. 춘추 시대 晉나라 介子推가 文公(重耳)을 따라 19년간 망명생활 중에 먹을 것이 떨어지자 자신의 허벅지 살을 베어 살려내었으나 문공이 등극한 뒤 벼슬이 주어지지 아니하자 介山(縣山, 지금의 山西 介休縣 동남쪽)으로 숨어 어머니를 봉양하며 살고 있었음. 문공이 이를 알아차리고 그를 찾기 위해 수 차례 사람을 보냈으나 나오지 않자 산에 불을 놓아 나오도록 하고자 하였음. 이에 개자추가 타서 죽자 그를 기념하여 그 날은 불을 피우지 아니하도록 한 데서 유래되었다 함.(蔡邕《琴操》卷下) 한편《十八史略》(권1)에 "後世至文公, 霸諸侯.

文公名重耳, 獻公之次子也. 獻公嬖於驪姬, 殺太子申生, 而伐重耳於蒲. 重耳
出奔, 十九年而後反國. 嘗餒於曹, 介子推割股以食之. 及歸賞從亡者, 孤偃·
趙衰·顚頡·魏犨, 而不及子推. 子推之從者, 懸書宮門曰:「有龍矯矯, 頃失其所.
五蛇從之, 周流天下. 龍餒乏食, 一蛇刲股. 龍返於淵, 安其壤土. 四蛇入穴,
皆有處處. 一蛇無穴, 號于中野.」公曰:「噫! 寡人之過也.」使人求之, 不得.
隱綿上山中, 焚其山, 子推死焉. 後人爲之寒食. 文公環綿上田封之, 號曰介山"
이라 함. 그러나 이미 周나라 때부터 봄에 화재를 예방하기 위하여 이러한
날을 정하여 불을 금하기 시작한 것으로 봄.《周禮》秋官 司烜氏에 의하면
仲春 때 목탁을 두드리며 나라 안에 불을 금하도록 한 기록이 있음. 그 외
《太平御覽》(30)과 王三聘《古今事物考》(1) 등을 참조할 것.

【御柳】어원의 버드나무. 고대 한식날 버드나무를 꺾어 문에 꽂아놓았다가
　　청명날 황제가 불을 다시 살리도록 선포하면서 느릅나무와 버드나무로
　　일으킨 新火를 신하들에게 나누어주었음.

【漢宮】여기서는 唐宮을 말함. 고대 문장에서 당대의 일을 피하기 위하여
　　흔히 한나라 때 일로 빗대어 표현하였음.

【傳蠟燭】蠟燭은 초를 가리킴. 초에 불을 붙여 이를 불씨로 삼도록 신하들
　　에게 나누어주었음.

【五侯家】고관대작을 말함. 漢나라 成帝가 자신의 외갓집 왕씨 다섯, 王譚,
　　王商, 王音, 王根, 王鳳을 모두 후로 봉하여 당시 이들을 五侯라 불렀음.
　　그러나 〈三民本〉에는《後漢書》宦者傳을 인용하여 漢 桓帝 때 환관 선초
　　(單超)를 新豊侯로, 徐璜을 武原侯, 具瑗을 武陽侯, 左悺을 上蔡侯, 唐衡을
　　汝陽侯로 봉하면서 梁冀과 그 친당을 물리쳐준 공을 치하하였으며 이들이
　　같은 날 봉을 받아 '五侯'라 하였다 하였으며 여기에서는 唐 肅宗·代宗이
　　당시 환관의 권세에 눌리기 시작하였고 德宗 때 더욱 심해진 것을 풍자한
　　것이라 하였음.

原註(王相)

　　此咏宮中寒食也. 淸明前三日, 謂之寒食, 則禁烟節也. 五侯, 漢成帝時, 封舅
王譚, 王商, 王音, 王根, 王鳳, 皆爲侯, 時人謂之五侯. 漢制禁烟節, 宮中鑽
新火然燭, 散於貴戚之家, 此詩用漢事係本朝從古, 禁烟傳燭於貴戚之臣也.

○唐, 韓翊, 字君平, 南陽人, 天寶進士, 駕部郎, 知制誥. 時有與翊同名者亦爲郎中, 命下吏部, 以兩韓翊名上. 德宗御批「春城無處不飛花」, 四句曰與此韓翊.

참고 및 관련 자료

1. 한굉의 대표작으로 德宗이 이 시를 매우 아낀 고사가 孟棨의 《本事詩》와 《唐才子傳》에 실려 있다. 韻脚은 '花·斜·家'이다.

2. 한굉(韓翊)

唐代 시인. 《천가시》 원본에 '한익(韓翊)'으로 글자가 잘못되어 있다. 한굉은 자는 君平 당 南陽(지금의 하남 남양) 사람으로 생몰 연대는 자세하지 않다. 天寶 13년(754)에 진사에 올라 中書舍人을 역임하였다. 시에 贍富하고 필법이 공교하여 '大曆十才子' 중의 하나이다. 원래 문집이 있었으나 지금은 실전되었고 명대 집일한 《韓君平集》이 있다. 《전당시》에 시 3권이 수록되어 있다.

3. 《唐才子傳》(4) 韓翊

翊, 字君平, 南陽人. 天寶十三載, 楊紘榜進士. 侯希逸素重其才, 至是, 表佐淄靑幕府. 罷, 閒居十年. 及李勉在宣武, 復辟之. 德宗時, 制誥闕人, 中書兩進除目, 御筆不點, 再請之, 批曰:「與韓翊.」時有同姓名者, 爲江淮刺史. 宰相請孰與, 上復批曰:「『春城無處不飛花.』韓翊也.」俄以駕部郎中知制誥. 終中書舍人. 翊工詩, 興致繁富, 如芙蓉出水, 一篇一詠, 朝士珍之. 比諷深於文房, 筋節成於茂政, 當時盛稱焉. 有詩集五卷, 行於世.

106

〈江南春〉 ·· 杜牧

강남의 봄

천리 먼 길에서 왔더니 온통 꾀꼬리 울음소리에 붉은 꽃이로구나.
물가 마을 산모롱이 성곽마다 술집 깃발 바람에 펄럭이고.
이미 남조 시대 4백 80개의 절을 세웠다 하였으니,
이 얼마나 많은 누대가 내와 안개 속에 아른거리는가?

千里鶯啼綠映紅,	천리앵제록영홍,
水村山郭酒旗風.	수촌산곽주기풍.
南朝四百八十寺,	남조사백팔십사,
多少樓臺烟雨中?	다소루대연우중?

【千里】《천가시》 원본에는 '十里'로 되어 있음. 일부 판본에 모두 '十里'로
되어 있으나 이는 明代 楊愼의 《升庵詩話》(8)에 "千里鶯啼, 誰人聽得? 千里
映紅, 誰人見得? 若作十里, 則鶯啼綠紅之景·村郭樓臺·僧寺酒旗, 皆在其中矣"
라 하여 그 때부터 모두 '十里'로 고쳐진 것임. 그러나 작자가 먼 북방
천리 밖에서 온 것으로 보는 것이 타당하여 두목의 原詩대로 '천리'로
해석하였음.
【綠映紅】 푸른 신록이 붉은 꽃과 서로 어울려 비침.
【山郭】 산에 있는 건축물이 하늘 금을 이루고 있음을 말함.

【酒旗】술집임을 알리는 깃발 간판.

【南朝】420년부터 589년까지 남방 동진, 송, 제, 량, 진이 차례로 조대를 이으면서 모두 건강(지금의 남경)을 도읍으로 함.

【四百八十寺】남조 시대 제왕가 귀족들이 불교를 믿어 많은 절을 세웠음을 말함.

【樓臺】사원 건물의 누각들.

【烟雨】煙雨와 같음. 내와 비에 쌓여 迷濛함.

原註(王相)

此言江南春色之麗也. 十里鶯啼, 園林相接, 紅綠相映. 而水村山郭, 旗亭酒肆, 相望而鱗次. 南朝自梁時, 大興佛僧寺四百八十, 迄今猶盛, 樓臺殿宇之多, 烟林花雨之景, 而六朝佳麗, 宛然猶在目前也.

참고 및 관련 자료

1. 강남의 봄을 아주 아름답게 읊은 시로 널리 애송되고 있다. 脚은 '紅·風·中'이다.

2. 두목(杜牧) 103 참조.

107

〈上高侍郎〉 ·· 高蟾

고시랑에게 올림

천상의 푸른 복숭아 이슬 받아 심은 것이요,
해 가의 붉은 살구 구름을 의지하여 자라고 있는 것.
부용은 가을 강가에서 자라고 있지만
동풍에게 따뜻한 바람 불어주지 않는다고 원망해본 적 없다오.

天上碧桃和露種,	천상벽도화로종,
日邊紅杏倚雲栽.	일변홍행의운재.
芙蓉生在秋江上,	부용생재추강상,
不向東風怨未開.	불향동풍원미개.

【天上】조정을 말함.
【碧桃】千葉桃라고도 하며 복숭아의 일종.
【日邊】천자 주위를 말함.
【不向東風怨未開】《唐才子傳》등에는 '莫向春風怨未開'로 되어 있음.

> **原註(王相)**

　此以芙蓉自喩也. 天上碧桃日邊紅杏, 以其乘時, 得意之人藉皇家, 雨露之恩而貴也. 芙蓉生於江上, 方春百花開放, 芙蓉寂然, 自守不怨東風之不及我也.
至秋百花搖落, 秋江之芙蓉, 獨拒霜而開花, 彼碧桃紅杏, 又安在哉!

　○唐, 高蟾, 渤海人, 官御史中丞, 侍郎, 高駢也.

참고 및 관련 자료

1.《全唐詩》(668)에 〈下第後上永崇高侍郎〉으로 되어 있으며《唐才子傳》(9)
에는 '馬侍郎'으로 되어 있다. 韻脚은 '栽·開'이다.

2. 고섬(高蟾)

唐代 시인. 河朔(지금의 河北) 사람으로 생몰 연대는 미상이다. 僖宗 乾符 3년
(876)에 진사에 올라 昭宗 乾寧 연간에 御史中丞이 되었다. 氣節을 중시하였
으며 내용이 심원하다.《전당시》에 시 1권이 수록되어 있다.

3.《唐才子傳》(9) 高蟾

蟾, 河朔間人. 乾符三年, 孔緘榜及第. 與鄭郎中谷爲友, 酬贈稱「高善輩」. 初,
累擧不上, 題省牆間曰:「冰柱數條搘白日, 天門幾扇鏁明時. 陽春發處無根蔕,
憑仗東風次第吹.」怨而切. 是年人論不公. 又〈下第上馬侍郎〉云:「天上碧桃
和露種, 日邊紅杏倚雲栽. 芙蓉生在秋江上, 莫向春風怨未開.」意亦直指凄楚,
馬憐之. 又有:「顏色如花命如葉」之句, 自況時運塞窒, 馬困力薦. 明年, 李昭
知貢擧, 遂擢桂. 官至御史中丞. 蟾本寒士, 遑遑於一名, 十年始就. 性偶儻離羣,
稍尙氣節. 人與千金, 無故, 卽身死亦不受, 其胸次磊塊, 詩酒能爲消破耳. 詩體
則氣勢雄偉, 能度諧遠, 如狂風猛雨之來, 物物竦動, 深浩理窟, 亦一奇逢掖也.
《詩集》一卷, 今傳.

108

〈絶句〉 ··· 僧 志南

절구

고목 그늘 아래 지붕 낮은 배를 매어놓고
명아주 지팡이는 나를 부축하여 다리 건너 봄 맞으러 나서네.
내 옷은 행화우를 맞아 제멋에 젖으려 하고,
얼굴은 버드나무에 불어오는 바람을 차지 않다 맞고 있네.

古木陰中繫短篷,	고목음중계단봉,
杖藜扶我過橋東.	장려부아과교동.
沾衣欲濕杏花雨,	첨의욕습행화우,
吹面不寒楊柳風.	취면불한양류풍.

【短篷】 대나무를 엮어 지붕을 얕게 한 작은 배.
【杖藜】 명아주 풀 대궁으로 만든 지팡이. 명아주 풀의 대궁은 마른 다음
매우 가볍고 단단하여 지팡이로 사용함.
【杏花雨】 청명 한식 전후 복사꽃이 필 때 내리는 비. 흔히 寒食雨라고도 함.
【楊柳風】 봄바람의 다른 말.

短蓬小舟, 有蓬繫於岸邊古木之陰也. 藜, 草名, 其莖之堅, 可爲杖者也. 春日
時雨時晴, 杏花開時, 小雨沾衣, 而欲濕楊柳, 風生柔當春, 吹面不覺其寒.
此春遊之詩也.

○志南, 唐時僧.

1. 원본에는 志安으로 되어 있으나 이는 志南의 오기이다.

봄날 정취를 아주 사실적으로 읊은 시이다. 韻脚은 '蓬·東·風'이다.

2. 지남(志南)

송대 승려.《천가시》원본에 '지안(志安)'으로 잘못 표기되어 있으며 같은 곳
王相 주에는 도리어 "志南, 唐時僧"이라 하여 唐代 승려로 되어 있다. 그러나
《宋詩紀事》(93) 釋子(下)에 이 시가 수록되어 있으며 그 주에《娛書堂詩話》
를 인용하여 "僧志南能詩, 朱文公嘗跋其卷云: '南詩淸麗有餘, 格力閒暇, 無蔬
筍氣, 如〈沾衣〉云云, 余甚愛之'."라 하였다. 지남의 생애는 알 수 없으며 송대
승려로 알려진 정도이다.

109

〈遊小園不値〉 ⋯⋯⋯⋯⋯⋯⋯⋯⋯⋯⋯⋯⋯⋯⋯ 葉紹翁

작은 정원에 놀이 갔다가 사람을 만나지 못함

정원의 주인은 푸른 이끼에 나막신 자국 남기는 것을 싫어하나 보다.
열 번 문을 두드려도 아홉 번은 열어주지 않는 것을 보면.
아무리 그래도 정원에 가득한 춘색 가두어둘 수 없는 것,
한 가지 붉은 살구꽃 담장 밖으로 나온 걸 보면.

應嫌屐齒印蒼苔,	응혐극치인창태,
十扣柴扉九不開.	십구시비구불개.
春色滿園關不住,	춘색만원관불주,
一枝紅杏出牆來.	일지홍행출장래.

【不値】 만나지 못함. 아무도 문에 나와 맞아주는 이가 없음.
【屐齒】 나막신의 밑 돌출 부분. 여기서는 발자국을 뜻함.
【蒼苔】 푸른 이끼.
【十扣】《천가시》 원본에는 '十叩'로 되어 있다.
【柴扉】 사립문. 나무로 짠 문.
【春色】 봄 풍광.

履齒踏破蒼苔之印, 叩柴扉而屢次玉人不在, 而空返園, 雖關而春色難關, 一枝紅杏, 露出園墻之外也.

○宋, 葉適, 字淸逸, 號木心, 仕至秘閣學士.

참고 및 관련 자료

1. 한적하게 정원을 꾸며놓고 사는 집을 찾아가 그 봄의 정취를 읊은 것이다. 韻脚은 '苔·開·來'이다.

2. 엽소옹(葉紹翁)

宋代 인물. 《천가시》 원본에는 '葉適'의 작으로 되어 있다. 그러나 그의 《水心集》에는 이 시가 수록되어 있지 않고 《宋詩紀事》에 葉紹翁의 작으로 되어 있다.

엽소옹은 자는 嗣宗이며 호는 靖逸. 남송 處州 龍泉(지금의 浙江 龍泉縣) 사람이다. 일설에는 建安(지금의 福建 建甌縣) 사람이라고도 한다. 생몰 연대는 자세하지 않으나 대략 宋 寧宗, 理宗 때 인물로 보인다. 칠언절구에 능하였으며 江湖詩派의 인물이다. 《靖逸小集》이 있다.

〈潑墨仙人圖〉(宋)
梁楷 臺北故宮博物館 소장

110

〈客中行〉 ·· 李白

나그네 되어

난릉의 미주는 울금향이 배어 있고,
옥완에 따른 술빛 호박 광채 띠고 있네.
이 술은 단지 주인으로 하여금 객을 취하게 하면 그뿐이지만,
나 같은 나그네에겐 어디가 타향인지 알지 못하게 하네.

蘭陵美酒鬱金香,	란릉미주울금향,
玉椀盛來琥珀光.	옥완성래호박광.
但使主人能醉客,	단사주인능취객,
不知何處是他鄕.	부지하처시타향.

【客中行】 '行'은 시가의 문체 이름.
【蘭陵】 지명. 지금의 山東 嶧縣.
【鬱金】 鬱金酒의 재료가 되는 香草. 그 뿌리를 술에 담그면 향내가 나며
　황금색으로 변함.
【玉椀】 玉碗. 옥으로 만든 공기.
【琥珀】 송진이 강한 압력에 눌려 이루어진 보석의 일종.
【他鄕】 이향. 객지. 작자가 술과 주인이 좋아 타향임을 느끼지 못하게 함을
　말함.

蘭陵隷兗州. 鬱金香草, 釀而爲酒. 玉碗, 盛之其色如琥珀. 此太白醉酒而作. 言但有主人留連歡飲, 以暢其旅懷, 則不知異鄉之爲苦也.

참고 및 관련 자료

1. 제목〈客中行〉은 혹〈客中作〉이라고도 하며 樂府體의 일종이다. 韻脚은 '香·光·鄉'이다.

2. 이백(李白) 005 참조.

詩仙 李白(701~762)

111

〈題屏〉 ·· 劉季孫

병풍에 시를 써넣음

지지배배 어린 제비 대들보에서 지저귀니,
어찌하여 한가함을 즐기는 이 낮잠을 깨운단 말인가?
옆 사람에게 말을 걸어봤자 알아듣지 못할 것이니
명아주 지팡이 짚고 술을 메고 지산 구경이나 가자.

呢喃燕子語梁間,　　　　　니남연자어량간,
底事來驚夢裏閒?　　　　　저사래경몽리한?
說與旁人渾不解,　　　　　설여방인혼불해,
杖藜攜酒看芝山.　　　　　장려휴주간지산.

【呢喃】 어린 제비가 우짖는 소리를 표현한 쌍성연면어.
【底事】 '도대체 어찌된 일'이라는 뜻.
【渾】 전체, 모두.
【杖藜】 藜杖을 짚음. 藜는 명아주 풀. 그 마른 대궁으로 만든 지팡이.
【芝山】 산 이름. 지금의 江西 鄱陽縣 북쪽에 있으며 仙霞嶺의 지맥. 원래 이름은
　　土素山이었으나 唐나라 때 그곳 刺史 薛振이 산에서 芝草 3뿌리를 캐고
　　나서 이름을 '芝山'으로 고쳤다 함.

　　呢喃, 燕語之聲. 遶於梁間之壘. 底事, 何事也. 幽人晝眠, 梁間燕語而回春夢也. 幽閒自得之趣, 未可對人言, 呼童攜酒杖藜, 而看芝山之景也.
　　○劉季孫, 宋人.

참고 및 관련 자료

1. 병풍에 써넣은 시이며 《宋詩紀事》(30)에는 제목이 〈題饒州酒務廳屛〉으로 되어 있다. 韻脚은 '間·閒·山'이다.

2. 유계손(劉季孫)

송대 인물. 자는 景文, 송 開封 祥符(지금의 河南 開封) 사람이며 생몰 연대는 미상이다. 仁宗 嘉祐 연간에 饒州(지금의 江西 鄱陽) 監官이 되었으며 蘇軾의 추천으로 隰州(지금의 山西 隰縣) 知州가 되었다가 文思副使에 올랐다. 천성이 검박하여 청백리로 이름이 있었으며 죽은 뒤에는 그림, 글씨 몇 점만 있었다고 한다.

112

〈漫興〉 ··· 杜甫

만흥

봄 강가 다한 끝에 애간장이 끊어지니,
명아주 지팡이 짚고 느린 걸음으로 방주에 서 있노라.
미친 듯 엎어지는 버들 솜은 바람 따라 춤을 추고,
경박한 복사꽃은 물을 따라 흘러간다.

腸斷春江欲盡頭,	장단춘강욕진두,
杖藜徐步立芳洲.	장려서보립방주.
顚狂柳絮隨風舞,	전광류서수풍무,
輕薄桃花逐水流.	경박도화축수류.

【漫興】 격식이나 분위기에 얽매이지 아니하고 즉석에서 흥이 나는 대로 읊는
　　시를 말함. 淸 楊倫의《杜詩鏡銓》(8)에《杜臆》을 인용하여 "興之所到, 率然
　　而成, 故曰漫興, 亦竹枝·樂府之變體也"라 함.
【腸斷】 애끊는 듯함. 斷腸과 같은 표현.
【春江】 일부본에 '江春'으로 되어 있음.
【盡】 일부본에 '白'으로 되어 있음.
【藜杖】 명아주 대궁을 만든 지팡이.
【芳洲】 물가 꽃이 피어난 작은 모래톱.

【顚狂】癲狂과 같음. 미치광이. 엎어지고 넘어지며 마치 미친 듯 굴러다님.
【柳絮】봄에 버드나무 꽃에서 나오는 솜 같은 꽃가루. 柳綿, 柳花라고도 함.
【輕薄桃花逐水流】행동이 천박하고 조심성이 없는 복사꽃. 자신을 숨기지
 못함을 말함. 陶淵明의 《桃花源記》를 떠올린 것.

  言春江景物芳妍, 而三春欲盡, 寧無傷感乎? 間扶藜杖而立, 江頭芳草之洲,
但見顚狂之柳絮, 隨風飄舞, 輕薄之桃花, 逐水而流, 不管春光之去住, 一任
愁客斷腸也.

참고 및 관련 자료

1. 이 시는 두보의 〈絕句漫興九首〉 중 제 5번째 시이다. 韻脚은 '頭·洲·流'
이다.
2. 《杜詩諺解》
봆 ᄀᆞᄅ미 다ᄋᆞ고져 ᄒᆞ는 그테셔 애ᄅᆞᆯ 긋노니 도ᄐᆞ랏 딥고날 호야거리 곳다온
믌ᄀᆞᅀᅵ셔 쇼라
엎드리 미쳔 버듨가야지는 ᄇᆞᄅᆞ믈 조차 가고 가ᄇᆡ얍고 열운 복셩ㅅ 고즌 므를
조차 흐르ᄂᆞ다(중간본)
3. 두보(杜甫) 051 참조.

113

〈慶全庵桃花〉 .... 謝枋得

경전암의 복사꽃

복사꽃 떠내려오는 근원을 찾아가니 진나라 화를 피해 왔다는 좋은
사람들,
그 복사꽃 또 일 년이 흘러 봄을 맞았네.
꽃이여 날아 다시 물을 따라 떠내려가지 말라.
고기잡이 어부가 찾아와 나루터 물을까 두렵노라.

尋得桃源好避秦,　　　심득도원호피진,

桃紅又是一年春.　　　도홍우시일년춘.

花飛莫遣隨流水,　　　화비막견수류수,

怕有漁郞來問津.　　　파유어랑래문진.

【慶全庵】 암자 이름. 구체적으로 어디 있는지는 알 수 없음.

【桃源】 桃花源. 晉나라 陶淵明의 〈桃花源記〉의 고사에 실린 이상향. 武陵
　桃源을 말함.

【避秦】 〈도화원기〉에 그 속에 사는 사람들이 진시황을 학정을 피하여 그곳
　으로 숨어들었다고 하였음. 여기서는 元나라를 피하였음을 비유함.

【遣】 사역형 '使, 敎, 俾'와 같은 뜻임.

【漁郞】 漁夫와 같음. 외지에서 온 사람이라는 뜻.

【問津】 나루터를 물음. 〈도화원기〉 말미에 "後遂無問津者"를 인용한 것.

原註(王相)

　桃源在常德府武陵縣, 晉有漁人王道眞, 沿溪捕魚, 見溪上流有桃花, 逐水而來, 因逆流而上, 尋至洞口入見, 桑麻鷄犬, 桃花相映, 平生未歷, 不知何境, 問其土人, 謂曰:「吾等先世, 避秦之亂, 來此居住, 不知幾何歲月, 亦不知是何朝代. 男耕女織, 不與人世相通, 君何爲至此?」道眞辭歸, 而告太守, 使數十人往訪之, 竟迷失其處. 先生見桃花, 而憶桃源之人, 避秦而隱, 但見桃花開, 始知一歲之春, 無時日紀也. 使我居之, 當花飛時, 不使之隨流入溪, 恐有漁郎見之來問津涯也.

　○宋, 謝枋得, 字君實, 號疊山, 仕至江西宣諭使, 宋亡死節.

참고 및 관련 자료

1. 제목은 〈慶全庵桃〉라고도 하며 慶全庵은 암자 이름이다. 구체적으로 어디인지는 알 수 없다. 韻脚은 '秦·春·津'이다.

2. 사방득(謝枋得. 1226~1289)

자는 君直, 호는 疊山. 남송 弋陽(지금의 江西) 사람이다. 남송 理宗 寶慶 2년에 태어나 元 世祖 쿠빌라이 至元 26년에 죽었다. 향년 64세. 理宗 嘉祐 4년(1256) 진사에 올라 恭帝 德祐 연간에 信州 知州가 되었다. 송나라가 망하자 建寧(지금의 福建) 唐石山에 은둔하여 베옷을 입고 동쪽을 향하여 곡을 하였다 한다. 원 지원 연간에 천하의 才士를 찾을 때 붙들려 大都(北京)로

압송되었으나 도중에 음식을 끊고 자결하였다. 이에 뒷사람들은 그를 애국시인으로 추앙하였으며 《文章軌範》을 편찬한 것으로도 유명하다. 바로 이 《千家詩》를 편집한 것으로도 알려져 있다.(해제 부분을 볼 것) 원래 문집이 있었으나 실전되고 뒷사람이 집일한 《疊山集》이 있다. 《宋史》에 전이 있다.

謝枋得(君直) 《三才圖會》

114

〈玄都觀桃花〉 ··· 劉禹錫

현도관의 복사꽃

장안 거리에 붉은 먼지 날려오는데,
꽃구경하고 오는 길이라 말하지 아니하는 이 없네.
현도관의 수천 그루 그 복사꽃,
모두가 바로 내가 떠난 뒤에 심은 것이리라.

紫陌紅塵拂面來,	자맥홍진불면래,
無人不道看花回.	무인불도간화회.
玄都觀裏桃千樹,	현도관리도천수,
盡是劉郞去後栽.	진시류랑거후재.

【玄都觀】隋唐 때 道觀(道敎의 사원) 이름. 서울 長安城 남쪽 崇業坊에 있었음.
【紫陌】서울 경사 장안이 거리.
【紅塵】붉은 먼지가 휘날림. 일반 속세를 말함.
【劉郞】劉禹錫 자신을 가리킴. 자신이 귀양가기 전 현도관에는 그토록 많은
복사꽃이 없었음을 말함. 한편 이는 궁중 고관들이 자신이 없는 사이 모두
승진하여 천하 권세를 쥐고 있음을 비유한 것이라 함.

紫陌紅塵, 長安春色之麗, 看花遊人眾多, 玄都觀桃花, 千樹指在朝之官, 劉郎自喩也. 言滿朝之人, 皆吾去後而陞遷者.

○劉禹錫, 字夢得, 順宗時爲考功員外郎, 坐王叔文黨, 貶遼州司馬. 德宗 貞元初, 以恩召還爲主客郎. 遊玄都觀而作此詩. 時相惡其譏諷, 再貶揚州司馬.

참고 및 관련 자료

1.《劉夢得集》(4)에 〈元和十年自朗州承召至京戲贈看花諸君子〉로 되어 있으며 그 책 목록에는 〈戲贈看花諸公〉으로 되어 있다. 한편《全唐詩》(365)에는 '十年'이 '十一年'으로 되어 있으나 이는 오류이다. 韻脚은 '來·回·栽'이다.

2. 유우석(劉禹錫) 021 참조.

碑刻畫 〈達摩渡江圖〉 少林寺 碑

115

〈再遊玄都觀〉 ⋯⋯⋯⋯⋯⋯⋯⋯⋯⋯⋯⋯⋯⋯ 劉禹錫

다시 현도관을 찾았더니

백이랑 뜰에 반은 이미 이끼로다.
복사꽃 모두 지고 유채 꽃이 한창일세.
복숭아 심은 도사 어디 가고 없는 걸까?
전에 왔던 내 다시 이곳에 와 있는데.

百畝庭中半是苔,	백무정중반시태,
桃花淨盡菜花開.	도화정진채화개.
種桃道士歸何處?	종도도사귀하처?
前度劉郞今又來.	전도류랑금우래.

【庭中】 사원의 뜰 안.
【苔】 청태, 이끼.
【淨盡】 깨끗이 사라짐.
【菜花】 유채꽃 따위의 채소 꽃이 한창임을 말함.
【種桃道士】 복숭아 나무를 심은 도사. 여기서는 보수파의 재상 李吉甫를
가리킴. 아래 〈小引〉을 볼 것.

禹錫再遊時, 桃花已盡, 種桃之蹊, 丰是蒼苔而菜花滿徑矣. 種桃道士, 比先年宰相已去, 而吾幸得又還朝也.

○禹錫, 貞中元復以嗣部郞中, 召還遊玄都觀而再作此詩. 時宰相又惡之, 復貶連州司馬, 至憲宗時, 裴度爲相, 始薦爲考功郞中, 去前爲吏部. 時已三十年矣. 遂卒於位, 贈學士, 禮部尙書.

참고 및 관련 자료

1. 이는 작자 유우석이 14년간 귀양살이를 마치고 풀려 서울로 와서 다시 현도관을 찾아 감회를 읊은 것이며 그 시 앞의 〈小引〉에 "余貞元二十一年, 爲屯田員外郞時, 此觀中未有花木. 是歲出牧連州, 尋貶朗州司馬. 居十年, 召至京師, 人人皆言: 有道士手植仙桃, 滿觀呂爍晨霞, 遂有前篇, 以志一時之事. 旋左出牧, 于令十有四年, 得爲主客郞中, 重遊玆觀; 蕩然無復一樹, 唯兎葵·燕麥動搖於春風耳. 因再題二十八字, 以俟後遊. 是大和二年三月"이라 하였다. 韻脚은 '苔·開·來'이다.

2. 유우석(劉禹錫) 021 참조.

116

〈滁州西澗〉 ·· 韋應物

저주 서쪽의 석간수

홀로 그윽한 풀이 석간수 곁에 자람을 안타깝게 여겼더니
그 위에 꾀꼬리가 깊은 나무 속에서 울어주는구나.
봄 조수가 비를 띠고 저녁때 급히 몰려오는데,
먼 들녘 건너는 이 없는 배 한 척 비스듬히 떠있구나.

獨憐幽草澗邊生,　　　독련유초간변생,

上有黃鸝深樹鳴.　　　상유황리심수명.

春潮帶雨晚來急,　　　춘조대우만래급,

野渡無人舟自橫.　　　야도무인자자횡.

【滁州】 지금의 安徽 滁縣. 당시 위응물이 滁州刺史를 지내고 있었음.
【西澗】 馬上河라고도 하며 저주성 서쪽에 있던 澗泉 샘물, 뒤에 토사로 메워져
　없어져다 함.
【獨憐】 홀로 안타까워 함.
【生】 일부본에 '行'으로 되어 있음.
【黃鸝】 黃鶯, 倉庚, 黃鳥, 꾀꼬리.
【野渡】 멀리 낮은 평지 강가에 건너는 사람이 적은 한적한 나루.

此亦託諷之詩. 草色澗邊遇君子, 生不遇時, 鸝鳴深樹, 譏小人讒佞而在位.
春水本急, 遇雨而語, 又當晚潮之意, 其急更甚, 喩時之將晚也. 野渡有舟, 而無
人運濟, 喩君子隱居山林, 無人擧而用之也.
　○唐, 韋應物, 京兆人, 歷左司郎中, 蘇州刺史, 一稱韋蘇州.

참고 및 관련 자료

1. 위응물은 전원 풍물과 염담(恬淡)의 고아한 정서를 읊는데 뛰어난 시인
으로 알려져 있다. 이 시는 德宗 建中 2년(781) 자신이 滁州刺史였을 때 지은
것으로 보인다. 韻脚은 '生·鳴·橫'이다.
2. 위응물(韋應物) 020 참조.

117

〈花影〉 ·· 蘇軾

꽃 그림자

얽히고설킨 꽃 그림자 요대 위에 떠 있는데
동자를 불러 몇 번을 쓸어도 쓸리지 않는구나.
마침 태양이 지면서 그 그림자 거두어 갔는가 싶더니
도리어 떠오르는 밝은 달로 하여금 다시 그림자를 가져오도록 하였
구나.

重重疊疊上瑤臺,　　　　중중첩첩상요대,

幾度呼童掃不開.　　　　기도호동소불개.

剛被太陽收拾去,　　　　강피태양수습거,

卻敎明月送將來.　　　　각교명월송장래.

【瑤臺】 아주 아름다운 건축물. 원래는 신선이 사는 천상의 궁궐.
【幾度】 '그 몇 번'의 뜻.
【掃不開】 '掃不盡'과 같음. 꽃 그림자는 빗자루로 쓸어도 치워지지 않음.
【剛被太陽收拾去】 태양이 지자 꽃 그림자도 사라졌음을 말함.
【卻敎明月送將來】 그리고 명월로 하여금 대신 그 꽃 그림자를 가지고 나타
　　나도록 하였음을 말함.

花陰重疊映於瑤臺之上, 以比小人在高位也. 埽不開言雖有直臣, 攻之不去也. 太陽落則花影全無, 猶神宗崩時, 而熙豊小人, 俱貶謫也. 明月升而花影復來, 言宣仁崩, 而小人復夤緣以進也. 此傷小人在位, 而不能去之之意也.

참고 및 관련 자료

1. 宋 神宗 熙寧 2년(1069) 王安石이 재상이 되어 신법을 추진하자 신당 呂惠卿. 韓絳, 張惇 등이 득세하게 되었다. 따라서 이를 반대하였던 富弼, 韓琦, 歐陽修, 蘇軾 등은 모두 멀리 귀양을 가고 말았다. 그리고 元豊 8년(1085) 신종이 죽고 哲宗이 들어서자 司馬光이 재상이 되어 왕안석의 신법을 폐기하게 되었으며 철종 元祐 8년(1093) 철종이 친정체재를 확립하고 다시 元祐黨 32인을 폐출하게 된다. 이때 소식도 다시 귀양을 가게 되었으며 이러한 와중에 지은 시로 보인다. 이 시의 韻脚은 '臺·開·來'이다.

2. 소식(蘇軾) 087 참조.

118

〈北山〉 ·· 王安石

북산

북산에서 실어온 물 가로지른 제방에 넘쳐나는구나.
곧은 물줄기에 굽은 연못 파도가 찰랑거릴 때.
떨어지는 꽃잎 앉아서 하나씩 자세히 세느라고,
꽃구경 느린 걸음에 돌아오는 길 늦어졌네.

北山輸綠漲橫陂,	북산수록창횡피,
直塹回塘灧灧時.	직참회당염염시.
細數落花因坐久,	세수락화인좌구,
緩尋芳草得歸遲.	완심방초득귀지.

【北山】 鍾山. 蔣山, 紫金山이라고도 하며 지금의 南京 中山門 밖에 있음.
 王安石이 만년에 이곳에 별장을 짓고 살았음.
【輸綠】 푸른 물을 실어 보내줌.
【橫陂】 가로질러 이어져 있는 제방.《천가시》원본에는 '橫波'로 잘못 표기
 되어 있음.
【直塹回塘】 곧게 뻗은 물길과 굽은 연못.
【灧灧】 반짝반짝 물결이 찰랑거림.
【歸遲】 돌아오는 것이 늦어짐.

漲, 泛濫也. 灩, 水光瑩也. 此時前, 公居白下娛老而問行之作. 北山在麒麟門外, 公之別業在焉. 公遇暇時, 往來於鍾山, 天印回塘直塹之時, 遇名花則席地而坐, 逢芳草則枕石而眠, 不知其坐久而歸遲也.

참고 및 관련 자료

1. 왕안석은 정치 소용돌이에서 물러나 만년에 강녕 북산에 별장을 짓고 오로지 시작에만 전념하였다. 이는 그 때의 시이다. 韻脚은 '陂·時·遲'이다.
2. 왕안석(王安石) 089 참조.

王安石(1021~1086)

119

〈湖上〉 .... 徐元杰

호숫가에서

꽃 핀 빨간 나무 어지러운 꾀꼬리 울음.
긴 풀 평평한 호수 위에 백로 날아오르고
바람과 햇볕 화창한 속에 사람들은 들떠 있어
석양에 피리소리 싣고 몇 척씩 돌아오누나.

花開紅樹亂鶯啼,   화개홍수란앵제,
草長平湖白鷺飛.   초장평호백로비.
風日晴和人意好,   풍일청화인의호,
夕陽簫敲幾船歸.   석양소고기선귀.

【湖上】 杭州 西湖 호숫가.
【平湖】 호수 물결이 평온함.
【風日】 일부본에는 '風物'로 되어 있음.
【人意好】 서호에 유람 온 사람들이 흥취를 느낌. 들떠 있음. 유람을 즐김.
【簫鼓】 노랫가락과 음악 연주를 뜻함.

原註(王相)

　　此咏西湖之作, 湖上花開, 鶯啼紅樹, 湖邊草長, 白鷺羣飛, 風日晴和, 遊人
絡繹, 而舒暢夕陽, 西下畫船, 鼓吹而歸來, 西湖景色, 眞堪愛也.
　　○元杰, 宋人.

참고 및 관련 자료

1. 杭州 西湖의 모춘 풍경을 읊은 景物詩이다. 韻脚은 '飛·歸'이다.

2. 서원걸(徐元杰. 1196?~1245)

송대 인물. 자는 伯仁, 南宋 信州 上饒(지금의 江西 上饒縣) 사람으로 理宗
紹定 5년(1222)에 진사에 급제하여 工部侍郎을 역임하였다.《매야집(楳埜集)》
12권이 있으며《송사》에 전이 있다.

120

〈漫興〉 ·· 杜甫

만흥

버들 꽃 오솔길을 가득 덮어 양탄자 깔아 놓은 것 같고,
냇가 막 피어오른 연잎은 푸른 동전을 겹쳐놓은 듯하구나.
죽순 뿌리 어리게 솟아나건만 아무도 보아주는 이 없고,
모래 위의 오리 새끼 어미 곁에 잠들었네.

糝徑楊花鋪白氈,　　　삼경양화포백전,

點溪荷葉疊靑錢.　　　점계하엽첩청전.

笋根稚子無人見,　　　순근치자무인견,

沙上鳧雛傍母眠.　　　사상부추방모면.

【糝徑楊花】쌀가루를 뿌려놓은 듯 작은 오솔길에 버들 꽃이 덮고 있음.
【氈】양탄자. 양탄자처럼 부드럽게 깔려 있음.
【疊】일부본에는 '累'로 되어 있음.
【靑錢】푸른 동전. 연잎이 처음 날 때 마치 작고 푸르기가 동전과 같음.
【笋根】'笋'은 '筍'의 이체자. 竹筍. 일부본에는 '竹根'으로 되어 있음.
【稚子】竹筍의 별칭.《事物異名錄》에 "竹譜: 世呼爲稚子. 又名稚龍·曰籜龍·曰龍孫"이라 함. '稚'는 일부본에는 '雉'로 되어 있음.
【鳧雛】오리 새끼.

　此咏暮春之景也. 楊花飄落, 白如氈之摻徑. 荷葉初生, 小如錢之貼. 溪笋初上, 而稚芽穿地, 細而難見, 鳧雛水鴨之小者, 沙間傍母而眠, 皆眼前佳景也.

참고 및 관련 자료

1. 이는 두보〈絶句漫興九首〉중 제 7번째 시이다. 韻脚은 '氈·錢·眠'이다.

2.《杜詩諺解》

길헤 브드텐ᄂᆞᆫ 버듨고즌 힌 시욱 ᄭᆞ롓ᄂᆞᆫ 듯 ᄒᆞ고 시내해 버롓ᄂᆞᆫ 蓮ㅅ 니픈 프른 도니 답사햇ᄂᆞᆫ 듯 ᄒᆞ도다

竹笋ㅅ 미틧 져믄 아히ᄅᆞᆯ 볼사ᄅᆞ미 업스니 몰애 우횟 올히삿기ᄂᆞᆫ 어미를 바리셔 ᄌᆞ오ᄂᆞ다(중간본)

3. 두보(杜甫) 051 참조.

121

〈春晴〉 ··· 王駕

맑은 봄 날씨

비 오기 전에 처음으로 꽃봉오리 보았더니,
비 온 뒤에 이파리 아래 그 꽃은 사려졌네.
벌 나비 어지러이 담을 넘어 사라지니,
도리어 이 봄은 이웃집으로 간 것인가 의심되네.

雨前初見花間蕊,   우전초견화간예,

雨後全無葉底花.   우후전무엽저화.

蜂蝶紛紛過牆去,   봉접분분과장거,

卻疑春色在鄰家.   각의춘색재린가.

【全】 일부본에는 ‘兼’으로 되어 있음.
【底】 일부본에는 ‘裏’로 되어 있음.
【蜂蝶】 벌과 나비. ‘蝶’은 일부본에는 ‘蜨’으로 되어 있음. 이체자임. 아울러
이 구절 ‘蜂蝶紛紛’이 혹 ‘蜂蝶飛來’로 된 판본도 있음.
【鄰家】 일부본에는 ‘人家’로 되어 있음.

　此言雨後殘春也. 未雨之前, 初見花開結藍, 迨雨久而始晴, 則見葉而不見
花矣. 紛紛蜂蝶, 過園林採花而來, 不見花而過檣垣, 疑春光景色, 尚在鄰園也.
　○唐, 王駕, 河中人, 熙宗時狀元.

참고 및 관련 자료

　1.《全唐詩》(690)에는 〈雨晴〉으로 되어 있으며 校注에 "一作晴景"이라
하였다. 韻脚은 '花·家'이다.
　2. 왕가(王駕) 104 참조.

122
〈春暮〉 ··· 曹豳

봄 저녁에

문밖에 아무도 꽃이 졌다고 묻는 이 없고,
녹음만 파랗게 하늘 끝까지 펼쳐가네.
숲 속 그토록 울던 꾀꼬리 소리 어디론가 사라지고
푸른 풀 연못에는 오직 개구리 울음만 들릴 뿐.

門外無人問落花,	문외무인문락화,
綠陰冉冉遍天涯.	록음염염편천애.
林鶯啼到無聲處,	림앵제도무성처,
靑草池塘獨聽蛙.	청초지당독청와.

【綠陰】늦은 봄 이른 여름의 녹음.
【冉冉】녹음이 짙어지며 자꾸 널리 퍼져나감을 표현한 것.
【林鶯啼到無聲處】꾀꼬리가 이미 때를 보내고 더 우는 곳이 없음. 꾀꼬리 소리가 들리지 않음.

  冉冉, 靑光也. 蛙, 蟲名也. 言春色已去, 花落門外, 已行人不問也. 是綠樹陰濃, 遍遠天涯. 斯時也, 春陰已老, 而不常靑草, 池邊惟靑蛙聲, 聒噪而已. 此詩專寫暮春之景, 宛然在目.

○曹豳, 唐人.

참고 및 관련 자료

1. 봄과 여름 교체기의 아름다운 정경을 읊은 것이다. 韻脚은 ‘涯·蛙’이다.

2. 조빈(曹豳)

송대 시인. 자는 西士, 호는 東畎, 南宋 溫州 瑞安(지금의 浙江 瑞安縣) 사람. 寧宗 嘉泰 2년(1202)에 진사에 올라 安吉州 敎授가 되었으며 그 뒤 重慶府 司法參軍을 거쳐 左司諫, 起居郎 등을 역임하였다. 사간 시절에 王萬, 郭磊卿, 徐淸叟 등과 모든 일을 강직하게 처리한 것으로 이름을 날려 당시 ‘嘉熙四諫’이라 칭송을 받았다. 뒤에 寶章閣待制를 끝으로 벼슬을 그만 두었고 시호는 文恭. 자연의 질박한 풍경을 묘사하는데 뛰어났었다. 《송사》曹叔達傳에 함께 전이 있다.

123

〈落花〉 ··· 朱淑貞

낙화

연리지의 꽃 마침 피어나자

꽃을 질투하는 비바람 언제나 재촉하네.

원컨대 봄을 관장하는 신을 네 계절 주인 삼아

그 꽃잎 펄펄 날려 푸른 이끼에 떨어지는 일 없도록 하였으면.

連理枝頭花正開,　　　　　　련리지두화정개,

妒花風雨便常催.　　　　　　투화풍우편상최.

願敎靑帝常爲主,　　　　　　원교청제상위주,

莫遣紛紛點翠苔.　　　　　　막견분분점취태.

【連理枝】 한 뿌리에 두 가지가 나란히 나는 나무. 比翼鳥와 더불어 부부나
연인 간의 아름다운 사랑을 말함.

【妒】 '妬'와 같음. 질투.

【催】 催促함. 혹 摧자와 같음. 摧殘함.

【靑帝】 동방의 신. 봄의 신. 靑은 五行으로 동방을 뜻함. 東帝, 蒼帝라고도 함.

【點翠苔】 땅의 푸른 이끼에 흩어져 내려앉음.

連理枝, 雙樹並生而根連一本. 靑帝, 東皇之神, 司三春之令者. 紛紛, 花落也. 花正開而芳姿艶麗, 於連理枝頭, 如少年夫婦然, 婉如諧也. 花開而遇嫉妬之風雨, 相催百花搖落, 如夫婦不幸中道分離乖阻也. 安得靑帝常主四時, 使連理花常開並蒂而無風雨紛紛之搖落矣?

○朱叔貞, 宋詩女. 文公之族姪女也.

1. 작자의 시집《斷腸集》에는 〈惜春〉으로 되어 있다. 韻脚은 '開·催·苔'이다.

2. 주숙정(朱淑貞)

南宋 여류 시인. 호는 幽棲居士, 남송 錢塘(지금의 浙江 杭州), 일설에는 海寧 사람이라고도 한다. 朱淑夏로 잘못 표기된 판본도 있다. 생몰 연대는 자세하지 않으나 대략 高宗 紹興 시대 인물이다. 음률에 정통하였으며 詩詞에 모두 능하였다. 市井의 상인에게 시집을 가서 생애가 순탄하지 않았으며 그 때문에 작품이 哀怨과 鬱悶에 쌓여 있었다. 죽은 뒤 宛陵의 魏端禮가 그의 시를 모아《斷腸集》2권을 편찬하였으며 그 외《斷腸詞》1권이 있다.

임동석(苗浦 林東錫)

慶北 榮州 上茁에서 출생. 忠北 丹陽 德尙골에서 성장. 丹陽初中 졸업. 京東高 서울 教大 國際大 建國大 대학원 졸업. 雨田 辛鎬烈 선생에게 漢學 배움. 臺灣 國立臺灣師範 大學 國文研究所(大學院) 博士班 졸업. 中華民國 國家文學博士(1983). 建國大學校 教授. 文科大學長 역임. 成均館大 延世大 高麗大 外國語大 서울대 등 大學院 강의. 韓國中國言語學會 中國語文學研究會 韓國中語中文學會 會長 역임. 저서에《朝鮮 譯學學考》(中文)《中國學術槪論》《中韓對比語文論》. 편역서에《수레를 밀기 위해 내린 사람들》《栗谷先生詩文選》. 역서에《漢語音韻學講義》《廣開土王碑研究》《東北 民族源流》《龍鳳文化源流》《論語心得》〈漢語雙聲疊韻研究〉등 학술 논문 50여 편.

임동석중국사상100

천가시 千家詩

謝枋得·劉克莊 輯, 王相 註 / 林東錫 譯註
1판 1쇄 발행/2010년 12월 12일
2쇄 발행/2014년 3월 1일
발행인 고정일
발행처 동서문화사
창업 1956. 12. 12. 등록 16-3799
서울강남구신사동도산대로163(신사동,1층) ☎546-0331~6 (FAX)545-0331
www.dongsuhbook.com
잘못 만들어진 책은 바꾸어 드립니다.

*

*
사업자등록번호 211-87-75330
ISBN 978-89-497-0640-5 04080
ISBN 978-89-497-0542-2 (세트)